红色文物中的长征

中国国家博物馆 编著
江琳 王海蛟 王希 撰

广西人民出版社

弘扬伟大长征精神，走好今天的长征路，是新的时代条件下我们面临的一个重大课题。伟大长征精神，是党和人民付出巨大代价、进行伟大斗争获得的宝贵精神财富，我们世世代代都要牢记伟大长征精神、学习伟大长征精神、弘扬伟大长征精神，使之成为我们党、我们国家、我们人民、我们军队、我们民族不断走向未来的强大精神动力。

——摘自习近平总书记《在纪念红军长征胜利80周年大会上的讲话》

编辑委员会
（中国国家博物馆）

主　　编：王春法
副 主 编：杨　帆　陈成军　丁鹏勃
编　　委：王春法　杨　帆　陈成军　冯靖英
　　　　　刘万鸣　丁鹏勃　陈　莉　张伟明

执行主编：江　琳
统　　筹：王志强　王云鹏
编　　务：王洪敏　李岱函

序

中国国家博物馆　王春法

红军不怕远征难，万水千山只等闲！在中国共产党的领导下，从1934年10月至1936年10月，红军第一、第二、第四方面军和第二十五军跨越十五个省份，翻越四十余座高山险峰，渡过近百条江河，在数十倍于己的敌人围追堵截下，以非凡的智慧和大无畏的英雄气概，战胜千难万险，付出巨大牺牲，胜利完成震撼世界、彪炳史册的长征，实现了中国共产党和中国革命事业从挫折走向胜利的伟大转折。"这一惊天动地的革命壮举，是中国共产党和红军谱写的壮丽史诗，是中华民族伟大复兴历史进程中的巍峨丰碑。"

"长征是宣言书，长征是宣传队，长征是播种机"。80多年前，毛泽东对长征的伟大意义进行了生动的概括。时光流转、岁月如磐，长征迸发出的激荡人心的强大力量，凝聚形成了伟大长征精神，那就是把全国人民和中华民族的根本利益看得高于一切，坚定革命的理想和信念，坚信正义事业必然胜利的精神；就是为了救国救民，不怕任何艰难险阻，不惜付出一切牺牲的精神；就是坚持独立自主、实事求是，一切从实际出发的精神；就是顾全大局、严守纪律、紧密团结的精神；就是紧紧依靠人民群众，同人民群众生死相依、患难与共、艰苦奋斗的精神。伟大长征精神，跨越时空，超越国度，必将在人类史册上永放光芒。

习近平总书记强调，"不论我们的事业发展到哪一步，不论我们取得了多大成就,我们都要大力弘扬伟大长征精神,在新的长征路上继续奋勇前进"。革命文物承载着党和人民奋斗的光荣历史,是革命文化的物质载体,是激发爱国热情、振奋民族精神的深厚滋养。中国国家博物馆(简称"国博")是代表国家收藏、研究、展示、阐释能够充分反映中华优秀传统文化、革命文化和社会主义先进文化代表性物证的最高机构,也是全国革命文物保存量最大的博物馆。在国博收藏的大量珍贵革命文物中,有长征文物近千件。这些长征文物,包括地图、布告、漫画、战斗的武器、军中用品、货币、歌曲诗篇、学习课本、烈士手稿等多种类型,能够多角度地展现长征中的战斗、生活、学习和互助的场景。更加弥足珍贵的是,许多文物都流传有序,档案完整,具有感人的红色故事和丰富的精神内涵。

弘扬伟大长征精神,走好今天的长征路,是新的时代条件下我们面临的一个重大课题。中国国家博物馆与广西人民出版社联袂打造《红色文物中的长征》一书,以泸定桥上的铁索链、方志敏《可爱的中国》手稿、陈毅亲自誊写并修改的《游击战争纪实》手稿、毛泽东接受斯诺采访时戴过的八角帽等30余件长征文物精品为载体,就是对这一时代课题的探索与回应。通过对长征道路上的重大战役、会议、事件,以及重要人物和感人故事的叙述,着意于长征文物信息解读和文物精神内涵发掘当中,为读者奉献一部看得到文物样貌、读得懂长征历程、感受得到精神力量、波澜壮阔又生动鲜活的《红色文物中的长征》。

一代人有一代人的长征,一代人有一代人的担当。衷心希望读者朋友能从长征文物中重温历史、筑牢记忆,继承和弘扬好伟大长征精神,在新的长征路上继续奋勇前进,为实现第二个百年奋斗目标,实现中华民族伟大复兴的中国梦而努力奋斗!

目 录

根据地风云骤变
——为粉碎第五次"围剿"印发的紧急动员令 / 001

吹响抗日的号角
——《为中国工农红军北上抗日宣言》 / 011

漫漫西征路
——红六军团途经贵州石阡县打土豪时分给群众的毯子 / 021

长征去留话别离
——何叔衡送给林伯渠的毛衣 / 031

"娃娃军"的远征
——红二十五军吴焕先送给战士的毛毯 / 041

生死存亡战湘江
——红军为抢渡湘江绘制的《灌兴全之间路线图》 / 051

翻越最险峻的大山
——陆定一撰写的《老山界》 / 061

那盏带来希望的"明灯"
　　——红军送给黎平向导的手提风雨灯 / 069

"水马"飞渡战乌江
　　——红军强渡乌江时使用的棕绳 / 079

关键抉择开新局
　　——在遵义发布的《中国工农红军总政治部布告》/ 087

赤水河畔出奇兵
　　——红军一渡赤水时遗留在战场上的手榴弹 / 097

而今迈步从头越
　　——娄山关战斗中缴获的皮背包 / 105

惜别川陕赴征程
　　——红四方面军长征前留下的布币 / 115

保卫湘鄂川黔根据地
　　——红二、六军团在陈家河战斗中缴获的勃朗宁手枪和子弹 / 123

彝海结盟民族情
　　——红军发布的民族政策布告 / 133

大渡河边传捷报
　　——红一军团出版的《战士》报 / 143

奇绝惊险夺泸定
——泸定桥上的铁索链 / 151

翻越第一座雪山
——黄镇绘《西行漫画》 / 161

红十军团北上抗日
——方志敏撰写的《可爱的中国》《清贫》手稿 / 171

红四方面军南下
——《绥崇丹懋天芦战役山地河川及隘路攻击之注意》手稿 / 181

为了那唯一的红色落脚点
——刘志丹在陕北征战时使用过的马鞍和马镫 / 191

夺取天险腊子口
——中央红军在战斗中缴获的理发推子 / 199

中国革命大本营的奠基礼
——红一方面军在直罗镇战役中缴获的手枪 / 209

吹响全民族抗战的号角
——瓦窑堡会议通过的《目前政治形势与党的任务决议》 / 219

红四方面军的雪山路
——高秀英过雪山穿的防滑钉鞋 / 229

游击战争"好儿郎"
——陈毅亲自誊写并修改的《游击战争纪实》手稿 / 239

红二、六军团北上
——盘县群众用桥栏杆做成的担架 / 249

艰难草地行
——红二方面军张子意写的长征日记 / 259

三军大会师
——中共中央为红一、二、四方面军会合发出的贺电 / 269

红星照耀中国
——毛泽东接受斯诺采访时戴过的八角帽 / 279

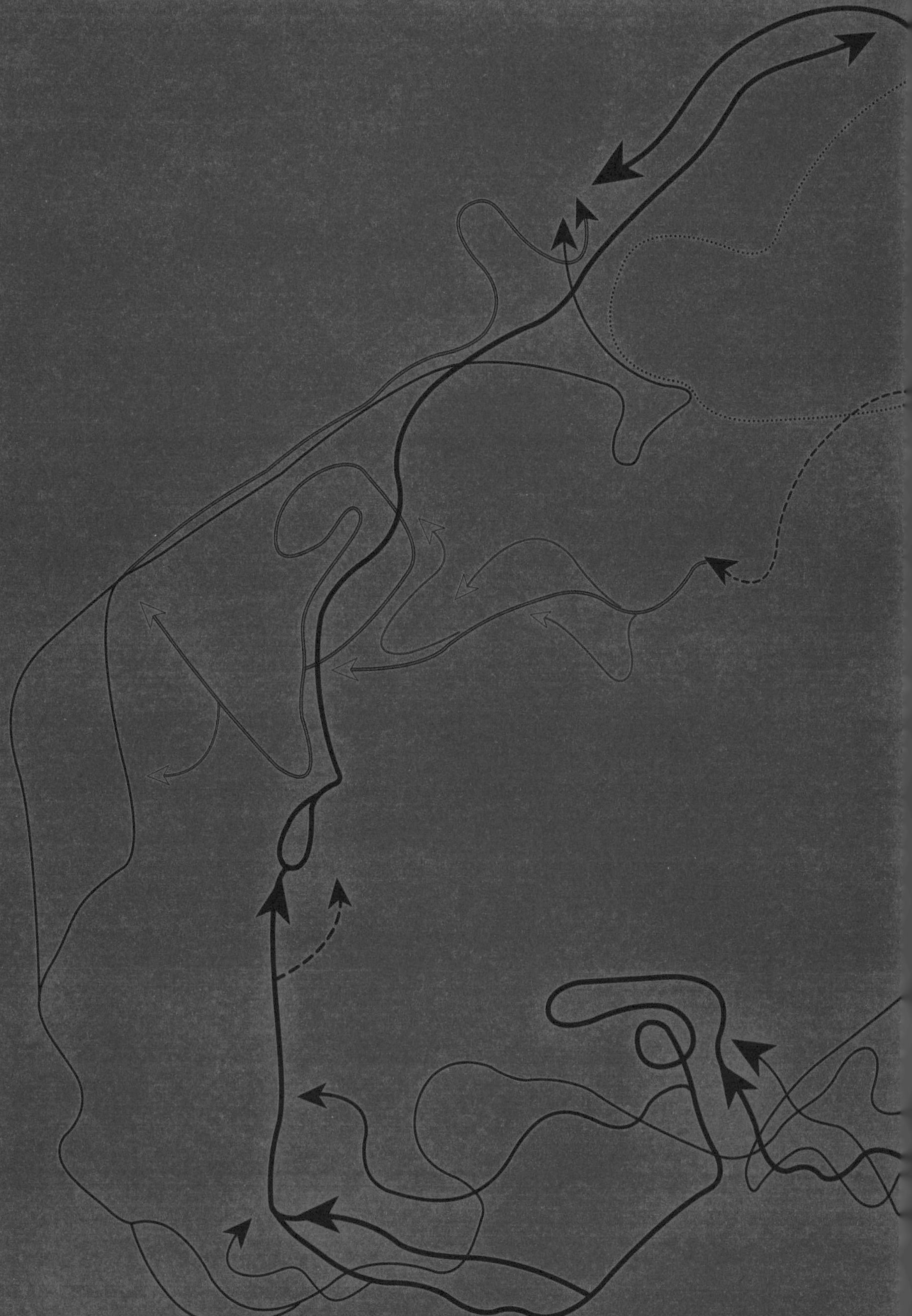

根据地风云骤变

为粉碎第五次"围剿"印发的紧急动员令

1927年南昌起义后,中国共产党人开始创建红军和农村革命根据地,并取得迅速发展,逐步开辟农村包围城市、武装夺取政权的中国革命新道路。从1930年冬至1933年春,蒋介石对红军和农村革命根据地先后发动四次"围剿",均以失败告终。1933年下半年,蒋介石调集100万军队对革命根据地进行第五次"围剿"。同年10月18日,中华苏维埃共和国中央政府发布紧急动员令,号召红军和根据地的一切力量为新生的苏维埃政权而战,为粉碎国民党军的第五次"围剿"而战,为苏维埃的新中国而战!动员令发布后,中央革命根据地立即紧急动员起来,集中一切人力、物力投入第五次反"围剿"斗争。

1933年10月18日，中华苏维埃共和国中央政府为粉碎敌人第五次"围剿"而发布紧急动员令。这份动员令是一本小册子，它纵17.3厘米，横12.7厘米，油印，每页均进行了托裱，第一页上注明了名称和时间，盖有"中华苏维埃共和国中央执行委员会人民委员会"的红色印章，书口一侧的书页折缝处印有"紧急动员令"字样。虽然纸张有些污迹、字迹有些斑驳，但仍然清晰可辨。它是中国工农红军进行第五次反"围剿"斗争的实物见证。

1927年大革命失败后，以毛泽东为主要代表的中国共产党人为挽救中国革命、寻找革命新道路进行了艰苦卓绝的探索和斗争。经过创建、发展红军和农村革命根据地的实践，逐步找到了一条符合中国国情、推动中国革命走向复兴和胜利的道路，即农村包围城市、武装夺取政权的道路。

从1927年10月毛泽东率领湘赣边界秋收起义部队创建井冈山农村革命根据地开始，到1930年夏，全国已建立大小十几块农村革命根据地，红军组建了正规兵团，发展到约7万人，连同地方革命武装共约10万人，广泛分布在湖南、湖北、江西、福建、广东、广西、河南、四川等10多个省的边界地区或远离中心城市的偏僻山区，使红军有了广阔的战场和回旋余地。红军游击战争实际上已经成为中国革命的主要形式，农村革命根据地成为积蓄和锻炼革命力量的主要战略阵地。

工农红军和革命根据地的发展，引起国民党统治集团极大的震惊和恐慌，中原大战结束后，蒋介石立即调整战略方向，集中兵力向各革命根据地和红军发动大规模"围剿"。由此开始，红军进入反"围剿"作战阶段。

从1930年冬至1931年秋，中央革命根据地和红一方面军先后进行了三次胜利的反"围剿"斗争，使气势汹汹的国民党军队吃尽苦头。与此同时，鄂豫皖、

中华苏维埃共和国中央政府为粉碎敌人第五次"围剿"印发的紧急动员令

湘鄂西、赣东北、琼崖等根据地也都取得反"围剿"的胜利，红军和根据地得到不同程度的发展。各根据地共歼灭国民党正规军20余万人，主力红军则发展到约15万人，农村革命根据地得到进一步巩固和扩大。中共中央决定以赣南闽西根据地为依托，建立苏维埃中央政府。1931年11月，中华苏维埃第一次全国代表大会在瑞金召开，选举产生中华苏维埃共和国中央执行委员会，宣布成立中华苏维埃共和国临时中央政府。中华苏维埃共和国是中国历史上第一个全国性的工农民主政权，是中国共产党在局部地区执政的重要尝试，在政治上产生了巨大影响，促进和推动了各根据地的政权、经济、文化教育等方面的建设。

1932年5月，蒋介石调集军队向革命根据地发动第四次"围剿"。受"左"倾错误思想的影响，红军从这次反"围剿"作战一开始就处于被动地位。同年底，国民党调集30多个师的兵力，分左、中、右三路开始对中央革命根据地发起"围剿"。在周恩来、朱德的指挥下，红军运用和发展以往反"围剿"的成功经验，从实际出发，适时采取退却步骤，使战争形势由被动转为主动，在1933年二三月间连续取得黄陂、草台岗两次大兵团伏击战的胜利后，终于打破了国民党军队的第四次"围剿"。

1933年5月，蒋介石着手准备对革命根据地的第五次"围剿"。5月21日，他撤销赣粤闽边区"剿匪"总司令部，另在南昌成立全权处理赣、粤、闽、湘、鄂五省军政要务的军事委员会委员长行营，由他本人坐镇，亲自部署和指挥对中央苏区的新的"围剿"。6月8日，蒋介石在南昌召开五省"剿匪"军事会议，检讨对红军进行的前四次"围剿"失败的原因与教训，强调第五次"围剿"要实行所谓"三分军事，七分政治"的方针，意思是指军队用三分的力量作战，用七分的力量来推行作战区的政治，要在摧毁红军武装力量的同时，实行党政军一元化反动体制的军事独裁统治，对新占领区实行血腥镇压和欺骗利诱相结合的政策。为贯彻这一方针，蒋介石做了多方面的准备。政治上，在根据地周围地区实行保甲制度和"连坐法"；经济上，对根据地实行严密封锁；军事上，采取持久战和"堡垒主义"的新战略。国民党当局还聘请一大批德国军事专家当顾问，拟订作战计划，用美国、英国的大批贷款购买军火，增加部队的新式装备。从1933年7月中旬开始，国民党还在江西庐山举办了三期军官训练团，分期抽调党、政、军干部进行反共训练，以达到"刷新干部思想，统一战术行动，完成党政军总体战之战争体制"的目的，并企图克服高级将领中轻共或畏共的心理。受训者有7500余人。

为对各革命根据地同时发动进攻，蒋介石从江苏、浙江和北方各省调集了约100万人的军队，而直接用于中央革命根据地的兵力就达到50万人，分北、南、西三路发动"围剿"。其中，北路军共33个师另3个旅，总司令顾祝同，担任主攻；南路军、西路军和第十九路军分头担负阻止红一方面军向外发展或转移的任务。

与此同时，中央革命根据地和红一方面军也在为应对国民党即将发动的新的"围剿"做着准备。这时的中央革命根据地有主力红军8万余人，地方红军和赤卫队等群众武装较前期也有所发展。尽管形势严峻，但是如果红军能够正确估计和判断敌我情况，利用有利条件，针对国民党军采取新战略，灵活运用历次反"围剿"的成功经验，集中优势兵力，扬长避短，在运动战中消耗和歼灭敌人，打破国民党军的第五次"围剿"仍然是有可能的。然而，当时的中共临时中央不切实际地提出分离作战方针，即一部分组成中央军，在抚河、赣江之间作战，一部分组成东方军，进入福建地区作战，企图在两个战略方向上同时取胜，进而夺取抚州、南昌等中心城市。这种分散兵力的做法不仅限制和减弱了红军的战斗力，使自己陷入被动，也让红军丧失了进行反"围剿"准备的宝贵时间。不仅如此，临时中央负责人博古还把红军的指挥权交给了共产国际派来的军事顾问李德。李德完全不了解中国的实际情况，只是照搬苏联红军正规的阵地战经验。他们放弃过去几次反"围剿"作战中行之有效的积极防御方针，转而实行军事冒险主义方针，提出"两个政治决战""保卫与扩大苏区""争取苏维埃在全中国的胜利"等"左"倾口号，在战略战术上提出"御敌于国门之外"的错误方针，要求红军"不放弃苏区一寸土地"，要在根据地以外战胜敌人，致使红军辗转于国民党军的主力和大小碉堡、堡垒之间，陷于被动。

1933年9月25日，乘红军中央军和东方军分离作战之机，国民党北路军下辖的三个师由南城、硝石向中央革命根据地北部要地黎川发动进攻，揭开了对中央革命根据地第五次"围剿"的战幕。毛泽东、萧劲光等根据敌人进攻的态势和敌强我弱的情况，提出红军应放弃黎川，诱敌深入，然后集中红军主力在运动战中消灭敌人，然而博古、李德等人完全否定这一正确意见，要求红军"不放弃苏区一寸土地"，要在苏区以外战胜敌人，强令当时在黎川不足百人的守城部队坚守黎川。9月28日凌晨，黎川失守。博古、李德急忙命令红军主力北上迎敌，向敌人已经修筑坚固阵地的硝石、资溪桥等地进攻，结果连遭失利，红军几度濒临被夹攻的险境。

在军事"围剿"的同时，国民党军利用修筑的碉堡和公路组成封锁网，对中央苏区实行严密的"三封"政策，即经济封锁、交通封锁和邮电封锁，给中央苏区造成极大困难，苏区的粮食、盐巴、布匹、煤油、药材等生活必需品极端匮乏，莫说是作战，就是基本生活条件都受到很大限制。中央红军的枪械、弹药很缺乏，"全部火力却只有不到十万支枪，没有大炮，手榴弹、炮弹和弹药来源极其有限"，又没有任何外援。中央直属独立师枪支不齐全，地方红军的独立团每团人数过千人，但武器配备却只能满足三分之二的需求。尽管如此，苏区军民在"一切为了前线的胜利"的口号下，仍然保持着旺盛的斗志和饱满的精神状态。

在第五次反"围剿"战役打响之前，中共临时中央已估计到蒋介石要发动的新的"围剿"是比以前的四次"围剿"规模更大、更残酷的战争，要粉碎这次"围剿"，"必须紧张我们一切的努力，动员尽可能的广大群众，去参加革命斗争和革命战争"。1933年7月29日，毛泽东在《红色中华》上发表了一篇题为《新的形势与新的任务》的文章，指出：为着争取全部粉碎敌人第五次"围剿"的伟大胜利，首先应该增加自己的力量，提高胜利的信心，把一切献给战争；其次必须保障红军给养与群众生活必需品的供给，争取革命战争的物质条件；最后要反对一切对于战争的疲倦心理，尤其要反对那些在敌人进攻面前表现惊慌失措、退却逃跑和抱有"左"倾错误思想、盲目认为必定胜利的人。

1933年10月18日，中华苏维埃共和国中央政府为粉碎敌人第五次"围剿"发布紧急动员令。动员令开篇即宣告："粉碎敌人五次'围剿'的大规模的决战，是已经开始了！这是我们争取更伟大胜利的最重要的关键！""动员我们一切的力量为苏维埃的出路而战，以我们的热血争取这一决战中我们的全部胜利，这是整个苏维埃政权当前最中心的最尖锐的任务。"

动员令指出苏区许多地方政府在应对国民党军的"围剿"时，表现得不够紧张，存在严重问题，如在战争动员、扩大红军、扩大与训练地方武装、动员运输队支援前方等方面所做的工作还非常不够；不能做到将查田运动、经济建设、文化教育等方面工作与革命战争的动员紧密联系起来；不能充分动员和领导群众争取反"围剿"战争的胜利；等等。为纠正和杜绝这些问题，动员令要求各级政府必须立刻执行以下工作：

第一，省、县、区、乡各级政府和红军各部队及各群众团体必须用尽全部力量进行战争动员，详细说明目前革命战争的紧张形势，使人人都了解粉碎敌人"围剿"的重大意义。

第二，全力开展和加快进行扩大红军的工作，动员赤少队、勇敢积极分子加入红军。

第三，动员苏区16—40岁的工农群众加入赤卫军和少年先锋队，加紧进行军事政治训练，并在苏区军事机关领导下配合红军开展游击战争。

第四，必须保证红军的物资供给，一切经济建设工作都要为战争服务，要动员工农群众时刻准备从经济上帮助红军。

第五，发动工农群众担负运输工作，在交通道路被破坏时，要可以立刻集中力量进行修理，确保红军主力部队的军事行动。

第六，必须特别加紧肃反工作，对于反革命案要速办，建立严格的步哨制度，加紧查路条和设立必要的警号。

第七，必须重视边区新区的工作，要在红军占领的新区域建立临时政权，建立地方武装，成立各种群众革命组织。

第八，各级工农检察部必须加紧检举对于战争动员工作的消极怠工和官僚主义分子。各级政府在进行文化教育工作时要密切联系战争动员工作。

总之，一切苏维埃工作都应该服从战争！必须以最大的努力紧张工作，以深入的宣传动员群众，集中一切力量，准备一切牺牲，为粉碎敌人第五次"围剿"而战！为苏维埃的新中国而战！

为确保动员令中的工作落到实处，中央政府要求各级政府对此进行充分讨论和详细报告，制定具体的执行办法，对于那些消极应对的政府和个人，将给予严厉的行政制裁。

动员令由中华苏维埃共和国临时中央政府主席毛泽东，副主席项英、张国焘署名发布。动员令发布后，中央革命根据地立即紧急动员起来，集中一切人力、物力投入第五次反"围剿"斗争。

然而，当时中央的"左"倾领导人完全无视敌我力量的悬殊和国民党军战略战术的变化，继续推行冒险主义的作战方针，与数倍于己、步步为营的国民党军打阵地战、正规战。到1933年11月中旬，红军连续作战近两个月，不仅没有能在敌占区或敌我交界区打败敌人，反而因辗转于敌军的主力和堡垒之间，遭到很大损失，形势极为被动。在接连遭受挫折后，中共临时中央领导人由军事冒险主义转为军事保守主义，采取消极防御的战略方针和"短促突击"的战术原则，强令红军和苏区人民修筑堡垒防御阵地，以堡垒对堡垒、处处设防、节节抵御，与敌人拼消耗。在这种错误方针指导下，虽然红军更加勇猛和无畏地投入战斗，但是不仅未能打破或打乱敌人的进攻计划，反而遭受了更为惨重的损失。

1934年4月中旬开始，国民党军集结重兵向中央革命根据地北大门广昌发动进攻，红军在坚守半个月、付出巨大牺牲的情况下，仍然未能守住广昌，被迫撤退。广昌的失守使中央红军在根据地内粉碎国民党军队的第五次"围剿"已基本没有可能。

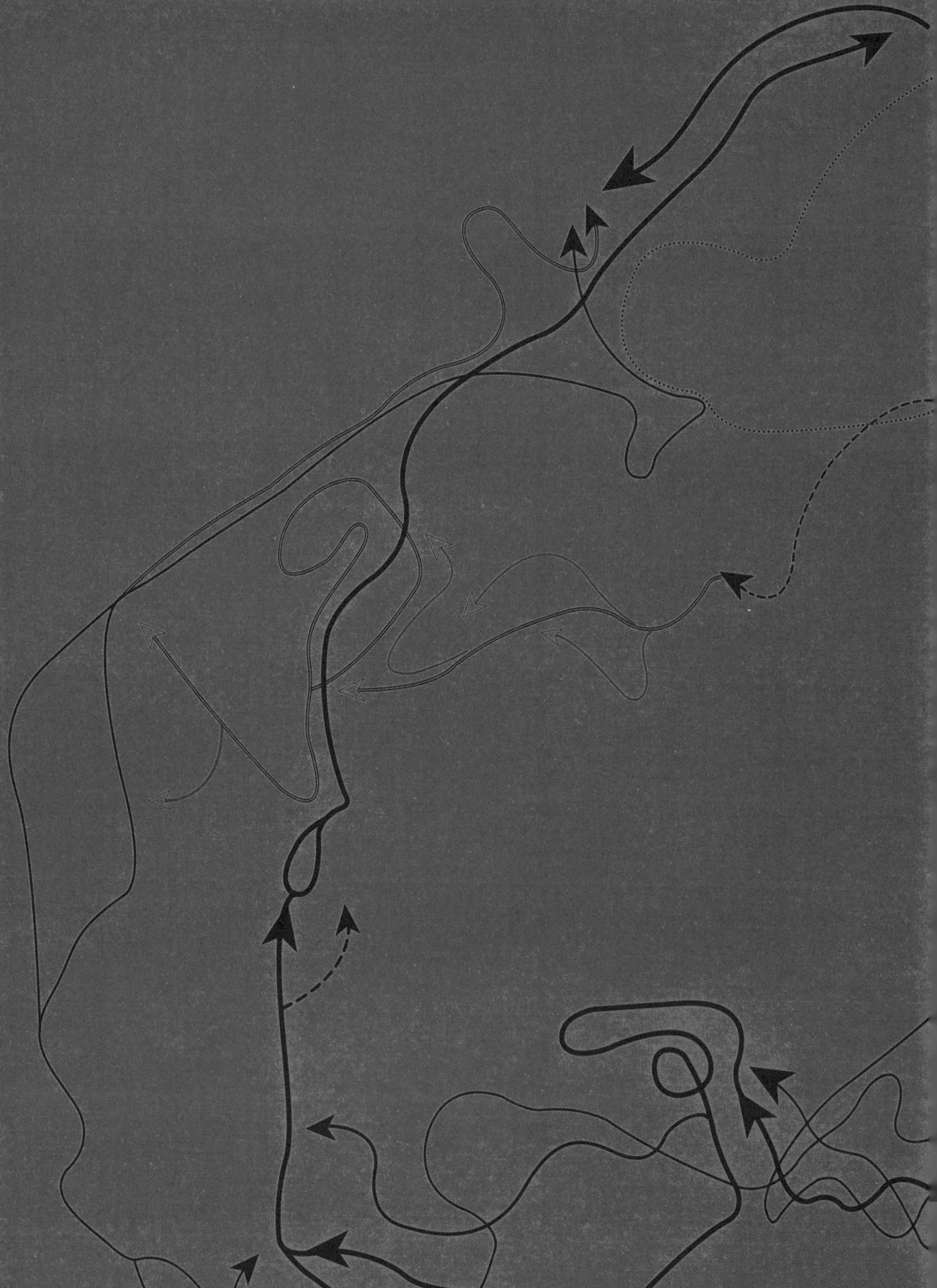

吹响抗日的号角

《为中国工农红军北上抗日宣言》

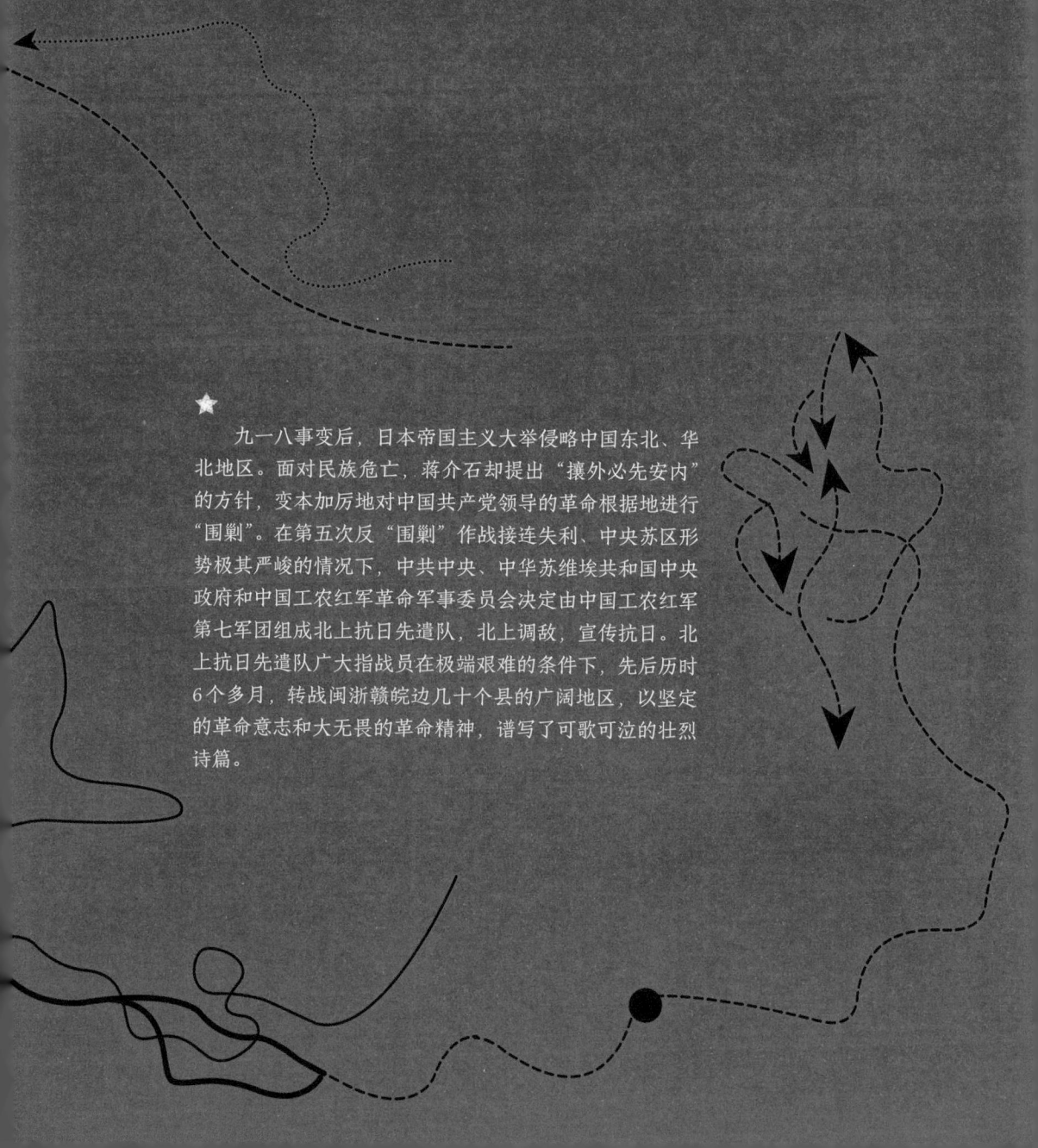

　　九一八事变后,日本帝国主义大举侵略中国东北、华北地区。面对民族危亡,蒋介石却提出"攘外必先安内"的方针,变本加厉地对中国共产党领导的革命根据地进行"围剿"。在第五次反"围剿"作战接连失利、中央苏区形势极其严峻的情况下,中共中央、中华苏维埃共和国中央政府和中国工农红军革命军事委员会决定由中国工农红军第七军团组成北上抗日先遣队,北上调敌,宣传抗日。北上抗日先遣队广大指战员在极端艰难的条件下,先后历时6个多月,转战闽浙赣皖边几十个县的广阔地区,以坚定的革命意志和大无畏的革命精神,谱写了可歌可泣的壮烈诗篇。

1931年9月18日，日本发动震惊中外的九一八事变。面对日本帝国主义的侵略和民族危机的加剧，蒋介石奉行"攘外必先安内"的政策，对日本帝国主义的侵略一味退让，使日本迅速吞并东北地区，占领热河、内蒙古，进而向华北渗透。与此同时，蒋介石在"无力抗日"的谎言下，变本加厉地对中国共产党领导的革命根据地进行残酷"围剿"。1933年9月，蒋介石调集100万军队，自任总司令，向红军和各革命根据地发动第五次"围剿"，其中用于进攻中央苏区和红一方面军的兵力就达到50万。

由于中央领导人的"左"倾错误和敌人过于强大，中央苏区在第五次反"围剿"作战中接连失利，被压迫到闽赣边境地区，陷入困境。在这严峻的形势下，中国共产党为了在政治上扩大宣传抗日救国的一贯主张，揭露蒋介石祸国殃民的罪行，以推动抗日救亡运动的迅速发展；为了在军事上威胁国民党统治地区，吸引和调动敌人，以减轻对中央苏区的压力：1934年7月5日，中共中央和中国工农红军革命军事委员会发布政治训令，派遣中国工农红军第七军团组成北上抗日先遣队，深入敌后，在闽浙皖赣边地区开展游击战争。

红七军团是中央苏区红军主力中较新的一个军团，由战斗在赣东北地区的原红十军改编而来，虽然组建时间不长，但是经过在中央苏区东线较长时间的实战锻炼，逐渐发展成为一支英勇顽强、善于野战的部队。1934年7月初，红七军团奉命由福建连城地区回到江西瑞金。在发布组建北上抗日先遣队的政治训令后，中央和军委领导人接见了红七军团军团长寻淮洲、政治委员乐少华、参谋长粟裕、政治部主任刘英等军团领导人。中共中央、中革军委对北上抗日先遣队的行动极为重视，要求红七军团在一个半月内赶到皖南地区，发动、组织和武装该地区的群众，建立小块苏区，推动该地区革命形势的发展，并强调红七军团要大力宣传中国共产党的抗日主张，推动抗日民主运动的发展。

经过整编后的红七军团下辖三个师，6000余人，其中三分之一是新战士和非战斗人员。全军团仅有长短枪1200余支，一部分轻重机枪和6门迫击炮，武器严重不足，大部分战士仍然身背大刀和梭镖。出发前，在印刷条件极为困难的情况下，中央苏区还赶印了160余万份、约300担的宣传材料，并专门派一个运输营携带，供沿途散发、张贴。

1934年7月6日晚，红七军团从瑞金出发，踏上北上征程，经福建长汀县、连城县，于7月15日到达永安县小陶镇，与担负掩护任务的红九军团会合。当日，中华苏维埃共和国中央政府和中国工农红军革命军事委员会联合发布《为中国工农红军北上抗日宣言》（简称《宣言》），明确表示，苏维埃政府与工农红军决不能坐视中华民族沦亡于日本帝国主义之手，也决不能让全中国被国民党反动派出卖干净，"故即在同国民党匪军的优势兵力残酷决战的紧急关头，苏维埃政府与工农红军不辞一切艰难，以最大的决心派遣抗日先遣队，北上抗日"，并号召一切反日的民众帮助和加入抗日先遣队，联合起来共同抗日，开展民众的民族革命战争，打倒日本帝国主义。同时，红七军团也发表《我们是中国工农红军抗日先遣队》《中国工农红军北上抗日先遣队告农民书》，宣布先遣队北上抗日的行动纲领和目的。

由中华苏维埃共和国中央政府主席毛泽东、中国工农红军革命军事委员会主席朱德等联合署名发布的《宣言》原版，现收藏在中国国家博物馆。它纵19.7厘米，横57厘米。泛黄的纸张述说着这件文物已历经了近90年岁月的洗礼，在精心裱褙后，《宣言》变得焕然一新，字迹大多清晰可辨，除边缘有少许破损和锈迹之外，整体品相较为完好。此宣言的原持有人是皖南休宁县梅溪的许炳顺，他在战争时期冒着生命危险将其保存下来。新中国成立后，许炳顺

中华苏维埃共和国中央政府、中国工农红军革命军事委员会印发的《为中国工农红军北上抗日宣言》

将珍藏多年的这份《宣言》捐献给国家，还特地把其中不清晰的文字按照原字体勾描完整，并在最左侧空白处签名留念，可见其珍视程度。

《宣言》从右至左竖版排列，全文约2600字。它向全国宣布了中国共产党领导下的工农红军派遣抗日先遣队北上抗日的行动消息。在揭露和斥责国民党蒋介石卖国投降政策的同时，号召一切反抗日本侵略者的民众联合起来，团结在北上抗日先遣队周围，或加入抗日先遣队，共同抗日。《宣言》表达了苏区政府和工农红军在"停止进攻苏区与红军""给民众以初步的民主权利""立即武装民众与创立群众的反日义勇军"等条件之下，同全中国任何武装队伍订立对日作战协定的意愿。同时，提出了五项具体主张，即：（一）坚决反对国民党政府出卖东三省、热河、内蒙古、华北、福建以及全中国；（二）立刻宣布对日绝交，宣布《塘沽协定》与一切中日秘密条约无效；（三）号召全国民众武装起来，组织民众的反日义勇军与游击队，援助东北义勇军与中国工农红军北上抗日先遣队；（四）没收日本帝国主义者及卖国贼汉奸的一切企业与财产；（五）普遍组织民众的反日团体，利用罢工、罢课、罢市、罢商与示威来反对日本帝国主义的侵略与国民党政府的卖国投降。

在中华民族面临生死存亡的关键时刻，这份宣言表明了中华苏维埃共和国中央政府和中国工农红军坚决抗击日本帝国主义、争取民族独立的决心，宣传了中国共产党的抗日主张，教育和影响了广大群众，推动了全国群众抗日运动的蓬勃发展，为反对日本帝国主义侵略、制止国民党反动派投降卖国、建立广泛的抗日民族统一战线、争取民族革命战争的胜利起了积极作用。

7月下旬，红七军团进占闽中大田县城，攻克闽江南岸尤溪口。30日晚，在红九军团掩护和配合下，红七军团从尤溪口以东的樟湖板抢渡闽江，迅速占领闽江北岸古田县的黄田和谷口。至此，胜利完成北上第一步计划。

8月1日，红七军团占领水口镇，并召开"八一"纪念大会，正式向部队传达：红七军团对外以"中国工农红军北上抗日先遣队"的名义活动。同日，在瑞金举行的阅兵典礼上，朱德率领受阅红军举行了抗日宣誓，毛泽东在讲话中说："苏维埃政府与革命军事委员会已下令全国红军随时准备随着先遣队出发。"与此同时，在瑞金出版的《红色中华》全文发表了《宣言》。

召开"八一"纪念大会后，北上抗日先遣队开始进攻福州，遭到国民党重兵疯狂追击，伤亡惨重。为摆脱险境，先遣队转移至北石岭、桃源等地，而后北上进入闽东地区，在当地党组织、群众和游击队的配合支援下，先后攻克罗源县城、穆阳镇和庆元县城，之后转战于闽浙赣边境地区，但由于这些地方是白区，反动统治势力强，群众基础差，先遣队处于日益被动的处境，伤亡和损失日渐增多。1934年10月下旬，部队进入赣东北重溪地区休整时，仅剩2000余人。

11月初，中革军委下令重新组织北上抗日先遣队，将红七军团与活动在闽浙赣苏区等地、由方志敏等领导的红十军合编为中国工农红军第十军团，任命刘畴西为军团长，乐少华为军团政治委员（即政委），继续担负抗日先遣队的任务。其中，原红七军团改编为红十九师，原红十军和新升级的地方武装分编为红二十师和红二十一师。两军合编后，兵力约1万人。中革军委规定红十军团合编后的任务是：红十九师出动到浙皖赣边，担负打击"追剿"敌人与发展新苏区的任务；红二十、二十一师仍留闽浙赣苏区，执行打击"围剿"敌人与保卫老苏区的任务。

此时，中央红军已撤离中央苏区，开始实行战略转移，国民党军加紧对闽浙赣苏区的包围和进攻。11月中旬，红十九师从闽浙赣苏区先行出发，通过怀玉山、开化间，进入歙县，一举攻克旌德县城，向泾县、宣城间挺进。11月下旬，由于形势变化，留在闽浙赣苏区的军团部和红二十、二十一师由重溪出发，通过德兴、开化间，经大畈、龙湾向皖南挺进。12月中旬，抗日先遣队主力部队在黄山东南的汤口地区会师，并决定翻越黄山，继续北上。12月14日，先遣队在谭家桥对紧随的国民党军进行伏击，最终战斗失利，红十九师师长寻淮洲负伤牺牲。随后，在国民党军后续部队大批增援、分路追堵的情况下，先遣队被迫回师闽浙赣苏区。1935年1月，蒋介石集中兵力，将先遣队主力部队合围在怀玉山地区，妄图一举扑灭。在突围过程中，广大指战员英勇奋战，同敌人顽强拼杀，终因众寡悬殊，大部壮烈牺牲。军团长刘畴西、军政委员会主席方志敏等人先后被捕，不久在南昌英勇就义。

此后，根据中央指示，突围回到闽浙赣苏区的抗日先遣队先头部队同红三十师的一个团整编成500余人的红军挺进师。在师长粟裕、政治委员刘英的率领下，由上饶灵山地区出发，向闽浙边地区转移。他们根据形势的变化，吸取过去斗争失败的教训，在实践中探索并采取新的斗争策略和斗争方法。在最艰难的岁月，多次粉碎敌人的"清剿"，坚持开展游击战争，创建了浙西南游击根据地，实现了从正规战向游击战的战略转变。全民族抗战爆发后，这支保存下来的革命力量肩负起先烈们的未竟事业，编入新四军第二支队，转战于大江南北，续写着抗日先遣队的英雄传奇。

抗日先遣队在一路行进作战的同时，始终坚持开展宣传和发动群众的工作。从渡过闽江开始，先遣队抓紧一切时机，沿途书写标语、散发传单、张贴布告、组织群众大会宣讲，还利用沿江地势进行河流牌和邮寄信件夹带宣传品等多种方法，向群众大力宣传中国共产党的方针政策和抗日救国思想，深刻揭露日本帝国主义的罪恶行径和蒋介石的不抵抗政策，号召群众积极参加救亡斗争。同时，中央苏区在发表《宣言》后，又陆续发出一系列重要宣言、指示和通知，并在《红色中华》《红星报》《斗争》等报刊上相继发表，对抗日先遣队的北上行动情况给予及时的宣传报道。

这些嘹亮的动员号角广泛传播了积极的抗日思想，振奋了群众的抗战热情，扩大了中国共产党和中国工农红军的影响力。红一军团红一师政治部在一份报告中表示，"部队中抗日情绪的高涨，时刻准备着在抗日先遣队后面出动，与日本帝国主义直接作战"。为支援北上抗日，瑞金广大群众积极收集棉花、衣服、绑带、被毯、斗篷、水壶、干粮袋等大量军需物资，为不让红军战士赤足作战，当地妇女们还日夜不停地赶制了15000双草鞋。大批苏区人民积极参军参战，到处都是妻送夫、父送子、父子同上战场的情景。

中国工农红军北上抗日先遣队的行动先后历经两个阶段，历时6个多月，行程2800多公里，是中国工农红军第一次高举"北上抗日"旗帜公开进行的重大军事战略行动。抗日先遣队仅以1万余人的兵力深入闽浙赣皖诸省国民党统治地区，转战四省几十个县的广阔地区，不断冲破国民党军队的围追堵截，进行了大小30余次的战斗。虽然最后在国民党10余万优势兵力的围攻下失败，但牵制和分散了国民党军的兵力，有力策应了中央苏区第五次反"围剿"斗争和中央红军的战略转移。同时，先遣队把军事战略行动与抗日宣传运动有机结合起来，明确提出用民族自卫战争反抗日本侵略者的口号，推动了全民族抗日斗争的发展，为中国共产党开辟抗日游击根据地、进行抗日斗争奠定了基础。

抗日先遣队广大指战员坚韧不拔的革命意志和勇敢顽强的战斗精神，成为鼓舞红军将士英勇作战的精神支柱和战胜一切艰难险阻的强大动力。抗日先遣队创造的可歌可泣的英雄业绩在中国革命史上具有不可磨灭的光辉。

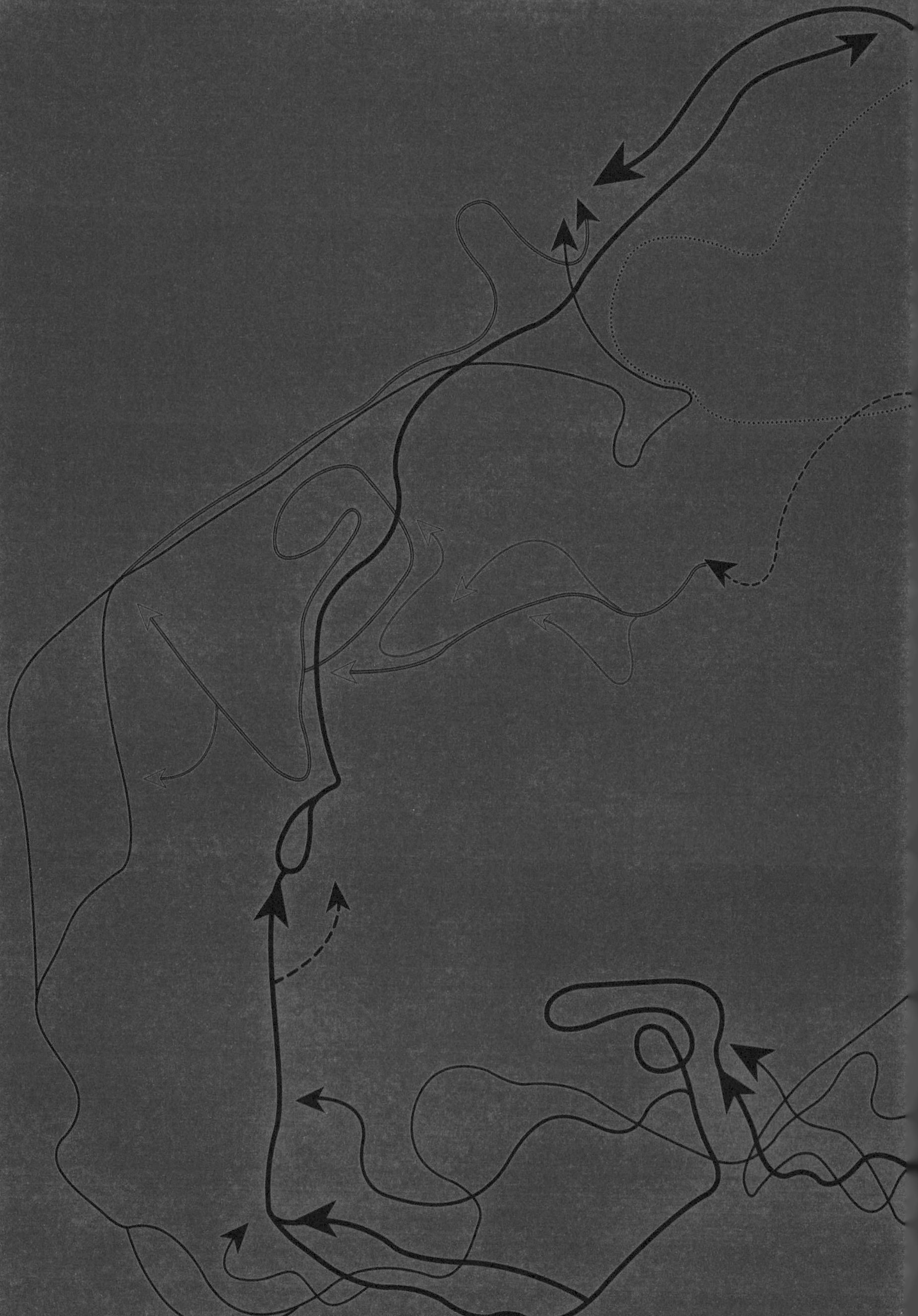

漫漫西征路

红六军团途经贵州石阡县打土豪时分给群众的毯子

继红军北上抗日先遣队出发后，1934年7月23日，中共中央和中革军委命令红六军团退出湘赣根据地西征，8月7日，红六军团在任弼时、萧克、王震等率领下，踏上千里转战的征途。他们突破了湘、桂、黔三省敌军的重重包围封锁，历尽千辛万苦，于10月24日在贵州省印江县木黄镇与贺龙率领的红三军胜利会师，完成了为中央红军实施战略转移先遣探路的任务，拉开了长征的序幕。中国国家博物馆收藏的长征文物中，有一块纵188厘米、横144厘米的毯子。这件看起来普通的文物，被他的主人贵州石阡县上寨村村民陈尚西保存了30年。这之中饱含着他对曾驻扎在家乡的红六军团战士的深切思念，也记录并见证了这段波澜壮阔、艰苦卓绝的西征岁月。

1934年夏,中央革命根据地和湘赣革命根据地的反"围剿"斗争形势十分严峻。中共中央、中革军委意识到原有根据地无法继续坚守,遂于7月23日命令红六军团向外突围,离开湘赣苏区,向湖南中部转移,创建新的革命根据地,并与红二军团取得联系;同时指定任弼时为中央代表,并与萧克、王震三人组成军政委员会,任弼时为主席,领导红六军团的行动。在对突围行动进行认真周密的研究之后,8月7日,任弼时、萧克、王震等率领红六军团第十七、第十八师和红军学校全部9758人,于下午3时由遂川横石、新江口出发,告别根据地,开始英勇西征。

中国工农红军第六军团组建于1933年6月中旬。部队以在湘赣和湘鄂赣苏区的红军为主力。早在1929年1月,毛泽东、朱德、陈毅等率领红四军主力,离开井冈山根据地,挺进赣南闽西地区,在留在原根据地坚持斗争的红军赤卫队、游击队基础上,逐步发展壮大合编形成了这支队伍。1931年8月1日,中共湘赣临时省委在江西永新成立,10月,湘赣省苏维埃政府成立,形成了以永新为中心的湘赣革命根据地。根据地位于罗霄山脉的中段,北面是湘鄂赣革命根据地,东南面是中央革命根据地,因此,它自创建起,就是两者联系的重要通道,起拱卫和桥梁作用。从1931年10月至1933年4月,湘赣革命根据地进入全盛时期,范围扩大至赣江以西、袁水以南、粤汉铁路以东的广大地区。红六军团正是在湘赣革命根据地上形成和发展起来的。

早在1934年夏,中央革命根据地和湘赣革命根据地的反"围剿"斗争形势十分严峻。中共中央、中革军委意识到原有根据地无法继续坚守,遂于7月23日命令红六军团向外突围,离开湘赣苏区,向湖南中部转移,创建新的革命根据地,并确立与红三军的可靠联系。西征是一项十分艰巨的任务,出发之

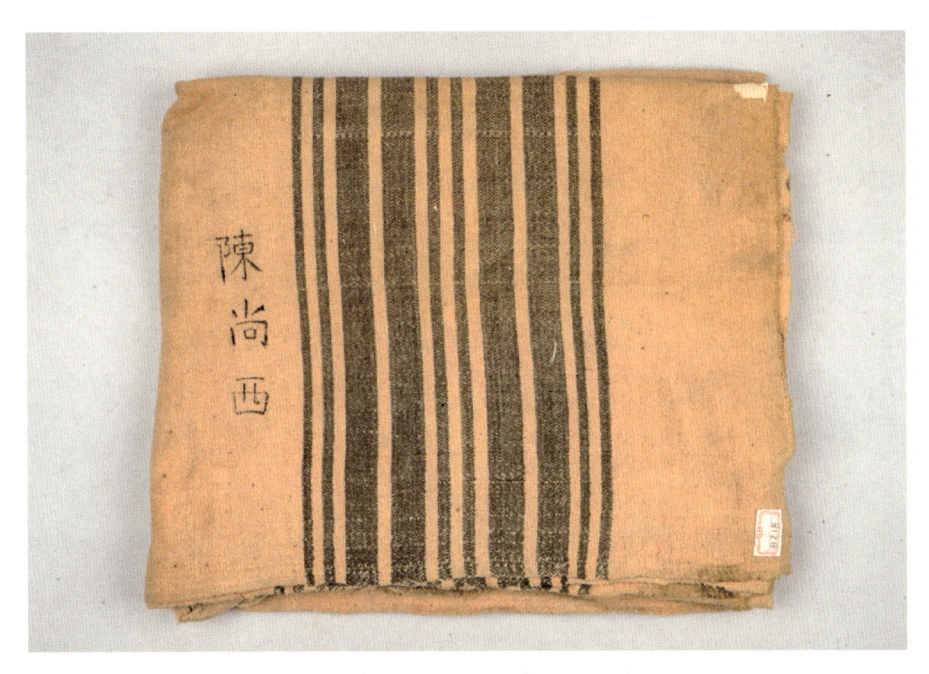

红六军团途经贵州石阡县打土豪时分给群众的毯子

前,中共湘赣省委、湘赣军区和红六军团对此次行动进行了周密的准备工作。任弼时主持召开了政治工作会议,做了"争取新的决战胜利,消灭湖南敌人,创造新的根据地"的重要报告,号召全体指战员坚决执行党的指示,克服一切困难,坚决战胜敌人。军政委员会确定了突围和牵制的方向,对留下的地方武装也做了妥善安排。同时通过精简机关、缩编合并直属部队等方式,为红六军团补充兵员、充实武器装备。西征部队积极打草鞋,做干粮,并开展了行军、侦察、警戒等科目的训练。

一切准备就绪,8月7日,红六军团军政委员会率部开始西征。开始时,部队势如破竹,连续突破了国民党军四道封锁线,于8月11日进抵湖南省桂东县的寨前圩,将寨前圩至沙田之间的20余座国民党军碉堡全部占领并大部摧毁,至此,红六军团撕开国民党军的战略西线,成功突围。红军在此召开了连以上干部大会,任弼时在会上正式宣布了红六军团领导机关建立,萧克任军团长,王震任政治委员,李达任参谋长,张子意任政治部主任。

红六军团胜利突围的消息,震撼了湘桂两省的军阀。湖南军阀何键急调刘建绪派两个师追击,广西军阀也调动部队围堵。红六军团随即改变在湘南停留的计划,部队一路转战湘黔,采用灵活战术,忽东忽西,迂回转移。何键无可奈何地承认,红军"时东时西,行踪飘忽",使得"军队疲于奔命"。

从湘西到贵州,红六军团周旋于一场场恶战,处境异常艰难。初到贵州时,当地群众对共产党不大了解。萧克回忆:由于国民党反动派一再宣传什么"共匪、共匪",有些年轻人不知道"共"是什么,"匪"是什么,他们看我们纪律好,就不怕我们,但也叫我们"共匪"。我们问他们:"我们怎么样?"他们说:"你们好,你们共匪好!"我们就跟他们讲一通大道理,他们才明白过来。

除了群众不了解和山路难走外,红军对地形情况也并不熟悉。西征部队攻占黄平县时，在旧州一座教堂中找到一张约一平方米大小的地图。红六军团如获至宝。因为红军自进入贵州后，仅凭一张从中学课本上撕下的小地图行军，十分不便。不巧的是，地图是法语的，军中无人认识。关键时刻，一位被俘的法国传教士薄复礼帮助红军翻译了这张地图，红军这才详细了解了贵州山川城乡的大略情况，解了燃眉之急。

红六军团在旧州召开了济贫大会，举办文艺演出。在演出中，红军指战员给前来观看的当地百姓宣讲"干人"为什么穷？地主恶霸为什么富？国民党反动派为什么消极抗日？并阐述了只有共产党才能救中国，才能救劳苦大众于苦难之中。在济贫大会上，红军还把从土豪劣绅家中收缴来的财物和粮食当场分发给群众。群众深受感动，经常主动帮助红军，在北渡清水江时，苗、侗两族人民积极寻找渡口，正是在他们的支援下，红军顺利渡江北进。

10月4日，红六军团到达了位于乌江畔瓮安县的猴场。中革军委于3、4日连续致电红六军团，强调桂敌向南开动，红三军已占印江，红六军团应速向江口开进，无论如何不得再向西转移。红六军团遂放弃西渡乌江，掉头东进。此时，国民党军对中央红军转移的意图已有察觉，湘、桂、黔国民党军正以24个团的兵力包围和搜剿红军。由于红六军团并不知晓国民党军的联合作战计划，当部队进到贵州石阡甘溪时，桂军廖磊部正从南面寻战而来。

甘溪遭遇战打响，疏于戒备、陷入重围的红军失利就在所难免了。10月7日，李达率领的红六军团先头部队遭遇桂敌主力，敌我双方反复争夺，战斗异常激烈，红军部队被截为数段，损失惨重。为掩护军团主力转移，红十八师五十二团800多人在石阡县龙塘困牛山一带与敌人发生了激战。红军抢占有利地形，打退了敌人数次进攻。战斗中，当地百姓在国民党军队的挟持下，一步步地向山头逼近。为了避免误伤百姓，红军边打边退，一直退到了悬崖边上。为了不做俘虏，百余名红军指战员砸毁枪支，集体跳崖，写下了红六军团西征路上的一曲悲歌。

10月10日，红六军团向中革军委汇报了甘溪战斗的经过和不利处境，建议分两路纵队以灵活的游击方式与敌人战斗。当晚，红军主力经过一昼夜苦战得以南撤。几十年后，萧克回忆甘溪战役时说："这是一个极端紧张而又关系到六军团大局的一个战斗行动，直到现在，一经忆起，心胆为之震惊，精神为之振奋。从此，六军团战胜了贵州和广西、湖南军队的围追堵截。"

其后，红六军团收拢人马，涅槃重生，转战于石阡、镇远、施秉、余庆等县，在崇山峻岭中与敌周旋数日。由于敌人封锁了交通要道，红军只好在深山密林的崎岖路上行军，在悬崖峭壁上攀行，往往一天吃不上一餐，鞋子破了就赤脚在山地上行走。战斗艰辛，部队异常疲劳。

即使这样恶劣的环境下，红六军团仍不忘让群众能过上好日子。中国国家博物馆收藏的这条毛毯，正是红六军团西征途经贵州石阡县打土豪时分给群众的，上写有上寨村村民陈尚西的名字。历经时间洗礼，毯子表面已经破旧泛黄，但看得出是被主人精心保存着的，足见军民鱼水情深。据档案记载，陈尚西后来将这条毯子交给了贵州省铜仁军分区，1964年7月6日文物经过拨交，正式登记入藏中国革命博物馆（现中国国家博物馆）。

在甘溪一战后，同主力部队失散的400余人，在参谋长李达率领下，继续沿梵净山西麓一路寻找贺龙红三军的活动踪迹。10月15日，李达的先头部队突围至沿河县铅厂坝地区时，通过群众了解到水田坝一带有红军活动，便推测可能是红三军的部队。于是，李达率部向水田坝前进，终于与贺龙派出的侦察分队取得了联系，随后与贺龙、关向应相遇。得知红六军团主力情况危急，次日，红三军主力与李达所部共同南下，接应红六军团主力。出发不久，他们便与在甘溪战斗中与主力失去联系的红十七师第五十团在梵净山下会合。此时，红六军团主力也在兼程北进。

10月24日，两军主力终于在木黄胜利会师。至此，红六军团经过连续近80天的行军作战和5000余里的长途跋涉，战胜了湘、粤、桂、黔四省国民党军的围追堵截和山重水复的艰难险阻，胜利完成了为中央红军向湘西实施战略转移先遣探路的任务。红六军团由遂川出征时的9700余人，到达木黄会师时仅存3300余人。由于木黄是游击区，贺龙与任弼时等商量后决定，部队迅速向四川酉阳县的南腰界转移。

27日，红三军与红六军团在南腰界召开了隆重的会师庆祝大会。大会之后，两支部队进行了整编，红三军恢复了红二军团番号，两个军团总兵力7700余人，虽然没有正式成立统一的指挥机关，但实际上已经形成了以贺龙、任弼时、关向应为核心的统一领导与指挥。两军团共同行动，使部队士气大振，形成了一支强大的战略突击力量。贺龙曾称赞说："二、六军团会师团结得很好，可以说是一些会师的模范。"

红二、红六军团会师时，中央红军已撤离中央苏区，正沿粤赣边境向湘南开进。为配合中央红军的战略转移，两军团在对湘西的地形、民情、经济条件及敌情进行了审慎研究之后，决定进军湘西北，做到既牵制敌军，又可在运动战中创建新的根据地。考虑到北面的永顺、保靖、桑植、龙山地区，地处湘鄂川黔交界，经济虽然落后，但地域广阔，国民党力量薄弱，仅有湘西军阀陈渠珍部三个旅和三个保安团约万余人。更重要的是，这里过去曾是贺龙部队的活动区域，受共产党影响较深，群众基础较好，红军决定以此作为突破口。10月28日，红二、红六军团从南腰界继续出发，开始湘西攻势。

长征历经漫漫长路，而西征仅是这部史诗的开始。红六军团作为探路者，其行动本身实际上已经成为传奇，迸发于这场伟大试验中的英雄主义火花燃起了中国革命的希望。多年以后，当萧克再次回忆起木黄会师时，写下了《题木黄会师》一词："二六军团，历经艰险。木黄会师，三军欢唱。八千健儿，挥戈东向。沅澧波涌，狂飙燎原。赤区重建，湘鄂川黔。抚今追昔，怀梵净山。"令萧克念念不忘的不仅是梵净山，更是留在梵净山等地坚持斗争、配合主力北上的黔东特委和黔东独立师。他们在国民党军重围下浴血奋战，到1934年11月28日，部队仅剩的300余人终因寡不敌众，弹尽粮绝，被迫分散突围，仅有十余人冲出重围到达湘西。

如今，鼓角争鸣虽已远去，毯子的色彩也已黯淡，但融进民族肌理里的精神特质将一直存在。红六军团突围西征是一次开创新局的战略行动，打破了国民党军对湘赣革命根据地的"围剿"，在与十倍以上之敌的作战中，用灵活机动的运动战、游击战摆脱了前堵后追、两翼夹击的大包围。会师之后，任弼时、贺龙等人坚持从大局出发，从实际出发，正确制定行动方针，率部横扫湘西，连战连捷。在连续艰苦的行军中，淳朴的指战员面对未知的前路时刻紧密团结在党的周围，打不垮、拖不烂，不怕牺牲、英勇善战，表现出了大无畏的革命精神。西征的胜利，不仅开辟了中央红军战略转移的前进道路，发展了湘鄂川黔边地区的革命斗争，也为后来红二方面军的组成奠定了重要基础。

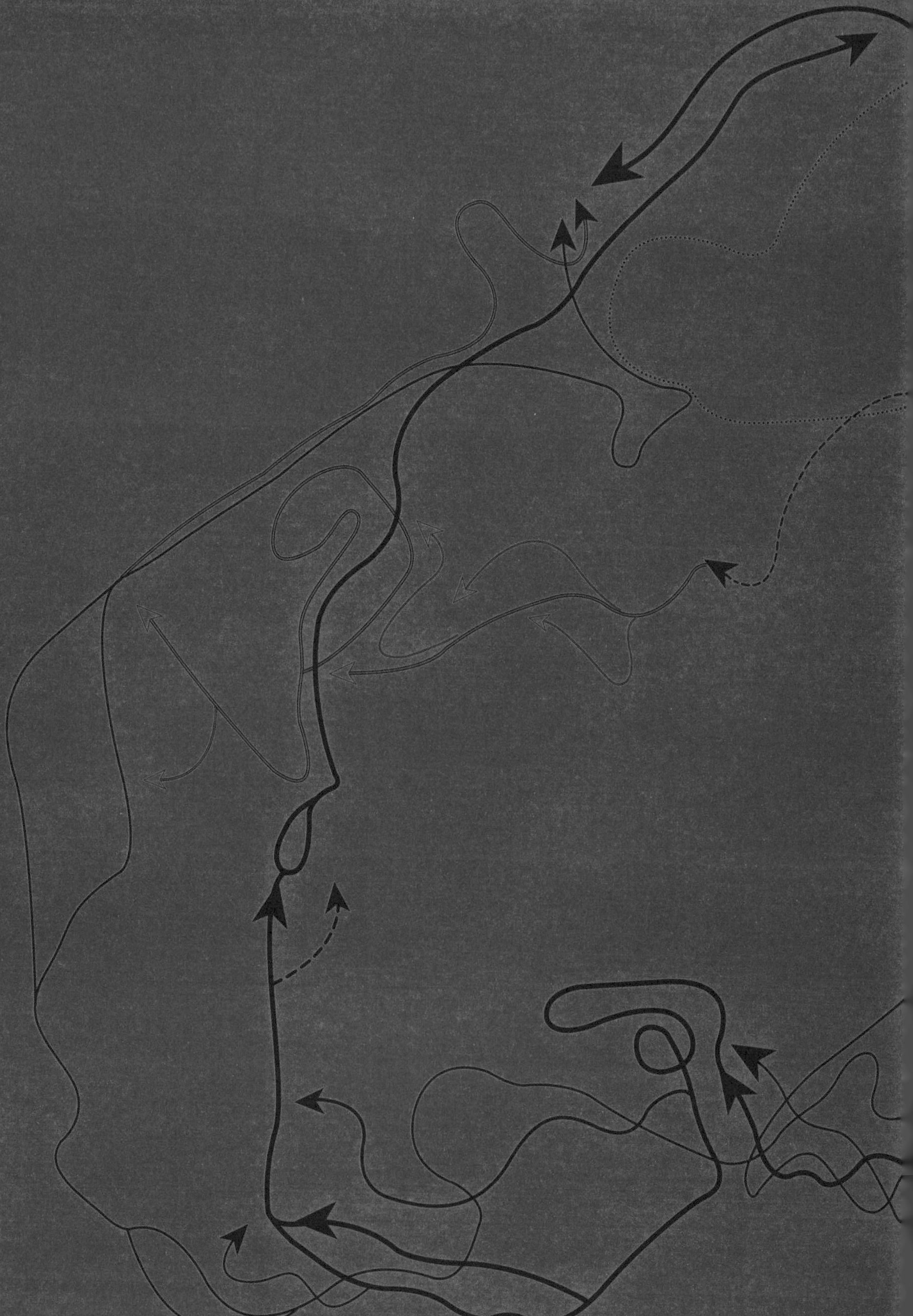

长征去留话别离

何叔衡送给林伯渠的毛衣

1934年10月,党中央与中央红军被迫实行战略转移。17日,主力红军离开中央革命根据地,踏上漫漫长征之路。与此同时,部分红军队伍和游击队留在根据地,在项英和陈毅的率领下,策应、掩护主力红军战略转移后,分散突围,开展游击战争。在长征出发前,留在苏区的何叔衡送给林伯渠一件长69厘米的毛衣,它凝结着两位老人深厚的革命情谊,也是中央红军二万五千里伟大征程的历史见证。

1934年10月初，中共中央、中革军委领导人博古、李德等，不经中央政治局讨论，仓促决定放弃中央苏区，实行战略转移。为挽救革命危局，中革军委于7日命令红军第24师及地方部队接替主力红军的防务，中央红军主力部队秘密脱离战场，分别向于都、瑞金、古龙岗、古城地区集结。10月17日，中央红军主力5个军团及中央、军委机关和直属部队8.6万余人，在苍茫夜色的掩映下，开始了长征。

在当时的情况下，战略转移是高级军事机密，只有极少数决策层领导知情。但对于知道如何从字里行间揣摩意思的有心人来说，从出版物上仍可以见到一些有关未来动向的端倪。早在9月29日，张闻天曾在党报《红色中华》上发表一篇社论，里面说到为了保卫苏维埃，粉碎蒋介石第五次"围剿"，"我们不得不暂时放弃一些苏区和城市……在某些地方，由于敌人堡垒密布，我们必须冲破封锁线，转移苏区，保存军队主力的有生力量"。董必武正是从这篇社论中看出了红军有大规模转移的迹象。

10月8日，中共中央、中革军委发布红军主力突围转移的"军事与政治命令"，这是中央红军有关长征的最早命令。同日，中共中央还给苏区中央分局发出了红军主力突围转移后中央苏区广泛开展游击战争的训令。训令指出："这似乎是退却"，"但是却正相反，这才是进攻"，因为只有"这样的行动"，才能在没有敌人堡垒的地区中"得到许多消灭敌人的战斗机会，解除敌人的武装，壮大红军，在广大的新的区域中散布苏维埃影响，创立新的苏区"，"更有力的进攻国民党的统治"。因为只有"这样的行动"，才能"吸引进攻中央苏区的敌人在主力红军的周围，而极大的便利于中央苏区内部'留下的'红军、地方部队与广大群众去开展胜利的游击战争，来保卫苏区"。

行动就在眼前，但具体去向仍是个谜。聂荣臻曾回忆，长征之前周恩来同志找他和林彪单独谈话："说明中央决定红军要作战略转移，要我们秘密做好准备，但目前又不能向下透露，也没有说明转移方向。"董必武也说只是隐约知道要离开中央根据地北上抗日，但具体去向和行军时间不甚明确："当时在北面和东面，敌人重重叠叠的筑满了乌龟壳（堡垒——编者），大部队通过较困难。西边的乌龟壳要稀落些，主力转移地位自然是由西向北前进，这是毫无疑问的。至于转移到什么地方，经过什么路线，走多少时候等问题，系军事上的秘密，不应猜测，而且有些问题要临时才能决定……"

长征出发前的一天，董必武去找何叔衡闲谈。何叔衡，湖南宁乡人，是中国共产党的创始人之一。董必武与何叔衡曾共同在苏联学习，一起回国后又同在中央苏区工作。在中央苏区，何叔衡、徐特立、谢觉哉、林伯渠、董必武年龄稍大，资历较深，被同志们称呼为苏区"五老"。其中，何叔衡年龄最长，当时已经58岁。何叔衡问董必武："假使红军主力移动，你愿意留在这里，或是愿意从军去？"董必武答复："如有可能，我愿意从军去。"何叔衡又问："红军跑起路来飞快，你跑得么？"董必武说："一天跑六十里毫无问题，八十里也勉强，跑一百里怕有点困难，这是我进根据地来时所经验过了的。"何叔衡说："我跑路要比你强一点，我准备了两双很结实的草鞋。你有点什么准备没有呢？"董必武说："你跑路当然比我强，我只准备了一双新草鞋，脚上着的一双还有半新。"

尽管何叔衡为长征做了充足的准备，但并没被允许参加长征。同样被列在留守名单里面的，还有项英、陈毅、瞿秋白等。在长征筹备时，毛泽东被排除在决策圈之外，出发前不久还对行动一无所知，而何叔衡由于拥护毛泽东的军事和政治路线，被"左"倾路线领导人以"失职"的莫须有罪名撤销了一切职务。何叔衡无条件地服从了组织的安排，同部分负责人、红二十四师、十多个独立团及地方部队等1.6万余人一起留在了中央苏区，坚持游击战争，继续战斗。徐特立、谢觉哉、林伯渠和董必武则随红军主力长征。

部队出发前夕，何叔衡在他的住地梅坑，特地准备了一些酒和花生，为好友林伯渠饯行。二人把酒话别，促膝长谈至深夜。临别时，何叔衡见天气渐凉，旅途艰难，便脱下自己身上穿的毛衣送给了即将远行的战友，以抵御风寒、寄托情谊。林伯渠收下毛衣，心中五味杂陈，当夜即赋一首《别梅坑》，倾吐心绪：

共同事业尚艰辛，清酒盈樽喜对倾。
敢为叶坪弄政法，欣然沙坝搞财经。
去留心绪都嫌重，风雨荒鸡盼早鸣。
赠我绨袍无限意，殷勤握手别梅坑。

何叔衡与林伯渠是多年的老战友。当时在中央苏区，何叔衡任中央执行委员会委员、内务部代理部长和临时最高法庭主席，办公地点在叶坪，林伯渠任国民经济人民委员部部长、中央政府财政部部长，办公地点在沙坝，因而在诗句中有"叶坪弄政法""沙坝搞财经"之语。在共同的战斗和生活中，两人建立了深厚的革命情谊，字里行间透露出两位为革命事业浴血奋战的战友在离别时真挚、深沉和复杂的心情。林伯渠将随中央红军转移，前途未卜；主力红军突围后，留在苏区的何叔衡，面对的是敌人更加深入、更加凶恶的摧残，活下来的希望更是渺茫。在残酷的局势面前，去和留，都令人心情沉重。

10月10日，中央红军由江西瑞金出发，开始向集结地域开进。为使部队遂行任务，中革军委对行军中的一些重要事项进行了规定，如保持军事秘密，应加强警戒封锁消息，各部队机关一律用代字，极力隐蔽原来番号名称，关于

长征去留话别离——何叔衡送给林伯渠的毛衣

何叔衡送给林伯渠的毛衣

行动方向，须绝对保密；为隐蔽行动避免飞机侦炸，应用夜行军，黄昏前集合，黄昏后移动，拂晓时停止；等等。

　　出发的号音响了，嘹亮的声音拨动着每个战士的心弦。战士们一队一队的从各个村庄涌现出来，红军家属簇拥在道路两旁，他们手里有的拿着草鞋，有的拿着食物，有的拿着银钱，候着他们的儿子、丈夫、兄弟经过时送作临别的礼物，反复叮嘱。有的人都来不及通知远在外地的亲属。几年的战斗岁月，战士们和勤劳勇敢的江西群众朝夕相处，建立了深厚的情谊，许多人都把江西作为第二故乡，军民鱼水情深，浩浩荡荡的红军队伍与昔日的战友、如亲人般的苏区群众含泪惜别。对这块土地的眷恋与对前路的忐忑充斥在每个人的心中，许多战士心情非常激动，不断地回头，凝望着他们曾经战斗、生活过的山山水水，马蹄声、担子声、刺刀摩擦声、步伐声、歌声，互相错杂着。部队整齐地前进，不断地向着于都河畔进发。

　　按照中革军委颁布的渡河方案，中央红军分别从十个渡口陆续南渡于都河，这是长征的第一步。行军队形分左、中、右三路，红一、三军团为左、右两路前锋，红八、红九军团为左、右两路后卫，中路为军委第一、第二野战纵队，红五军团担负整个野战军的掩护任务。于都河宽600多米，水深1米到3米，流速很快。红军总部决定在于都、峡山圩（孟口）一线河面上架设5座浮桥，在10月16日午夜12点以前架通，这些桥要能通过骡马和炮车。架桥过程中，当地民众汇集800多条大小船只，有的送门板木材，有的送茶送饭，周恩来还亲自到作业现场巡视。为避免敌机侦察、过早暴露红军行动，要求架桥在每天下午5时后至次日晨7时前进行，为此，战士们白天把大部分民船从浮桥上撤下来，用几只船渡小部队和零星人员过河；下午四五点重新架通浮桥，供大部队通过。

　　夜渡于都河之后，中央红军基本沿着红六军团西征走过的路线前进。夜行军十分艰苦，连续数日，难免出现动摇情绪，队伍兴致并不十分高昂。保卫连的政治指导员在路途中用江西口音喊话进行动员："同志们，今天我们继续出发，因为要避免敌机轰炸，所以今后一般都要夜行军。今天要走山路，又没有月亮，所以大家要一个一个都跟上，不能掉队。……今天到的是游击区，有'铲共团'活动，所以更不能掉队。我们要反对个别的动摇分子逃跑。有人以为我们暂时离开根据地，就是放弃根据地，这是错误的。我们这次行动，是暂时离开根据地，不是放弃根据地，相反的，是为了保卫我们的根据地。为了保卫我们的民主政权，保卫姐妹不被敌人残杀，我们要坚决勇敢地打到敌人堡垒的后方去，把侵占我们根据地的敌人调出去，消灭他们，就可以收复我们的根据地。要反对任何的动摇和逃跑……"话讲完了，他就指挥大家唱起了红军的老歌："神圣的土地自由谁人敢侵？红色政权那个敢蹂躏？啊！铁拳等着法西斯蒂国民党。我们是红色的战士，拼！直到最后一个人！"在歌声中，战士们再次鼓舞了斗志，整齐地列队前进。

局势处在急剧变化之中，当时中央红军无法制订长远详细的战略计划，只是大致明确要西进撕开蒋介石建立的四道堡垒防线，然后去贺龙在西北湘鄂边界建立的根据地。这一点在布置作战任务时体现尤其明显，时任红一军团第一师师长李聚奎曾谈道："在红军历次的反'围剿'中，部队由一个区域作战转移到另一个区域作战，是家常便饭。但是过去部队转移时，军团首长总要尽量争取时间采取各种方式面授任务，讲明情况；遇到情况紧急时，也要给师的主管干部直接打个电话。可是这次军团司令部只是通知我们按行军路线图指定的方向前进，而且每天要到达的地点，是一天一通知，即第一天指定第二天要到达的地点，第二天指定第三天要到达的地点。"大军闷头跟着先头部队走，除了高层领导，广大红军战士对他们将要采取的行动一无所知。由于出发时间仓促，各级干部并没有作具体安排，结果部队将所有的文件、兵工厂机器、印钞票机器、X光机以及各种文化课本都携带上路。这种大搬家式的行军，是第五次反"围剿"后期军事保守主义的继续，部队机动能力差，行动迟缓，打仗顾虑多，客观上降低了领导者寻求战机的雄心，也为后续的失利埋下了伏笔。

红军主力突围后，中央革命根据地的局势更加险恶。国民党深入苏区内部，占据城市与圩场，切断留守部队同各个根据地的联系。由于众寡悬殊，何叔衡、瞿秋白、陈潭秋、贺昌等不得不向白区转移，处境异常艰难。1935年2月，何叔衡在福建长汀水口镇被敌人包围，突围中跳崖壮烈牺牲，梅坑一别竟成诀别。

何叔衡牺牲后，与他一起战斗过的同志无比悲痛。1936年8月，董必武应《长征记》约稿，撰写了《出发之前》一文，述说了当年在贵州从报纸上得知何叔衡遇害消息时的心情。他说："经历了千山万水，苦雨凄风，飞机轰炸过无数次，敌人抄袭过无数次，苗山蛮荒的绝粮，草地雪山的露营，没有障碍住我们，我们都完全地随着大队红军到达了目的地。只有叔衡同志留在根据地，落到反革命的手中而牺牲。这是怎样的令人悲愤的事啊！叔衡同志的肉体被敌人毁灭了，他的精神不死。现在有几十万几百万的人，踏着他的血迹前进而纪念着他。他个人死了，他在千万人的心坎上活着。"何叔衡的牺牲，是无数共产党人面对异常艰难的斗争形势矢志不渝、视死如归的革命意志和革命精神的缩影。

去留难断，别离情深。这件毛衣凝结着何叔衡和林伯渠两位老人深厚的战斗情谊，是他们艰苦革命生涯的历史见证，也是中央红军二万五千里长征非常珍贵的历史见证。林伯渠一直将其珍藏在自己身边，作为对亲密战友的无限怀念。1959年9月，林伯渠到中央革命博物馆（现中国国家博物馆）来审查，便准备将毛衣送与博物馆。1960年林伯渠去世，次年2月其夫人朱明将这件毛衣捐赠给博物馆。

中央红军的战略转移是一场拥有强大精神力量的远征。长征伊始，有迷茫、有退却，更有前行。如今的我们无法以后见之明去忖度与评判当时亲历者的抉择，正如董必武在回忆中所言：假使在出发前，就知道要走二万五千里的路途，要经过十三个月的时间，要通过无人迹无粮食的地区，如此等类，当时不知将做何感想，是不是同样的坚决想随军出发呢？这都不能悬揣。但在长途中遇到一切天然的人为的困难，不曾令我丝毫沮丧过，同着大家一齐克服过了。在这场看不见尽头的"撤退"之中，远征的将士们抱持着战胜一切强敌、克服一切困难、夺取一切胜利的强大信念，一次又一次在千钧一发之际避免了失败与覆亡，用行动书写了一部精彩绝伦的人间史诗。出发就是意义，这种勇气和毅力本身就值得被纪念和传承。

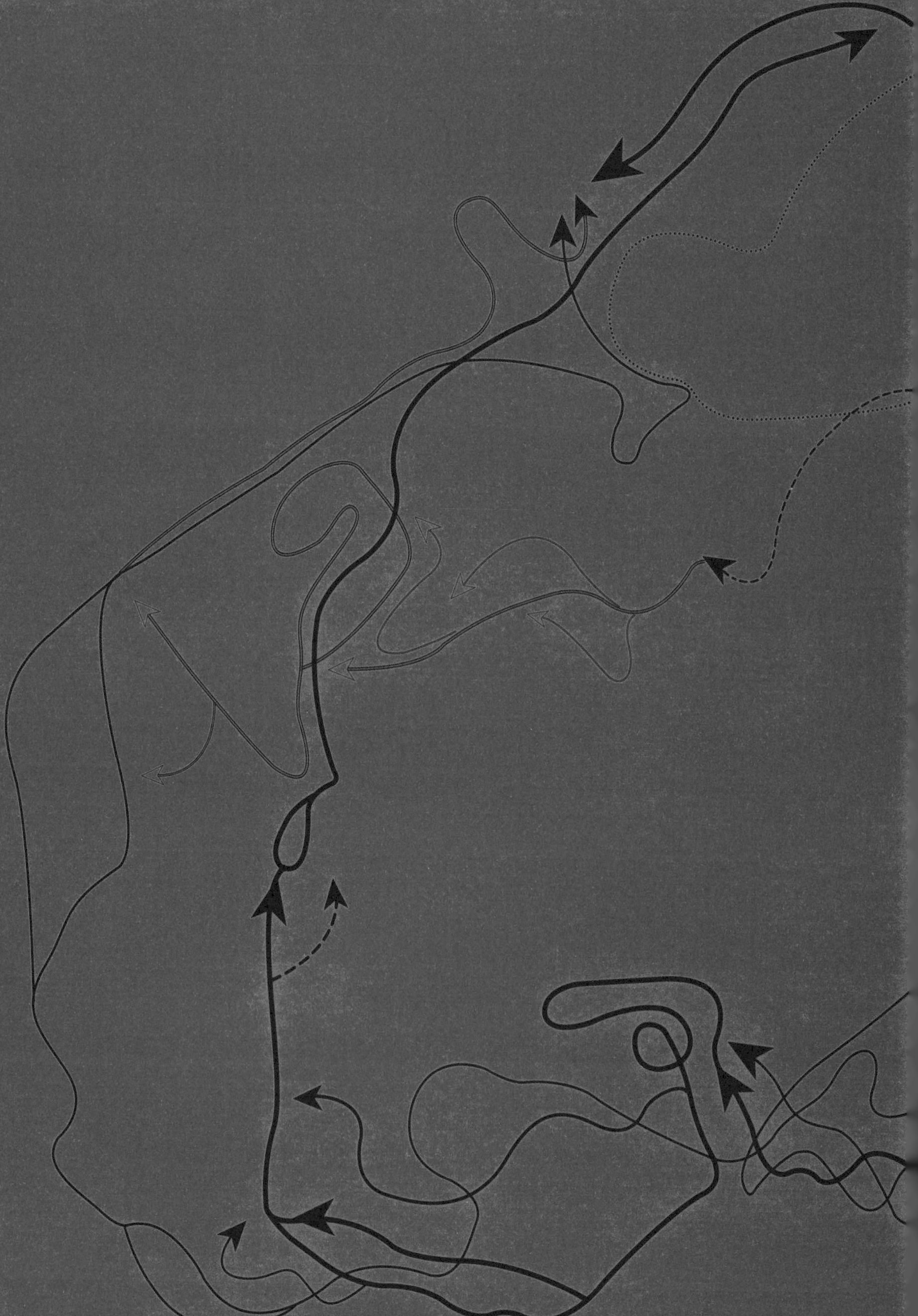

"娃娃军"的远征

红二十五军吴焕先送给战士的毛毯

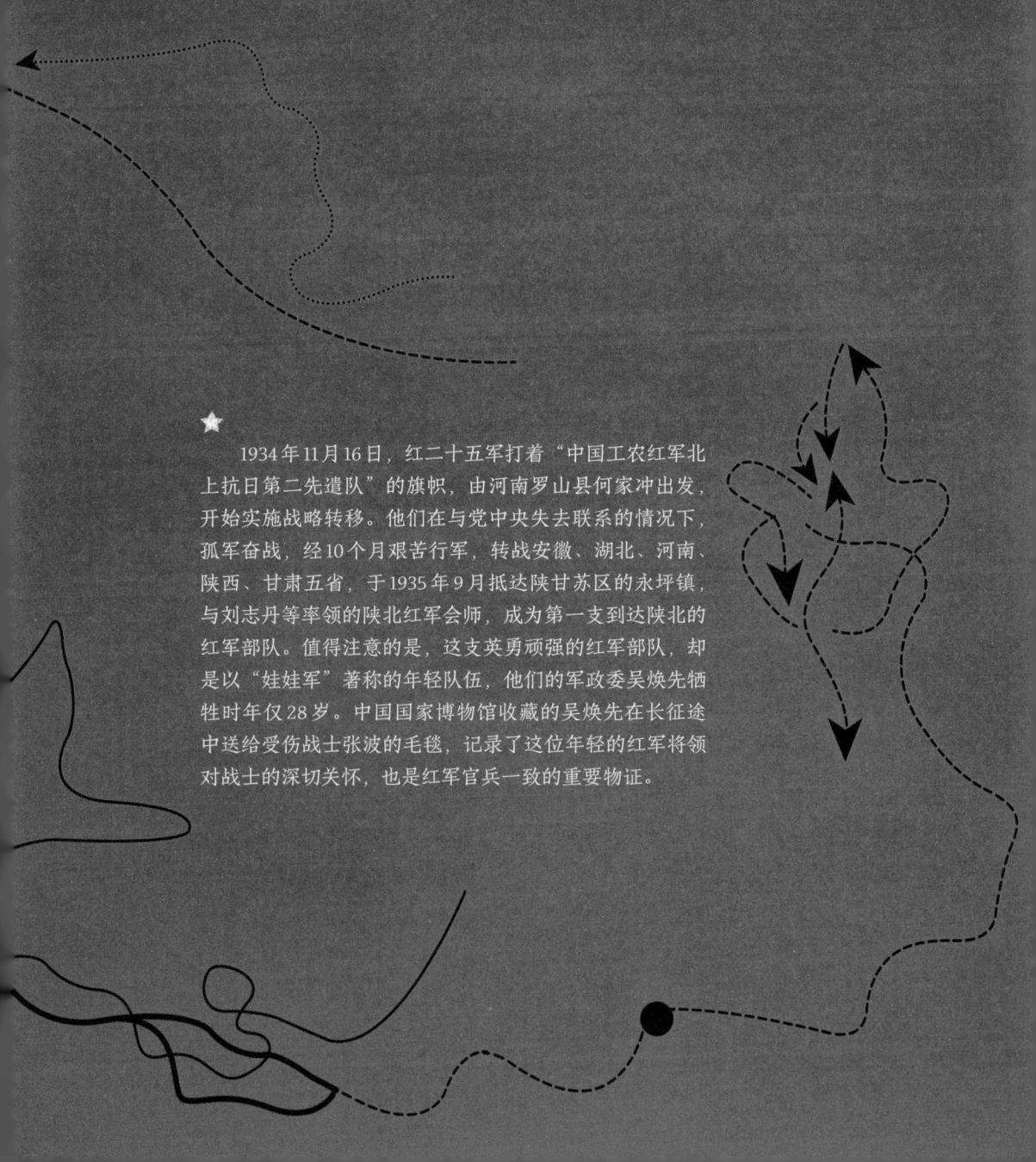

1934年11月16日,红二十五军打着"中国工农红军北上抗日第二先遣队"的旗帜,由河南罗山县何家冲出发,开始实施战略转移。他们在与党中央失去联系的情况下,孤军奋战,经10个月艰苦行军,转战安徽、湖北、河南、陕西、甘肃五省,于1935年9月抵达陕甘苏区的永坪镇,与刘志丹等率领的陕北红军会师,成为第一支到达陕北的红军部队。值得注意的是,这支英勇顽强的红军部队,却是以"娃娃军"著称的年轻队伍,他们的军政委吴焕先牺牲时年仅28岁。中国国家博物馆收藏的吴焕先在长征途中送给受伤战士张波的毛毯,记录了这位年轻的红军将领对战士的深切关怀,也是红军官兵一致的重要物证。

中国国家博物馆珍藏了一条红二十五军政治委员（即政委）吴焕先使用过的毛毯，纵215厘米，横115厘米。长征途中，吴焕先将它送给了受伤的战士张波。当时，吴焕先看到张波负伤而衣服单薄，马上将自己的毛毯拿来，盖在他的身上。张波感动不已，一直珍藏着这条毛毯，直到1962年将其捐赠给中国革命博物馆（现中国国家博物馆）。毛毯寄托着张波对吴焕先的深切怀念和崇敬之情，也向我们述说着红二十五军创造的长征奇迹。

1931年10月，红二十五军成立，后来隶属红四方面军编制。1932年，红四方面军在第四次反"围剿"斗争中失利，主力被迫撤离鄂豫皖苏区。11月，为集中力量统一领导，在鄂豫皖省委指示下，新的红二十五军创立，吴焕先担任军长，政治委员为王平章，第七十四师师长徐海东、政治委员戴季英，第七十五师师长姚家芳、政治委员高敬亭，全军约7000人。

吴焕先是湖北省黄安县（今红安县）人，他1927年参与领导了黄麻起义，1930年任中共鄂豫皖特委委员。红四方面军成立时，吴焕先担任红二十五军政治委员，不久，调任红四方面军总政治部主任。新组建的红二十五军是一支年轻的军队，他们当中有很多是红四方面军烈士的子弟或遗孤，年龄只有13至18岁，被称作"娃娃军"。

此时，红二十五军面临着严峻的形势，国民党出动几十万人，对苏区展开了连续"清乡"、"清剿"和"围剿"。智勇双全的吴焕先以游击战争的方式坚守根据地，与几十万强大的敌人周旋了近两年。然而，严酷的战争还是使根据地遭受了巨大摧残，人口锐减，兵源枯竭。

1934年8月，也就是红七军团北上和红六军团西征后，中革军委派程子华前往鄂豫皖苏区工作。行前，军委副主席周恩来指示他：红军主力要作战略

"娃娃军"的远征——红二十五军吴焕先送给战士的毛毯

红二十五军政治委员吴焕先送给受伤战士张波的毛毯

转移，去建立新的根据地。11月11日，鄂豫皖省委在河南光山县花山寨召开常委会议，决定红二十五军实行战略转移，由程子华担任军长，吴焕先任政治委员，徐海东任副军长，郑位三为政治部主任。11月16日，红二十五军近3000名指战员，由河南省罗山县何家冲出发，开始长征。大家心中充满了不舍，默默地与这患难与共的土地告别。

此时，红二十五军还不知道"转移"的路有多长，在内部，指战员称这次"转移"为"西征"或者"打远游击"，对外打出了"中国工农红军北上抗日第二先遣队"的旗帜。出发前，政治部主任郑位三起草了重要文献——《中国工农红军北上抗日第二先遣队出发宣言》，号召全国同胞，不分政治倾向，团结一致抗日，并严正指出：北上沿途，国民党军队如果阻拦，本军定将坚决扫除。

11月底，红二十五军到达方城县独树镇附近，准备从七里岗通过许南公路，进入河南西部的伏牛山区，正在要穿过公路时，与国民党军遭遇。当天严寒突至，风雨交加，战士们衣衫单薄，冻得连枪栓都拉不开。危急关头，吴焕先身先士卒，大声喊道："同志们，现在是生死存亡的关头，决不能后退！共产党员跟我来！"他率领部队冲入敌阵，与敌人展开白刃战。就在这时，副军长徐海东带领后卫部队赶到，经浴血奋战，终于打退了敌人的进攻。独树镇战役是关系到红二十五军生死存亡和战略转移成败的关键一战。程子华总结说，是"共产党员以身作则奋勇当先"，"全军指战员顽强战斗"，"群众的拥护和支援"和"地下党组织的支持"才使得战斗取得胜利。

独树镇战役之后，部队摆脱了敌人的围追堵截，进入了伏牛山区。12月初，红二十五军从豫陕交界的铁锁关（又名箭杆岭）胜利进入陕南地区。12月10日，鄂豫皖省委书记徐宝珊在庾家河主持会议，正讨论建立鄂豫陕根据地的问题时，突遭国民党军第六十师偷袭。由于长途行军，红二十五军战士已经疲惫不堪，敌人的偷袭更让大家措手不及，战场态势非常不利。战斗中，程子华两只手掌被打穿，左腕血管破裂，徐海东被子弹从左眼底下穿过，从后颈飞出。吴焕先再一次手握大刀冲入敌阵与敌人殊死拼搏，战士们也打得英勇顽强，经过20多次反复冲杀，终于将敌人击垮。庾家河战役是红二十五军长征中又一场英勇无比的战斗，部队以寡击众，以弱敌强，一战奠定了鄂豫陕根据地的基础。

由于在庾家河战役中程子华受伤，徐宝珊自身也遭受重病困扰，军政委吴焕先承担起红二十五军的领导重任。在他的带领下，红二十五军先后与阻拦的国民党军多次激战，粉碎了"围剿"，开辟了鄂豫陕根据地。吴焕先先后任鄂豫陕省委副书记、代理省委书记等职。

1935年5月，敌人对鄂豫陕苏区发动第二次大规模"围剿"。5月9日，红二十五军在龙驹寨进行部队整训时，徐宝珊不幸病逝。为彻底击溃敌人"围剿"，1935年6月，红二十五军主力从郧西先出发，远程奔袭荆紫关。16日午前，部队逼近荆紫关，由手枪团化装成敌军，没费一枪一弹将敌警戒部队缴械，迅速兵临关下。在先头部队配合下，仅用1个多小时就胜利结束了战斗。7月，红二十五军又在袁家沟口设伏，获得全胜。至此，彻底粉碎了敌人3个月消灭红军的计划。

7月13日，为解决部队物资供应问题和扩充军队，红二十五军北出终南山，威逼西安。威逼西安后的第三天，原鄂豫皖省委的交通员石健民经由西安到达军部驻地子午镇，及时送来了党中央数月前发出的几份文件，也带来了中央红军和红四方面军已在川西会师并有北上动向的确切消息。

实际上，到达陕西后，该如何进一步行动是红二十五军一直面临的重大抉择。红二十五军撤离鄂豫皖苏区后，就与党中央失去联系，只是从报纸上得悉中央红军和红四方面军已在川西会师。在收到石健民带来确切消息的当晚，省委召开紧急会议，决定率领红二十五军西征北上，以"配合主力红军在西北的行动，迅速创造西北新的伟大的巩固的革命根据地"。这一独立自主的战略决策，与党中央把革命大本营放在西北的战略意图是一致的。毛泽东后来曾称赞："徐海东之由陕南经陇东入陕北，乃偶然做成中央红军之向导。"而这"偶然"做成的向导最终成就了红军长征路上举足轻重的一步。

1935年7月16日，红二十五军从丰裕口出发，又踏上了继续长征的道路。8月1日，红二十五军在双石铺战斗后缴获《大公报》，从中得到了红军主力"已越过六千公尺的巴朗山，向北进行"的消息。这下子，主力红军北上的动向基本清楚了。红二十五军当即决定进入甘肃境内，直捣敌人后方，配合主力红军北上。

8月中旬，红二十五军到达静宁县以北的单家集、兴隆等地。在兴隆期间，红二十五军派人多方侦察，仍得不到党中央和红一、红四方面军的准确消息，决定"如果再打听不到党中央的消息，就奔陕北，去会合刘志丹同志的陕北红军"。随即，红二十五军转而东进，翻越六盘山，逼近平凉县城。这时候，红二十五军获知，泾川的道路早就被敌人严密封锁住，而因连日暴雨，泾河水猛涨，北渡困难，南面也被一道数十里宽的高塬所阻，形势对红二十五军极为不利。吴焕先等果断决定翻越南面的黄土高原，南渡泾河支流汭河。

1935年8月21日，红二十五军经由白水镇，冒雨东进，到达了泾川县以西20多里的王村镇，准备从这里徒涉汭河。当天下着大雨。大家全身淋得像刚从水里捞出来似的。道路又黏又滑，一脚踩下去，泥就没过脚背，像陷进了面糊里，拔不动腿。军政委吴焕先指挥部队先过河，副军长徐海东率部断后。先头部队很快占领了南岸高地,并向泾川方向实行警戒。但就在部队渡过一半时,山洪暴发,河水突涨,军部直属队和担任后卫的大部分同志被阻在北岸。此时,敌人的枪声渐近,情况十分危急。见此情景,吴焕先亲自带领军部交通队和学兵连100多个战士迅速从右翼截击追敌。他对着战士们大声疾呼:"同志们,压住敌人就是胜利,决不能让敌人逼近,一定要坚决地打,狠狠地打!"

战士们看到军政委来了,都士气大振,不顾泥泞路滑,迅速抢占制高点。然而,在双方激战时,吴焕先不幸被冷枪击中。他仰身倒在泥泞中,鲜血染红了灰布军装。战士们听到吴焕先负伤的消息,怒火万丈,奋不顾身地冲向敌群,与敌人拼刺肉搏,最终渡河成功,但红二十五军优秀的指挥员吴焕先却再也不能与他们共同战斗。吴焕先壮烈牺牲时,年仅28岁。

吴焕先的牺牲,是红二十五军的重大损失。毛泽东曾赞扬说:"红二十五军远征为中国革命立了大功,吴焕先功不可没!"1985年,《吴焕先烈士纪念碑文》如此评价:"他具有高尚的革命品质、坚强的斗争意志,卓越的战略远见和领导才能,深为全体指战员爱戴和崇敬,是全军公认的杰出领导者。"2009年,在庆祝中华人民共和国成立60周年时,吴焕先当选为"100位为新中国成立作出突出贡献的英雄模范人物"。

吴焕先牺牲后,在程子华、徐海东等带领下,红二十五军强渡泾水,9月9日到达保安(今志丹)县永宁山,随后在延川县,与刘志丹等领导的陕北红军胜利会师,成为长征中先期到达陕北的第一支队伍。

红二十五军的长征创造了数个大奇迹:在长征途中,虽屡次遭遇重大挫折,不仅没有减员,到陕北时,部队还增加了400多人;孤军长征,与党中央一度失去联系,也缺少策应,却确定了北上的正确方向,配合了主力长征;在全国各革命根据地大部分损失的情况下,在鄂豫陕边区播下了红军种子,创建了鄂豫陕革命根据地。

而其中，尤其引人瞩目的是，这支最年轻的红军队伍，表现了非凡的战斗力。长征开始时，红二十五军军长程子华29岁，政委吴焕先27岁，副军长徐海东34岁。营团干部多是20出头，连排干部大多还不到20岁。军部机关的工作人员和警卫人员也只有十七八岁，甚至队伍中还有一批十二三岁的少年儿童。但就是这样一支"娃娃军"，经历了严酷的战斗，粉碎了国民党军的两次"围剿"，建立了卓越战功。

那么，在那艰苦的战争年代，红二十五军如何能保持如此旺盛的战斗力？

这与党员干部发挥身先士卒、英勇顽强的战斗精神分不开。庾家河战斗中，徐海东亲率部队勇猛冲入敌阵，用刺刀、手榴弹从敌人手里夺回了东山坳口，激战中徐海东负重伤。他们每一场战斗，都顽强拼搏，冲锋在前。

红二十五军的胜利，也是官兵一致、团结奋斗的结果。吴焕先习惯每逢行军，都要看看有没有掉队的、生病的战士。像对张波那样，他经常把自己的衣物送给战士们御寒，还给伤病员洗脚、抬担架。他曾经饱含深情地说："战士们是很可爱的。他们流血负伤吃了那么多苦，没有任何怨言，还照样坚持行军打仗，真是革命的宝贵财富啊！我们党干部有责任把他们照顾好！"

执行正确的民族政策也是红二十五军胜利的法宝。1935年8月，红二十五军在兴隆镇回族聚居地区休整时，制定了"三大禁令、四项注意"。部队以实际行动尊重当地的宗教信仰和风俗习惯，扩大了党与红军的影响。后来，中央红军到达陕北时，毛泽东还夸奖红二十五军的民族政策水平高，执行得好！

1936年《共产国际》第7卷第3期曾登载题为《中国红军第二十五军底远

征》的文章，赞扬"中国红军第二十五军的荣誉，犹如一颗新出现的明星，灿烂闪耀，光被四表！"红二十五军创造的长征奇迹，不仅是红军将士艰苦卓绝、英勇无畏的奋斗史诗，更是对党忠诚的光辉典范。

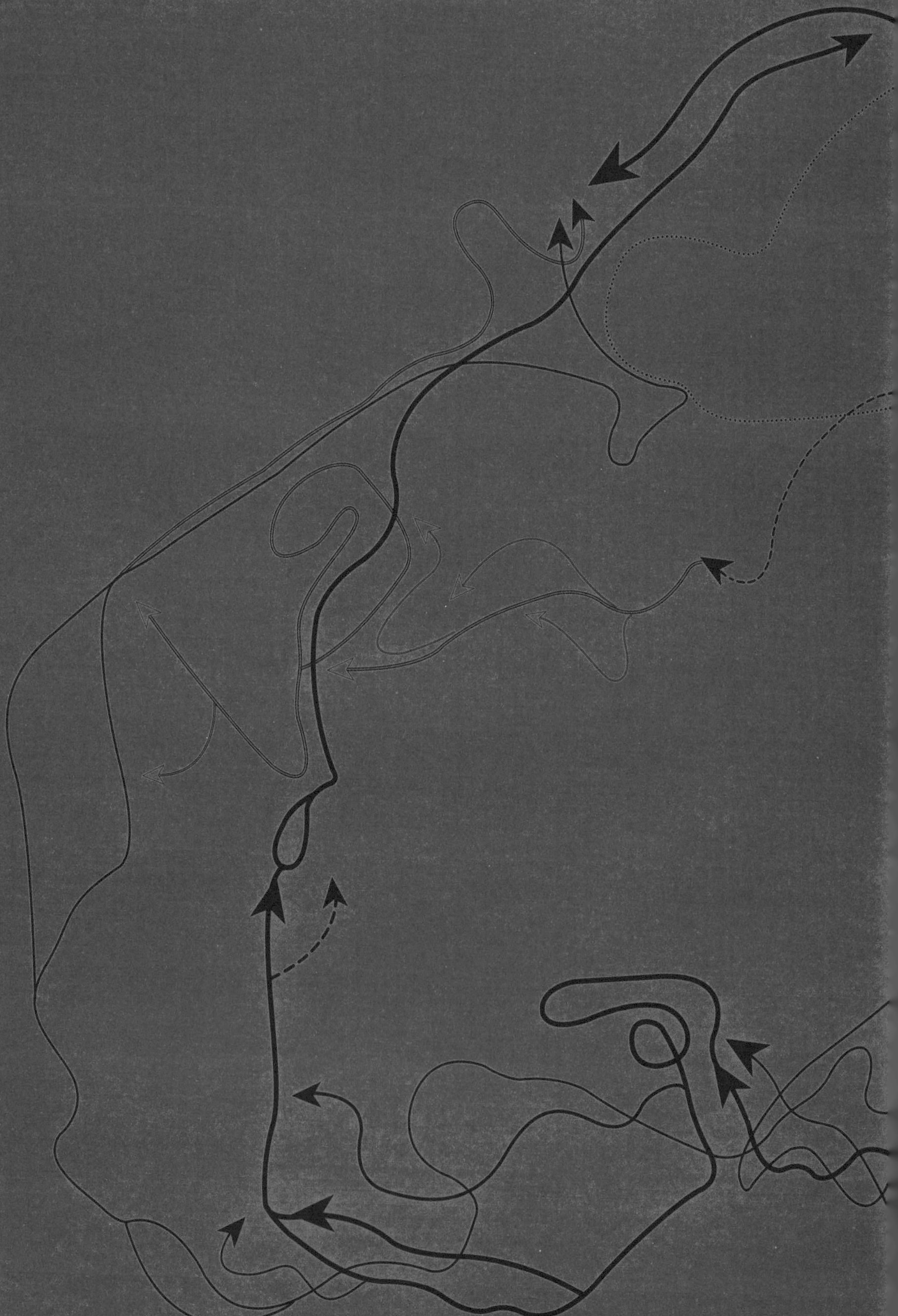

生死存亡战湘江

红军为抢渡湘江绘制的《灌兴全之间路线图》

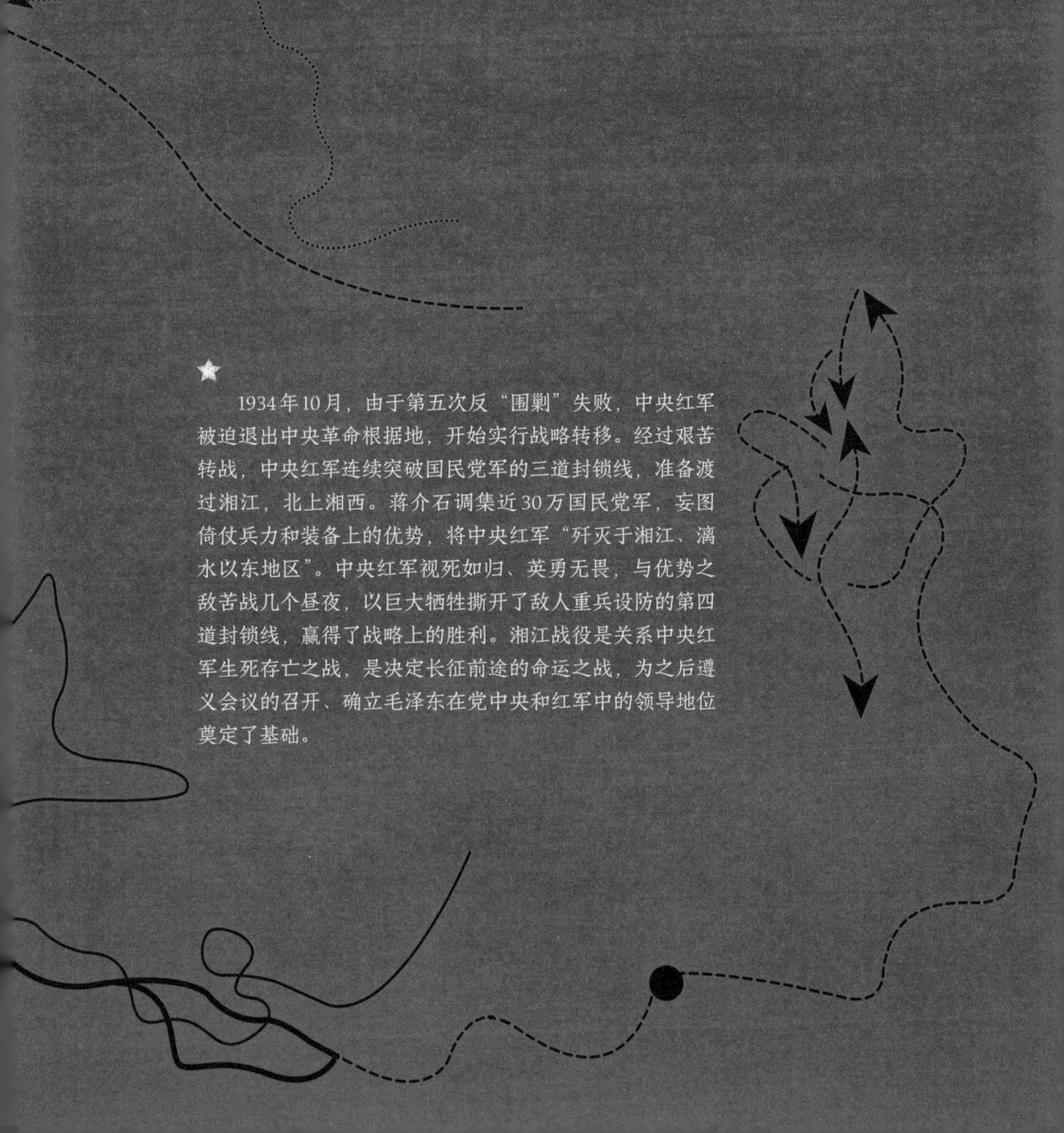

1934年10月，由于第五次反"围剿"失败，中央红军被迫退出中央革命根据地，开始实行战略转移。经过艰苦转战，中央红军连续突破国民党军的三道封锁线，准备渡过湘江，北上湘西。蒋介石调集近30万国民党军，妄图倚仗兵力和装备上的优势，将中央红军"歼灭于湘江、漓水以东地区"。中央红军视死如归、英勇无畏，与优势之敌苦战几个昼夜，以巨大牺牲撕开了敌人重兵设防的第四道封锁线，赢得了战略上的胜利。湘江战役是关系中央红军生死存亡之战，是决定长征前途的命运之战，为之后遵义会议的召开、确立毛泽东在党中央和红军中的领导地位奠定了基础。

1934年11月28日，中国工农红军红星司令部为抢渡湘江，手绘了一幅《灌兴全之间路线图》。该图纵41.5厘米，横43.5厘米，由两张纸拼接而成。图右上部写有"灌兴全之间线路图"，图左侧居中位置标有"红星司令部制　十一月廿八日"。虽然发黄的纸张上已布满污迹、水渍，但细看仍可分辨出大部分标示。路线图中密密麻麻标绘出灌阳、兴安、全州三个地区以及中央红军途经的多个军事要地周边高地、水系和若干个地名，各地间以不同的线段连接以区分道路类型，并详细注明距离、海拔等军用数据，甚为复杂。

图左侧居中位置标注此图的绘制机关为"红星司令部"，这是中央红军开始战略转移前为该机关确定的代号。当时，为便于随军行动，中共中央、中华苏维埃共和国中央政府、中革军委机关和直属单位被编为两个军委纵队。第一纵队代号为"红星"，由红军总部和干部团组成，叶剑英为司令员（入黔后由刘伯承兼任），博古、李德、周恩来、朱德等随该纵队行动；第二纵队代号为"红章"，由中共中央、中华苏维埃中央机关、后勤部队、卫生部门、总工会、青年团等组成，罗迈（李维汉）为司令员，毛泽东、张闻天、王稼祥等随该纵队行动；而红军的各个军团都以省会名称为代号。由此可知，该路线图是由当时的军委第一纵队司令部绘制的。

图的右侧部分，是永安关、雷口关及周边区域，这是中革军委正式决定向湘江进军后红军主力于1934年11月26日到达的湘桂边境处的军事要地。图的中间位置，是11月27日军委纵队到达的文市、桂岩一带，周边地名、地势和相关数据最为密集详尽。图的左侧部分，是11月28日红军突破灌阳、兴安、全州三地间的行军路线以及从全州至兴安段的湘江水域，主要标明了古岭

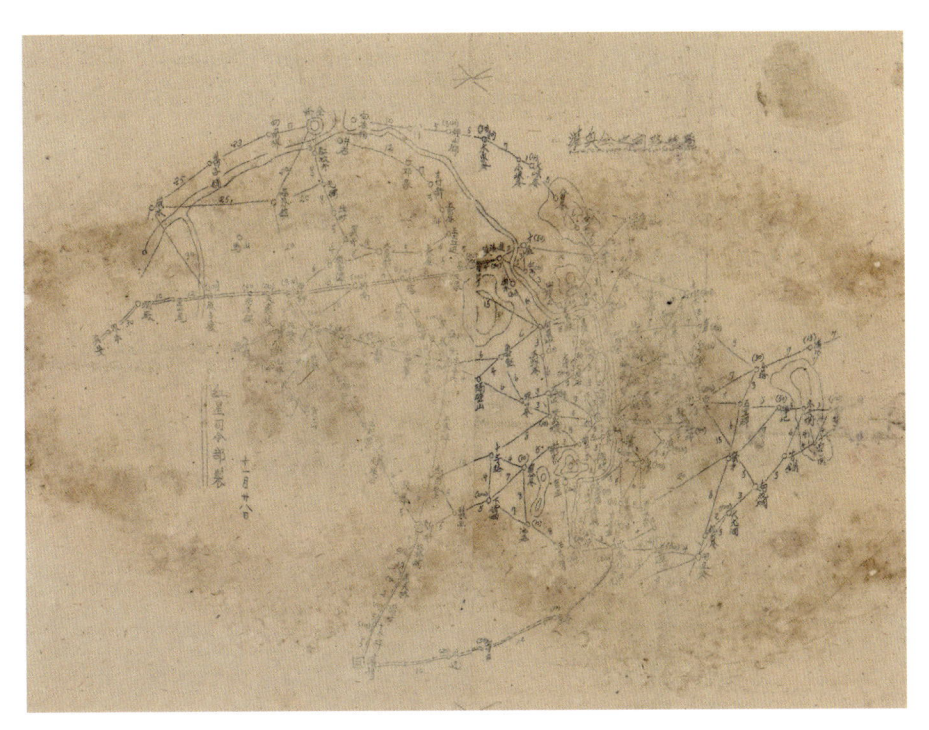

红军为抢渡湘江绘制的《灌兴全之间路线图》

头、新圩、石塘圩等重要交通枢纽。此时，蒋介石已调集重兵封锁沿江渡口，从三面收紧包围圈，全力对红军主力进行围堵。28日，红星司令部在红军生死存亡之际，临时绘制出了这幅错综复杂的路线图，以制定抢渡湘江的行军路线和部署作战方案，可见此图的重要性。

这幅路线图是原冶金工业部鄂西矿务局局长周永柏在1955年出差路过遵义时偶然得到的，后进行了裱褙修补处理。历经辗转，于1959年3月由遵义会议纪念馆拨交给中央革命博物馆筹备处（现中国国家博物馆）收藏和展示。

凝视这件历经近90年岁月沧桑的湘江战役珍贵实物，我们不由得回想起那段悲壮的历史，红军血战湘江的场景似乎又清晰地展现在眼前……

1934年10月10日，由于第五次反"围剿"失败，中共中央、中革军委率领第一、第二纵队，分别由江西省瑞金县（今瑞金市）的田心、梅坑地区出发，开始实行战略转移。在博古、李德的指挥下，中央红军以两个军团在左、两个军团在右、军委两个纵队居中、一个军团在后的甬道式部署西进。几个主力兵团主要起保卫军委两个纵队的作用，军委纵队携带大批物资，运输队伍抬着"坛坛罐罐"，拥挤在崇山峻岭的羊肠小道上，行动十分迟缓，严重影响了红军的机动能力，极大削弱了红军的战斗力。

为阻止中央红军向西与红二、六军团会合，国民党军在赣南、湘粤边、湘东南、湘桂边构筑起四道封锁线，调集重兵围追堵截。中央红军经过艰苦转战，先后在安远、信丰间，汝城、城口间，郴县、宜章间连续突破国民党军的三道封锁线，于1934年11月下旬到达湘桂边境，准备渡过湘江，北上湘西。

湘江是湖南省最大的水系，它与桂黄公路平行，由南向北穿越广西北部的兴安、全州两县进入湖南省境内，横在红军西进之路上。湘江的东面，是与湘南道县接连的灌阳县，兴安、全州、灌阳是今广西东北部桂林市的下辖县，三点连线形成一个三角形的地带，湘江上游流经三县之间。

在中央红军通过第三道封锁线时，蒋介石已判明红军西进的战略意图。他从北平飞到南昌指挥，于11月12日任命何键为"追剿"军总司令，将原"围剿"中央苏区西路军和北上抗日先遣队的薛岳、周浑元两部共16个师77个团，编为五路"追剿"军；令粤军陈济棠部4个师北进粤湘桂边进行截击，阻止红军南下；令桂军第四集团军总司令李宗仁、副总司令白崇禧以5个师控制灌阳、兴安、全州至黄沙河一线；令贵州省"剿共"总指挥王家烈派有力部队到湘黔边堵截。蒋介石以重兵在湘江以东布置了一个"铁三角"，打算自东向西收缩，逼迫中央红军在湘江东岸进行决战，妄图倚仗兵力和装备上的优势，歼灭红军于"湘漓两水以东地区"。

蒋介石总共调动了国民党军26个师近30万人的兵力围堵中央红军，但各路军阀之间矛盾重重、貌合神离。比如，桂军高级军事会议就决定：既要反共，又要防蒋；只能追击，不能堵击。如果红军过境势不可免，就将部队摆于南侧，给红军让出桂北一条路，但决不能让红军进入广西腹地。待红军通过时，可相机实施侧击和追击，既可促使红军快走，又不会遭到红军主力回头打击，还能应付蒋介石，是保存实力和地盘的妙计。各路军阀间的钩心斗角为红军突破第四道封锁线创造了有利条件。

11月22日，红一军团攻占道县时，驻守全州的桂军李宗仁部已将原在全州、兴安、灌阳布防的第十五军南撤至恭城，仅在全州保留了两个营，在兴安和灌阳各保留了一个团。至此，从全州至兴安60公里的湘江无兵防守，湘江防线完全向红军敞开。然而，由于博古、李德等人不了解敌情变化，未能利用桂军撤防的有利时机，中央红军仍背着辎重，按部就班地行进。

11月25日，中央红军从道县和水口间渡过潇水。中共中央、红军总政治部发出了"关于野战军进行突破敌人第四道封锁线战役渡过湘江的政治命令",中革军委正式决定分四路纵队进入广西,向湘江流域进军,突破国民党军的第四道封锁线。26日,红军主力从永安关和雷口关进入广西,形成红一军团为右翼、红三军团为左翼的态势向湘江挺进。27日,红一军团前锋红二师占领从屏山渡至界首的湘江所有渡河点,遂在脚山铺一带占领阵地。红三军团前锋红四师占领界首以南的光华铺,红五师占领新圩和马渡桥。27日夜,红一、红三军团大部已渡过湘江,留核心部队在湘江东岸待渡,形成全军从永安关、雷口关直达湘江的态势。这时,军委纵队已到达文市、桂岩一带。如能下决心轻装疾进,一天即可到达渡口,可以较小的损失渡过湘江。但是,辎重压身的军委纵队行动异常迟缓。不久,国民党湘军刘建绪部四个师南下,抢先进占全州,填补桂军南撤的防御空档,红军错失绝佳的渡江良机。

蒋介石从刘建绪的报告中得知湘江无兵防守的情况后大为震怒,于11月28日电令桂、湘两军按原定计划,对红军已过河的先头部队进行夹击,对未过河部队进行堵击。与此同时,蒋介石嫡系"追剿"军也尾追红军而来。蒋、桂、湘三军正形成南北两方、一头一尾的夹击态势,全力收紧包围圈。红军如不能迅速渡江,一场恶战将不可避免。

28日,红军总司令朱德发出战斗命令:"自二十八日起至三十日止全部渡过湘水,并坚决击溃敌人各方的进攻。"红三军团红五师红十四、十五团和临时配属的军委炮兵营,奉命到新圩附近阻击桂军第四十四师,任务是"不惜一切代价,全力坚持三天至四天",以掩护军委两个纵队过江。红五师凭借有利地形,奋勇抗击。29日,桂军援军以飞机支援,战斗更加激烈。在敌我力量悬殊的情况下,红军战士与桂军展开白刃战,坚持奋战三昼夜,直至30日下午4时才接到军委两个纵队已渡过湘江的电报。红五师新圩阻击任务完成，但也付出巨大牺牲，包括团、营、连干部多人在内，全师伤亡2000余人。

29日，为阻击由全州、灌阳出击的敌人，保证后续部队顺利渡江，红三军团红四师红十团在界首以南的光华铺与桂军打响阻击战。光华铺距界首只有几里路，是一片宽广的开阔地，对红军防守十分不利。红三军团军团长彭德怀把指挥部设在湘江西岸离界首渡口仅有几百米的一座祠堂里，将士们与数倍于己的敌军展开拉锯战，敌我双方都没有工事依托，完全是面对面厮杀。30日上午，军委第一纵队开始从界首渡江；黄昏，军委第二纵队开始过江。敌军沿湘江两岸向界首逼近，为确保军委纵队安全过江，彭德怀集中所有兵力发动反攻。经过一夜苦战，敌我双方形成对峙。至12月1日，红四师光华铺阻击任务完成，但自己也损失近半。

30日，红一军团红一、二师在脚山铺对南下的湘军三个师进行阻击战。脚山铺北距全州15余公里，南离界首25余公里，是进入渡口的咽喉要地。在脚山铺两侧的山头上，红一、二师与湘军展开争夺战。敌军攻势越来越猛，派出十余架飞机轰炸，甚至还使用了燃烧弹，一时间，脚山铺每个小山岭都燃起烈火，炮火和炸弹把红军的工事全部摧毁，米花山、美女梳头岭、尖峰岭相继失守。为避免被包围，红一军团于当晚主动退守珠兰铺、白沙至夏壁田、水头的第二道阻击线。

新圩、光华铺、脚山铺阻击战中，红一、红三军团主力以巨大代价保住了向湘江前进的通道，使中共中央、中革军委及直属机关顺利渡过湘江。12月1日，除军委两个纵队已渡江外，全军十二个师中只有四个师渡江，其余八个师均未渡江。为掩护后续部队继续渡江，红一军团在脚山铺十余公里长的第二道阻击线上与湘军进行激烈战斗；红三军团红六师红十八团在新圩红树脚、红四师在光华铺一带与桂军展开殊死战斗。当天中午，红军主力渡过湘江，向西延地区前进，而红三军团红六师红十八团和红五军团红三十四师则被阻断在湘江东岸，遭到敌人伏击、围攻，最终全军覆没。

红十八团是后卫部队，其主要任务是掩护红八军团渡江。在敌众我寡的情况下，战士们与桂军三个师进行了两昼夜的激战，完成了掩护红八军团大部渡江的任务，但在由新圩向湘江的撤退过程中，被桂军分割包围，最终在陈家背一带弹尽粮绝，大部壮烈牺牲。

红三十四师是全军总后卫部队，负责掩护两个军委纵队及红军主力渡江。在红军主力渡过湘江后，红三十四师深陷重围，师长陈树湘在战斗中腹部中弹被俘。他乘敌不备，用手伸进腹部伤口处绞断肠子，壮烈牺牲，年仅29岁。他牺牲后，敌人残忍割下他的头颅，挂在他家乡长沙县小吴门的城墙上。

湘江一战，红军将士视死如归、英勇无畏，与优势之敌苦战几个昼夜，以巨大牺牲撕开了敌人重兵设防的第四道封锁线。湘江战役是红军在长征途中战斗最为激烈、损失最为惨重的战役，加上突破前三道封锁线时的减员损失，中央红军从出发时的8.6万余人，锐减到3万余人。这场战役引发了中央领导人和广大红军将士对第五次反"围剿"以来军事路线和军事指挥的深刻反思。血的事实逐步使大家认识到，只有改变"左"倾错误，红军才能取得主动，长征才能取得胜利。

至今，在桂北地区仍然流传着这样一首民谣："英雄血染湘江渡，江底尽埋英烈骨；三年不饮湘江水，十年不食湘江鱼。"战场上将士们浴血奋战、英勇捐躯的景象依然浮现在眼前，他们用生命和热血铸就了历史的丰碑，他们无坚不摧的英雄气概、无比坚定的革命理想将被世世代代继承和弘扬。

2021年4月25日，正在广西考察调研的习近平总书记前往位于桂林市全州县才湾镇的红军长征湘江战役纪念园，向湘江战役红军烈士敬献花篮，并参观红军长征湘江战役纪念馆。习近平总书记指出,湘江战役是红军长征的壮烈一战,是决定中国革命生死存亡的重要历史事件。红军将士视死如归、向死而生、一往无前,靠的是坚定的革命理想信念。为什么中国革命能成功?奥秘就是革命理想高于天,在最困难的时候坚持下去,这样才能不断取得奇迹般的胜利。

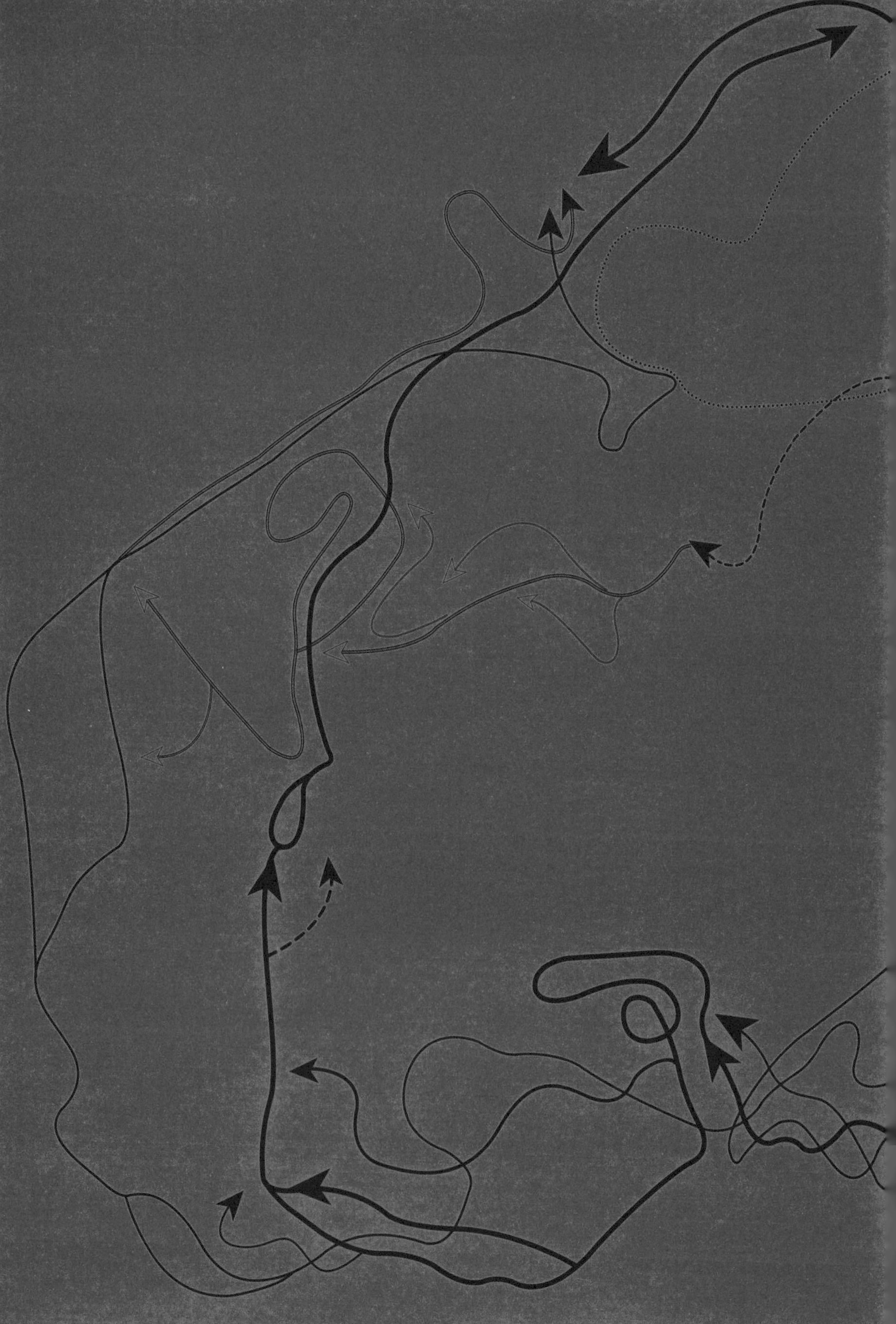

翻越最险峻的大山

陆定一撰写的《老山界》

中央红军渡过湘江之后,来到了崎岖险峻的老山界,这是红军长征部队翻越的最险峻的高山。在前有高山阻隔,道路危险难行,后有追兵紧紧威逼的情况下,红军指战员互相鼓舞,同心协力,胜利翻越了老山界。在许多红军日记和回忆录中,我们都可以看到有关这段经历的记载。1940年代,晋察冀军区政治部印刷了一套介绍红军长征故事的小册子,其中一本是陆定一撰写的《老山界》。在面对崇山峻岭的艰难险阻之时,我们在《老山界》这篇文章中,看到的是无比的革命信心、无畏的斗争勇气和革命的乐观主义精神。

1934年12月初，中央红军以极大的代价拼死渡过湘江，随即向越城岭及其以西的西延山区前进。由于部队极度疲劳，建制不整，军委决定在西延地域略作休整。蒋介石此时正在划分湘桂黔三省的守备区域，妄图将红军歼灭在湘江以西。在这种情况下，中共中央、中革军委于12月4日决定红军"继续西进至通道以南及播扬所、长安堡地域"，准备北出湘西与红二、红六军团会合。于是，红军进入桂北越城岭、老山界山区。

为了加快行军的速度，12月4日，朱德、周恩来、王稼祥发布《后方机关进行缩编的命令》，命令缩小军团、师级的直属队，取消师的后方机关及兵站，将所有后方机关直属队多余人员全部编入作战部队，同时要求立即抛弃和销毁不必要物资，全体轻装前进。看着这些用生命带出来的"家当"，红军战士们既不舍又感伤，最终还是决然地将一些不太用得上的大辎重留在行军路上。

老山界是西延山脉的主峰，地图上称为越城岭，是五岭之一，海拔2100多米。这里西接贵州高原，山势连绵，峰峦重叠，多悬崖峭壁，地势十分险峻。遭遇湘江战役这样前所未有的重创，挥之不去的压抑情绪笼罩着红军的队伍，老山界险峻陡峭的山路也给红军带来了不小的挑战。山上，一条在悬崖绝壁间的羊肠小道，弯弯曲曲，宛如一条细长的带子，使得几万红军队伍只能挤在狭窄的道路中前行。

老山界的险峻，给不少红军指战员留下了深刻的记忆。一开始大家并没有把它放在眼里。但是道路越来越陡峭，山险路滑，部队还有一些笨重物品，行进的速度越来越慢。陡峭的山崖让部队行走的每一步都充满了凶险。中革军委第二纵队司令员李维汉回忆这段艰难的登山经历时写道，"我们纵队过老山界，是夜间行动。在漆黑的夜晚，翻越崇山峻岭，一级石阶一级石阶地往上攀登，山高路陡,马不能上山,只好把马扔掉。一纵队走在前面,我们跟在后面,走几步,停几步,行动缓慢"。

红军医生傅连暲曾在老山界因战马失足,差点被河水冲走。那天下午,部队走在一条只有二尺来宽、一边靠山、一边临河的狭窄山路上,傅连暲骑着马往河里一看,就好像站在高楼顶上往下看一样,不禁有些头昏眼花。"部队人多,又有担架、牲口、行李担,路又窄,不免有些拥挤。"正巧马踩在松土上,一失蹄,"立刻连人带马跌下河去,只觉眼前像打了个闪电一样,哗地一亮,随后就掉进了一个无底的黑洞,什么也不知道了"。幸好他掉在河边,水浅,没被冲走,而那匹马连同马背上的毯子、被子,全被激流冲得无影无踪。

当时陆定一跟李维汉同样编在军委第二纵队,也就是红章纵队。陆定一在中央苏区时曾任苏区共青团宣传部部长,长征时任《红星报》主编、总政宣传部部长。一开始,陆定一干一些抬担架、挑东西的重活;后来,队伍需要宣传鼓动工作,他就写标语、贴标语,鼓励大家战胜困难、勇敢向前。红军长征胜利后,为了保存长征史料,宣传红军长征事迹,军委号召指战员撰写长征回忆文章。1936年,陆定一响应号召撰写了散文《老山界》,因优美浪漫的文字和真挚的情感,这篇散文成为记录长征历史的著名篇章,后来它被晋察冀军区政治部印成了宣传小册子,广为流传。

中国国家博物馆收藏有晋察冀军区政治部印刷的陆定一撰写的《老山界》,1986年12月由王安娜捐赠。从印刷时间的严格意义上而言,这本小册子并不是长征时期的物品,但由于它是由参加了长征的陆定一在长征胜利后不久所写的回忆文章,也是较早宣传红军长征的印刷品,因此仍不失为一件记录长征历史、承载长征精神的珍贵文物。册子纵12.4厘米,横9厘米,封面设计比较简单,上方的五角星和下方的子弹相互呼应,象征着革命和战斗。书的作者署名"定一",即陆定一。

在《老山界》一书中，陆定一记录了前进道路的艰苦和危险。老山界最险的一段——雷公岩，与地面几乎呈九十度，上面只有一尺宽的石阶作为通道。当时队伍中不论是正患肺病的邓颖超，还是挺着大肚子的贺子珍，抑或被称为"老者"的徐特立、董必武、谢觉哉等，都是一步一步地翻山越岭。许多受伤的战士，只好从担架上下来，在别人的帮助下，缓慢而又痛苦地往上爬。实在走不了的，就用绳子拉上去。

因为山势陡峭，马匹难以通过，整个部队不得不停下来，就地宿营。在崎岖不平的山路上睡觉，路只有一尺宽，半夜里一翻身就有可能跌下去。即使这样危险，红军战士竟也因为疲倦而酣然入梦了。陆定一在《老山界》中写道："半夜里，忽然醒来，才觉得寒气凛冽，砭人肌骨，浑身打着颤。把毡子卷得更紧些，把身子蛇曲起来，还是睡不着。天上闪烁的星光，好像黑色幕上缀的宝石，它与我是这样的接近啊！黑的山峰，像巨人一样，矗立在面前，在四周，把这山谷包围得像一口井。"

陆定一还写下了瑶族群众的困苦生活和对红军的关怀。队伍下午出发，沿着山沟行进，走走停停，半天也没走出多远。天色渐暗，夜幕降临，陆定一在路边找到一户瑶族人家进去歇脚。攀谈中，他们谈到苛捐杂税，谈到广西军阀禁止瑶民拥有自己的信仰、残杀瑶民，谈到瑶民的生活情形。瑶民深有感触地说："广西的苛捐杂税对瑶民特别重，广西军阀特别欺侮瑶民。你们红军早些来就好了，我们就不会吃这样的苦了。"瑶民拿出家里仅有的米在极其简陋的灶上给陆定一他们熬粥，让陆定一难以忘怀，那"粥，吃起来十分鲜甜，因为确是饿了。我们也拿碗盛给瑶民母女吃"。吃完热粥，陆定一从后面来的同志那里拿来够吃三天的粮食留给这对母女。由于红军需要夜行军，山路陡峭，用竹子做成的火把是照亮前进道路的最佳工具。为了不打扰瑶民的生活，临走前，陆定一特意写了几条宣传标语，用米汤贴在屋外显

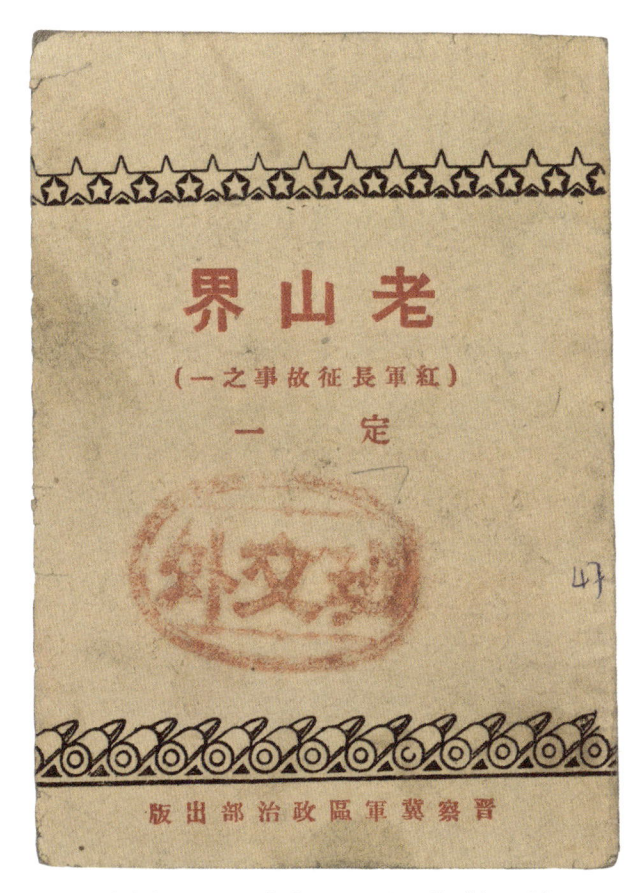

晋察冀军区政治部出版的陆定一著《老山界》

眼的地方，提醒部队不得取用瑶民篱笆上的枯竹做火把。大家拿刀去竹林砍了竹子，制成火把，继续蹒跚前行。

虽然道路这样艰险，陆定一笔下的老山界却充满了浪漫的情怀。"满天是星光，火把也亮起来了，从山脚向上望，只有火把排成许多弓字形，一直追到天上与星光连接起来，分不出是火把的火光还是星光。这真是我平生未见的奇观！"

陆定一的《老山界》还为我们解密了一些红军行军的小细节。下山的路上，陆定一看到在每条溪流的旁边，都有很多战士在煮东西吃。"这回翻山使部队开始养成一种新的习气，那就是，用脸盆、饭盒子、口杯，煮饭吃，煮东西吃。这种习气直到很久才把它革除。"器具的多重功用，为我们解释了长征中战士们如何轻装简行。

老山界是红军长征以来遇到的最险峻的高山。翻越老山界，是长征出发以来最难走的一段路。上山30里，下山15里，中央红军凭着顽强的毅力和大无畏的精神，终于征服了老山界。陆定一自豪地说："我们完成了任务，把一个坚强的意志，贯穿在整个纵队的每个人心中，饥饿、疲劳甚至伤病的痛苦，都被这个意志所克服，不可逾越的老山界，被我们这样的笨重的队伍所战胜了。"

长征路上，陆定一撰写了许多诗歌和文章，因为艰苦转战，流传下来的虽不多，但几乎每篇都是记录长征历史的重要篇章。比如他在红军过大凉山彝族聚居区前撰写的关于民族政策的布告，以红军总司令朱德的名义发布，六字一句，一韵到底，深刻揭露了四川军阀的罪行，宣告了红军的宗旨，其中"红军万里长征"一句，更是最早的"万里长征"的提法。他在1935年为红一方面军和红四方面军会师编的《两大主力军会合歌》，讴歌了胜利，响彻了懋功，鼓舞了士气。他参与创作的《打骑兵歌》《长征歌》等，无一不是深入人心、广泛流传。

当陆定一跨过千山万水，历尽千辛万苦，终于到达陕北后，回忆起翻越老山界的经历时，他说："当我们走过了金沙江、大渡河、雪山草地之后，老山界的困难，比起这些地方来，已是微乎其微，不足道的了。"也正是因为有这样克服一切艰难险阻的勇气和革命的乐观主义精神，我们才能在陆定一撰写的《老山界》看到这样的场景：战士们一边浑身紧张，努力翻山，一边高喊着"我们顶着天啦！"哈哈大笑起来。

陆定一后来在为其文集撰写的《序言》中说："哪怕天崩地裂，只要共产党在，就有希望。所以才能性情开朗，哈哈大笑，熬过难关。"这些长征亲历者的回忆和记录，让我们真切地感受到了，对于他们来说，一切磨难和牺牲都因有共产主义的理想和信念，有为实现解放人民、抗日救国的远大目标，而转化为一种真正的幸福。

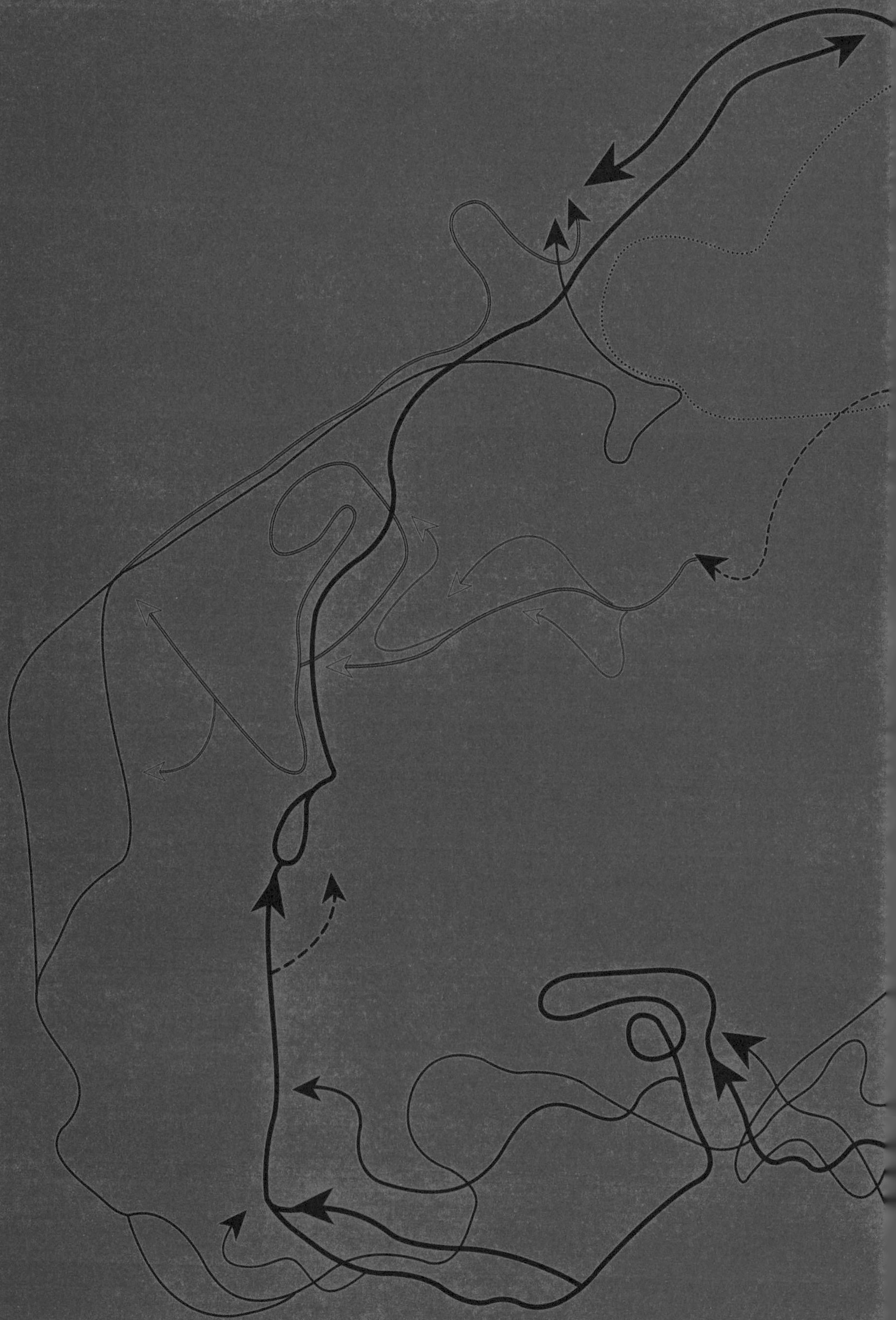

那盏带来希望的"明灯"

红军送给黎平向导的手提风雨灯

中央红军渡过湘江后，国民党当局判明红军将沿湘桂边境北上湘西同红二、红六军团会合，遂在沿途布下重兵。把持红军指挥权的博古、李德无视敌情，仍然坚持按原计划前进，中央红军陷入重围。在危急关头，毛泽东力主转兵向西，到敌人力量薄弱的贵州去开辟新的根据地。1934年12月18日，中共中央政治局在贵州黎平举行会议，经过激烈争论，毛泽东的这一建议被采纳，会议通过了《中央政治局关于战略方针之决定》。黎平会议使红军避免了全军覆没的危险，成为遵义会议的前奏。中国国家博物馆收藏的这盏手提风雨灯，是红军路过黎平时，送给黎平县农民高树清晚间照明使用的。高树清把它当作珍贵的礼物保存了下来。

中央红军突破湘江防线后，是按原计划沿湘桂边境北上湘西与红二、六军团会合还是转兵进入贵州，成为当时中央内部激烈争论的问题。1934年12月18日，中共中央在贵州省黎平召开政治局会议。虽然会议只开了一天，却在中共党史和中国革命史上发挥了极其重要的作用。会议明确了红军前进的方向，使中央红军在危急关头转危为安。

12月11日，红一军团二师五团由龙胜、城步、绥宁经过艰苦行军，占领湖南西南边境上的通道县城。此时，国民党当局已经判断出红军的行动意图，并专门下达了《湘桂黔会剿计划大纲》，提出在通往湘西的路上预先构筑工事，部署重兵，张网以待。在此危急关头，中共中央负责人于12日举行紧急会议。这是一次短暂的"飞行集会"，在会议上，大家讨论了今后红军行动的意见，博古和李德仍然主观武断地坚持按原定计划进军。毛泽东则根据敌我双方的军事态势，指出向湘西进军的困难，提出：部队应该放弃原定计划，改变战略方向，立即转向西到敌人力量薄弱的贵州去。经过激烈讨论，参加会议的多数同志赞成和接受了这一正确建议。李德的最高军事指挥权受到挑战，中途愤然离场。事隔39年之后，他在回顾这件事情时依然充满了愤懑：通道会议上，毛泽东"不仅得到洛甫和王稼祥的支持，而且还得到了当时就准备转向'中央三人小组'一边的周恩来的支持。因此，毛的建议被通过了"。这是自1932年10月宁都会议毛泽东被排挤出红军领导岗位后，他对军事的意见在中央会议上第一次受到尊重。

通道会议之后，中央红军遂按照中革军委命令兵分两路，西入贵州。当时贵州军阀割据，王家烈名义上主持军政大权，但各派之间争权夺利，矛盾重重。12月14日，红一军团作为先头部队向敌军兵力单薄的黎平进发。黎平位于黔、桂、湘三省交界处，是个比较富庶的小城，被云贵高原的翠绿山峦所环抱，地形复杂，交通不便，有利于红军隐蔽集结，而不利于敌军的重兵运动。黎平当时有贵州军阀王家烈部周芳仁旅的一个团驻守，由于鸦片泛滥，黔军几乎都是双枪兵，一杆步枪再加一杆鸦片烟枪，战斗力很差。他们对红军作战勇猛顽强早有耳闻，所以在红军先头部队尚未到达之前，就放弃黎平，向城外逃跑了。黎平城是中央红军进入贵州省后攻占的第一座县城。各路国民党军远离中央红军约三天的路程，红军第一次获得了短暂的休整时间。

红军占领黎平后，红一军团以一个师的兵力驻守黎平，并继续向前推进。为了驱逐和歼灭黎平城外残存的黔敌，需要一些熟悉当地情况的群众给红军带路。红军请来了黎平县农民高树清为部队做向导，高树清将部队带到路团村后，便往回走。归途中，高树清遇到了另一支红军队伍，气喘吁吁的他顾不上休息，再次带领队伍一直走到地西。到达目的地时，天色已暗，红军战士为了高树清返程方便，便将这盏手提风雨灯送给了他。高树清在回家的路上，又数次遇到红军队伍，仍然执意给红军带路，但战士们怕他辛苦，又担心天黑后他回家进不了城，不肯再让他带路，高树清这才提着这盏风雨灯回了家，红军战士的言行使他深受感动。

占领黎平之后，由于北上和西进的分歧尚未彻底解决，野战军司令部又按照博古、李德的意见命令红一、九军团前出至柳霁地区，准备渡过清水江，然后按原计划北上湘西，与二、六军团会合。12月17日，中央负责人所在的军委纵队到达黎平县城。当天晚上，博古致电随红五军团行动的陈云、刘少奇，通知他们18日8时前，赶到黎平城开党的政治局会议。

为了进一步确定中央红军的进军方向和战略方针，12月18日，中共中央政治局在黎平县城翘街一个名为"胡顺荣"的商铺里召开了政治局会议。

红军送给黎平向导高树清的手提风雨灯

周恩来、博古、朱德、张闻天、毛泽东、陈云、刘少奇、王稼祥等参加了会议，会议由周恩来主持。围绕中央红军战略转移的方向问题，参会人员明显地分成两派：博古仍坚持到黔东北后转向湘西，与强敌硬拼之后，实现与红二、六军团会合的计划；毛泽东则主张甩掉重兵围堵，避实就虚，改向敌人力量薄弱的黔北进军。经过激烈的争论，中共中央最终采纳了毛泽东转兵贵州的意见。

会议通过了《中央政治局关于战略方针之决定》（简称《决定》）。《决定》指出：鉴于目前所形成之情况，政治局认为过去在湘西创立新的苏维埃根据地的决定在目前已经是不可能的，并且是不适宜的。新的根据地应该是川黔边地区，在最初应以遵义为中心之地区，在不利的条件下应该转移至遵义西北地区。但政治局认为深入黔西、黔西南及云南地区对我们是不利的。我们必须用全力争取实现自己的战略决定，阻止敌驱迫我至前述地区之西南或更西。在向遵义方向前进时，野战军之动作应坚决消灭阻拦我之黔敌部队。对蒋湘桂诸敌应力争避免大的战斗，但在前进路线上与上述诸敌部队遭遇时则应打击之，以保证我向指定地区前进。会议决定对中央红军部队进行缩编，将中革军委和中央机关第一、第二纵队合编为一个纵队，重新起用刘伯承担任司令员，陈云任政治委员，叶剑英任副司令员。同时鉴于湘江战役红军损失重大，撤销了红八军团的建制，将其编入红五军团。这是长征以来红军队伍的第一次大规模整编。

会后，中革军委立即转发了中央政治局的这一最新决定，并要求各军团及军委纵队首长将中央的决定传达到师及梯队首长。为执行新的战略方针，中革军委配合颁布了《中革军委关于执行黎平会议决议的决议》，对红军各部的行动作了部署，总政治部发出《总政治部关于创立川黔边新根据地工作的训令》，要求各级政工人员做大量的解释工作并说明政治局决议的重要性。

这两项工作使相对笼统的政治局决定更具可操作性。根据中革军委部署，全军分两路西进，一路斩关夺隘。红一、九军团为右纵队占领剑河后，沿清水江南岸向施秉前进；红三军团、军委纵队及红五军团为左纵队，经台江以西向黄平前进。中革军委还电令二、六军团在常德地区积极活动，以调动湘军，当湘军北援时，乘机向永顺、黔东急进，以牵制在铜仁的薛岳部队及在印江、思南的黔军。同时还电令红四方面军组织新攻势，牵制在四川的全部敌军，掩护和策应中央红军西进。12月20日，中央红军分三路纵队向以遵义为中心的黔北进军。

红军在黎平驻扎期间，实行民族平等政策，与当地百姓和谐相处，军民关系融洽。贵州当年是有名的穷省，可谓"天无三日晴，地无三里平，人无三分银"，贫富两极分化严重，穷苦的老百姓被称呼为"干人"。在黎平，由于军阀的苛捐杂税，百姓家里十室九空，苦不堪言，而县政府的仓库，稻谷却堆积如山。红军一到，便打开仓库放粮，家家户户分到了谷子。队伍所到之处还贴写了许多标语，宣传中国共产党的主张，严格执行党的民族政策。许多群众像高树清一样起来支援红军，积极为红军当向导。他们还负责筹运粮食，运送伤员，不少青年踊跃参军，有的还组织了自卫队，在当地坚持武装斗争，为红军战斗的胜利作出了很大贡献。

红军在黎平期间的一系列政治、军事、组织上的举措，在关键时刻起到了统一思想、凝聚军心、鼓舞斗志、团结队伍的重要作用，这对自实行战略转移以来屡遭挫折的中央红军是至关重要的。会议精神仿佛重雾中的阳光，拂扫走战士们疑虑不满的情绪。曾参加过长征的老红军陈靖在《忆红军在贵州的三进三出》中这样写道："黎平政治局会议采纳了毛泽东同志的转兵贵州进入黔北的主张。在漆黑路上长征的红军，对这片光明充满深深的感激之意。这种心情，没有经过漫长夜路的人，是难以体会得到的。"

红军战士的感受是:"心里有了希望,情绪也高了,劲头也大了。从黎平到剑河,从剑河到台拱,从台拱到黄平,几乎一天一个县城,翻山越岭的也不觉得那么累了……"刘伯承这样写道:"行军作战虽然同样紧张,但由于毛主席的英明主张,作战一直顺利,部队情绪也逐渐振奋。"正因为红军面貌发生了根本的变化,陈云才会这样自信满满地向共产国际汇报:"红军已不再是经常不断地被敌人攻击、四处流窜的部队,而变成了一支能战能攻的有生力量。"

黎平会议后,缩编后的中央红军轻装前进,避强打弱,连克锦平等七座县城。30日,占领乌江南岸的猴场。这时,博古、李德等人仍反对中央红军向黔北进军。为此,中共中央政治局于12月31日晚至次日凌晨,在贵州瓮安猴场召开政治局会议,通过了《中共中央政治局关于渡江后新的行动方针的决定》,重申了黎平会议决议,决定中央红军迅速抢渡乌江天险,攻占遵义。正是有了通道会议、黎平会议、猴场会议的基础,遵义会议才能够从容不迫地进行,并最终清算了第五次反"围剿"和西征初期军事指挥上的严重错误。

黎平会议是长征开始以后中共中央召开的第一次政治局会议,具有十分重要的历史地位。中央红军按照毛泽东的建议向贵州遵义进军,国民党中央军和湖南军阀部队的十几万兵力被甩在湘西地区,战略转兵的实现,使长征以来中央红军被动挨打的局面出现转机,取得了主动权,给中央红军和中国革命带来了生机。黎平会议以中央政治局的名义第一次否定了共产国际军事顾问李德的错误战略方针,采纳了毛泽东的灵活机动的战略战术思想,开始初步纠正"左"倾教条主义的军事路线在党中央的领导。它是大部分中央领导人思想逐渐趋于一致的一个重要转折点,为以后的胜利和遵义会议确立毛泽东在党中央和红军的领导核心地位奠定了坚实基础。黎平会议也是中国共产党在与共产国际联络中断的情况下，第一次独立自主地解决红军的军事战略方针的重要会议，驱散了共产国际神圣化的迷雾，中国共产党人走上了独立自主指导中国革命实践的道路。

关于黎平会议，周恩来《在延安中央政治局会议上的发言》中曾有过如下回忆："过了湘江以后，从湘桂黔交界处，毛主席、稼祥、洛甫即批评军事路线，一路开会争论。从老山界到黎平，在黎平争论尤其激烈。这时李德主张折入黔东。这也是非常错误的，是要陷入蒋介石的罗网。毛主席主张到川黔边建立川黔根据地。我决定采取毛主席的意见，循二方面军原路西进渡乌江北上。李德因争论失败大怒。"黎平会议记录无存，周恩来的这段话，权威地记录了黎平会议的真实情况。聂荣臻在回忆录中高度评价黎平会议决议："这是一个十分重要的决议，是我们战略转变的开始。其中最主要的是指出，去湘西已不可能也不适宜，决定向遵义进发。这样一下子就把十几万敌军甩在了湘西，我们争取了主动。"李维汉回忆说："长征改道是从通道会议开始酝酿，而由黎平会议最后决定的，这个决定非常重要，它既使红军避敌重兵，免遭灭顶之灾，又能放开自己的手脚，打运动战，主动消灭敌人。"

中国国家博物馆收藏的这盏红军送给高树清的手提风雨灯，除灯罩玻璃略有烟熏痕迹外，其他部分保存完好，可见灯的主人高树清对它非常珍惜。据文物档案记载，红军从黎平离开后，高树清深深思念着这支人民的队伍，就一直将这盏灯当作最珍贵的东西保存起来。在以后的岁月里，不管是在多么艰难困苦的情况下，高树清一直都舍不得用它，连油壶里面的灯芯都是红军送给他时装在里面的。中华人民共和国成立后，高树清将这盏灯作为革命文物捐献给博物馆永久收藏。

小小油灯既诠释了中国共产党领导的革命武装与人民群众之间的鱼水

深情,又照亮了红军前行的方向。在红军长征途中,黎平无疑是一个重要的节点。一位长征亲历者动情地写道:"如果没有……黎平会议那一轮新月,未必迎来长征路上的黎明,遵义的曙光和早春,也不一定能在此时此地到来。"

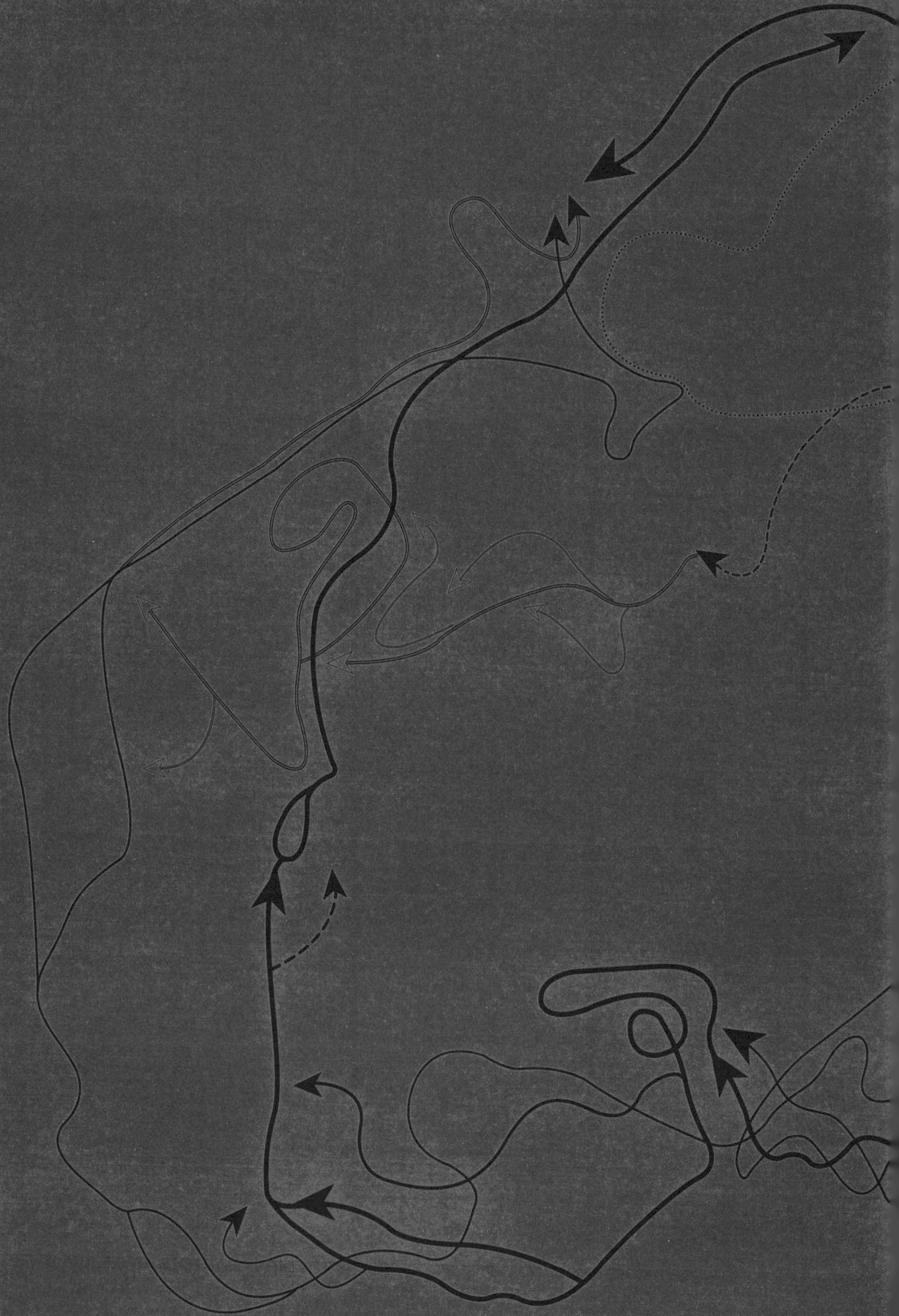

"水马"飞渡战乌江

红军强渡乌江时使用的棕绳

1934年12月,湘江战役后的中央红军严重减员、极度疲劳。蒋介石继续对红军进行"追剿",并调集重兵阻断中央红军北出湘西的道路,妄图依靠地形地势围歼红军。在这种严峻形势下,中共中央先后召开通道会议、黎平会议和猴场会议,最终放弃了博古、李德坚持的同红二、六军团会合的原定计划,采纳了毛泽东的转战建议,决定强渡乌江,攻占遵义。1935年1月1日至6日,中央红军在当地群众的帮助下,分多路在回龙场、江界河、茶山关等渡口快速突破乌江天险,重创严密布防的国民党军,继而转向遵义进军,并留下"水马过江"的佳话。

在中国国家博物馆，陈列着一根红军强渡乌江时使用的棕绳，它全长约16.75米，由贵州省遵义市湄潭县人陈绍清保存，新中国成立后捐赠给重庆市博物馆。1959年5月，重庆市博物馆将其拨交给中央革命博物馆筹备处收藏。

制作棕绳或麻绳，贵州地区俗称"打龙绳"，有经验的手艺人几个小时就能打好近百米的龙绳。使用棕绳扎制的竹筏结构坚固、方便耐用。捆扎竹筏时，首先将竹子横竖交叉排放，其间铺上若干根树枝，用粗棕绳捆住，再将木板放在上面铺平加固，最后在竹筏上拴上若干条棕绳即完成全部工序。通常，每只竹筏一丈多宽、两丈多长，一次可搭载12名战士。登上竹筏后，每名战士手里可抓握一条绳子当作保险绳。在时间紧迫、条件艰苦的情况下，红军和当地群众充分发挥聪明才智，齐心协力赶制了大量竹筏，并在短时间内将竹筏相连架成浮桥，确保红军主力快速通过乌江天险。从此，当地老百姓都把竹筏称为"红军水马"。

1934年12月，湘江战役后的中央红军严重减员、极度疲劳。博古、李德一意孤行，把战略转移的希望寄托在与湘西的红二、六军团会合上。此时，蒋介石又开始紧锣密鼓地部署对红军的"追剿"，并调集重兵阻断中央红军北出湘西的道路。面对严峻形势，毛泽东在12日召开的通道会议上，坚决反对博古、李德提出的北上同红二、六军团会合的计划，提出必须向西进入国民党军兵力较为薄弱的贵州，避实就虚，寻求机动，在川黔边创建新根据地。毛泽东的建议得到参加会议的多数中央领导人的支持。18日，中央政治局在黎平召开会议。经过激烈争论，否定了博古、李德的错误主张，肯定了毛泽东向贵州进军的主张。19日，朱德、周恩来发出《关于军委执行中央政治局决议之通电》，决定中央红军转兵贵州，分左、中、右三路纵队向以遵义为中心的黔北进军。12月下旬，多路红军先后抵达乌江南岸的茶山关、江界河、猴场一带。

红军强渡乌江时使用的棕绳

　　1934年12月31日至1935年1月1日，中央政治局在瓮安县猴场召开政治局会议。会议再次否定了博古、李德提出的与红二、六军团会合的主张，重申黎平会议的决议，决定强渡乌江，攻占遵义。会议通过了《中共中央政治局关于渡江后新的行动方针的决定》，指出红军渡过乌江后，消灭蒋介石主力部队的一部，彻底粉碎五次"围剿"，建立川黔边新苏区根据地。最中心的任务是首先进入以遵义为中心的黔北地区，然后向川南发展。

　　中央红军向黔北挺进，迫使国民党黔军回防乌江北岸，贵州省主席兼第二十五军军长王家烈根据蒋介石指示制定作战部署：乌江以南防务由犹国才部率三个团在福泉、瓮安一线部署；乌江以北及江防全线由侯之担部负责；王家烈亲自率两个师在东路左翼开阳至贵阳一线部署，伺机推进。与此同时，蒋介石嫡系薛岳部吴奇伟纵队四个师、周浑元纵队四个师正步步逼近，企图围歼红军于乌江南岸。

乌江，古称黔江，全长1000余公里，是贵州第一大江。流域地势由西南向东北斜贯全省，把贵州划成南北两部。两岸群峰连绵起伏，悬崖绝壁高耸入云，江面水流湍急，天然落差极大，水中礁石林立、滩险密布。由于谷狭、流急、滩多，这里素有"天险"之称，是通往黔北的一道天然屏障。负责乌江防务的第二十五军副军长侯之担在遵义设立指挥部，并命令黔军在自茶山关渡口起，包括孙家渡、江界河、袁家渡、回龙场等大小十余处渡口约100公里的乌江北岸沿线，日夜赶修工事。黔军还将江边的茅屋烧毁，沿江所有船只尽数没收并沉入北岸江底，许多船工也被驱赶到北岸。妄想通过严密布防阻止红军渡过乌江的敌军将领，自以为万无一失，得意扬扬地夸下海口：共军远征，长途跋涉，疲惫之师，必难飞渡。

在前有守军和天险阻拦，后有各路"追剿"军步步紧逼的危急时刻，中革军委立即进行部署，规定部队分三路行动：（一）红一军团以红一师进至回龙场及其附近地域架桥，以便军团主力由此渡江；红九军团应在回龙场、袁家渡及其以北地区掩护红一军团之侧后，并受红一军团指挥。（二）红一军团以红二师加军委工兵两个连，进至江界河渡口附近架桥，以便红二师主力及军委纵队、红五军团由此渡江。（三）红三军团红四师应前进至清水口渡口之地域，准备架桥。

1935年1月1日，红一军团红一师红一团由龙溪到达回龙场渡口。这里水面宽约150米，江面被白茫茫的雾气笼罩，江水急而刺骨，加之寒风凛冽、雨雪交加，涉水渡江困难重重。红一团团长杨得志带领战士们在附近村庄仔细搜寻，却连一块木板都很难找到。就在一筹莫展之时，杨得志发现江上漂着一节很粗的竹竿，他急中生智，决定就地取材，扎制竹筏，搭建过江浮桥。当日傍晚，红一团八名水性好的战士组成突击队，选定渡口上游的江面狭窄处第一次试渡。由于浪急滩险，快到对岸的竹筏翻入江中被激流卷走，战士们全部被急流吞没。入夜，再次组织红一、三团熟悉水性的36名勇士组成突击队，重新选择了下游水面较宽、水流较缓的地方下水，成功渡过乌江。当听到渡江战士的鸣枪信号后，团长杨得志立即命令其余竹筏出发。随后，一只只竹筏在火力掩护下飞快向对岸驶去，不久成功攻占北岸山顶，并拉起跨江缆绳，竹筏连接起来搭成浮桥。2日下午，红一师集中红一、三团所有轻重火力，向对岸守军和构筑的工事猛烈射击，掩护红一团强渡，摧毁黔军多个固守点。至4日，红一军团主力及红九军团由此渡江完毕，打开了红军北上遵义的通道。

与此同时，红一军团红二师以红四团为先头部队，于1月1日逼近江界河渡口。江界河渡口是黔东南通往遵义的要道，分为新老两个渡口，相距约三公里。上游的新渡口，江面宽约80米；下游的老渡口，江面宽120米。以机枪火力侦察后，红四团团长耿飚、政委杨成武发现，隔江守军在上游新渡口设防较弱，遂制定了佯攻老渡口、主攻新渡口的作战方案。红四团抽调小部兵力，在老渡口搬运架桥材料，架起机枪，制造强渡假象；敌军见状急忙集中火力封锁江面，并组织抢修老渡口防御工事。而在上游新渡口，红四团战士正悄悄进行渡江准备工作。1月2日，密云微雨，寒风袭人，试渡正式开始。经过多次尝试，五名战士强渡成功，隐蔽等待配合后续部队渡江。国民党守江部队慌忙向上级报告：红军"水马"过江，火力非常猛烈。为守住乌江防线，敌军迅速派出一个独立团增援，在强渡点加修工事，并增加迫击炮向南岸射击。此时，国民党薛岳部已离红军后卫部队不远，中革军委催促红四团迅速完成抢渡乌江的任务。红四团党委召开紧急会议，决定立即强渡，无论如何都要突破！

1月3日上午，老渡口佯攻最先开始，军委工兵连冒着猛烈的炮火扎竹筏架浮桥，吸引守江敌军主力注意。在上游新渡口，十余名勇士乘三个先导竹筏，在密集的火力掩护下向乌江北岸发起冲击。2日已经抢渡成功的五名战士配合强渡将士，很快占领滩口阵地，敌军顿时大乱。紧接着，后面的竹筏陆续过江，并向下游老渡口发起进攻，一举将守江之敌全线击溃。经过16个小时的浴血奋战，红四团攻占黔军的江防司令部，守江黔军仓皇逃窜，江边的山林中满是散落的烟枪、公文和行李。当地群众向红军报告：敌军都说，红军的"水马"真不怕死，不知道怎么就都渡过乌江了！之后，军委工兵连编成器材供应、编制竹排、架设、投锚、救护、预备等九个作业组，加紧扎筏架桥。他们根据江界河渡口的宽度、深度和流速，用竹子扎成数十个排筏，在江面上头尾连接，又将两个竹篓装满石头后上下扣住，捆绑结实，把两对扣好的竹篓交叉在一起，垂挂在竹筏之下，以此代锚，确保架好的过江浮桥稳定、牢固。3日下午，军委纵队和红五军团等部队顺利通过乌江。毛泽东走上浮桥，不由得赞叹：真了不起，我们的工兵就地取材，用竹排架成这样的桥，世界上都没有！

红三军团方面，主力部队从瓮安县驻地出发，先头部队红四师于1月1日晨到达开阳县清水江一段，经过半个小时的战斗，击退西岸黔军和当地的乡兵守军，并架起浮桥先后从洛旺渡、水口渡、龙坡渡过江。西渡清水江后，又分兵左右两路直插桃子台渡口和茶山关渡口。3日，红四师进至桃子台渡口，守军已不战而逃，但由于渡口水深流急，且船只较小，只有部分队伍过江。

在孙家渡渡口，守江的黔军专门部署了一个机炮营，配有野炮和迫击炮，给红军渡江造成极大阻碍。3日拂晓，红五师红十三团发起强渡。红十三团先以炮火轰击北岸守军的工事，打死敌机炮营营长，敌人军心开始动摇。随即，突击部队快速登上北岸，与敌激战，重创该营。但是，由于过江人数较少，敌众我寡，只好暂时撤回南岸。红军总结教训，决定在上游几百米的隐蔽处将竹筏连接起来，目测好河面的宽度，将连接起来的竹筏一端固定死，上游另一端做活结，准备利用水的力量把连接好的竹筏横靠向北岸，形成一座浮桥。午后，再次开始强渡。红军先以一部乘零星几个竹筏强渡，再以一部在上游斩断活结，等着浮桥被冲到对岸时走浮桥登陆北岸。浮桥按计划成功到位，南岸的红十三团主力部队奋勇冲锋，夺取孙家渡渡口，并继续向其他渡口推进，沿岸守敌慌乱撤退。4日至6日，红三军团分别从茶山关渡口、楠木渡渡口渡江，向遵义及老君关一线挺进。

红军将士在极为不利的情况下，临危不惧、顽强拼搏，重创优势之敌，至1月6日下午，中央红军全部渡过乌江，留下"水马过江"的佳话。黔军侯之担部阻截红军失败，残部逃回遵义。当国民党军的"追剿"部队尾追到江边时，中央红军早已将竹筏浮桥拆毁，到达乌江百里之外了。国民党军围歼红军于乌江南岸的企图化为泡影。

红军在回龙场、江界河、茶山关、孙家渡等渡口火速强渡乌江天险，离不开乌江沿岸群众的支持和帮助，当地流传着许多军民合力渡江的感人故事。当红一军团红一师来到回龙场渡口时，余庆县岩门的村民们得知红军要为强渡乌江扎竹筏、搭浮桥后，立刻主动帮红军找竹子、打龙绳。村里缺少扎竹筏的材料，船工就带领红军战士冒险潜到对岸，打捞北岸的三条沉船并拖回南岸，再将竹子和破船板扎成竹筏。第一次试渡失败后，又是在当地熟悉环境的老船工提议下，改在水流较缓的区域第二次试渡，并由老船工亲自撑渡，终于成功登岸，率先突破乌江防线。在其他渡口，当地群众听说红军要过江消灭王家烈的"双枪兵"，主动把家里的锯、斧、刀具都拿出来，跟红军一起砍竹子、打龙绳、编箩筐、找沉船，船工们还给红军撑竹筏、当向导。强渡时，浮桥几次被激流冲断，淳朴的百姓就搬出自家的石磨捆在竹筏上当作锚，拆下门板搭在浮桥上。正是有了人民群众的无私奉献和全力支援，才使得红军和辎重得以在短时间内迅速过江。为表示感谢，红军战士们纷纷拿出布匹、腰刀等物品和本就不多的粮食相赠。短短几天的时间，军民已然亲如一家。

强渡乌江后，持续作战、疲惫不堪的中央红军赢得了宝贵的休整时间，也为遵义会议的召开创造了良好条件。

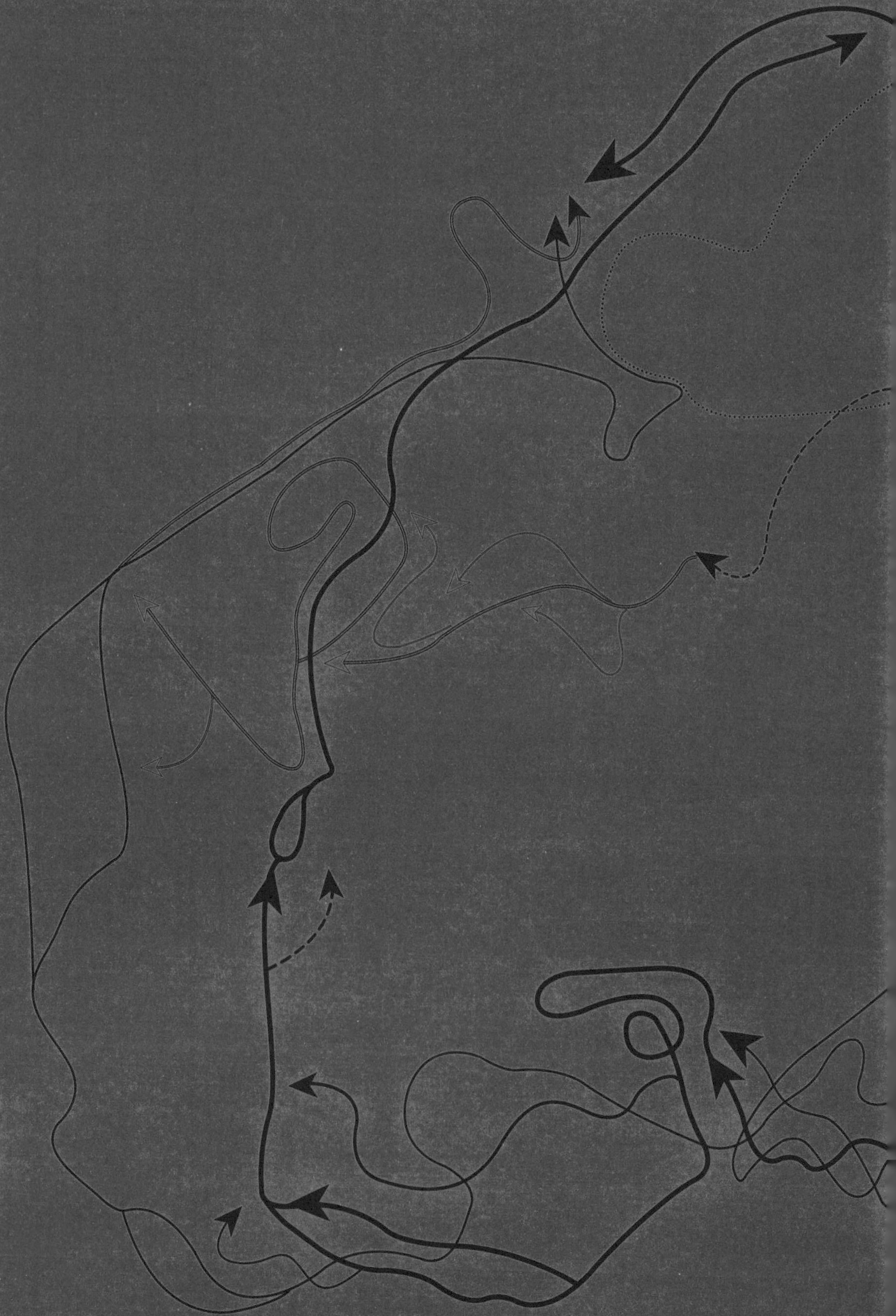

关键抉择开新局

在遵义发布的《中国工农红军总政治部布告》

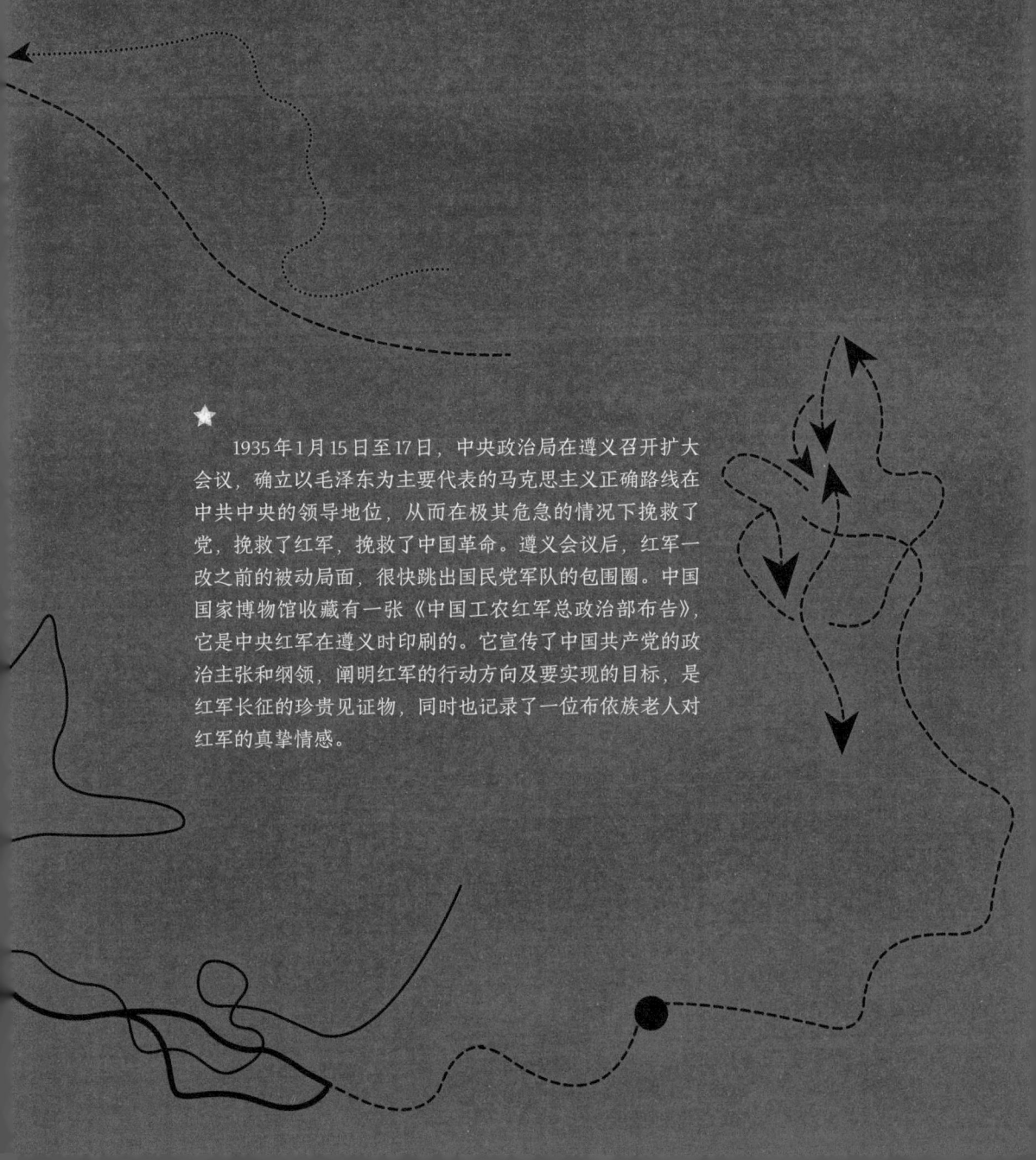

1935年1月15日至17日，中央政治局在遵义召开扩大会议，确立以毛泽东为主要代表的马克思主义正确路线在中共中央的领导地位，从而在极其危急的情况下挽救了党，挽救了红军，挽救了中国革命。遵义会议后，红军一改之前的被动局面，很快跳出国民党军队的包围圈。中国国家博物馆收藏有一张《中国工农红军总政治部布告》，它是中央红军在遵义时印刷的。它宣传了中国共产党的政治主张和纲领，阐明红军的行动方向及要实现的目标，是红军长征的珍贵见证物，同时也记录了一位布依族老人对红军的真挚情感。

1935年1月6日，中央红军强渡乌江之后，中革军委总参谋长刘伯承为了迅速夺取遵义，亲率红一军团第二师第六团向遵义疾进。1月6日下午，占领了离遵义15公里的外围据点深溪水，从俘虏口中得知遵义城有敌军三个团，尚未察觉红军主力的神速行动。为减少部队的伤亡，刘伯承同意了红六团团长朱水秋、政治委员王集成的建议，让先头分队化装成敌军溃兵，智取遵义。

趁着夜色，战士们身着敌军的服装，让俘虏带路来到遵义城下，向城楼上的守军喊话，守城的敌军谨慎询问了2分多钟，确认是"自己人"，便打开了城门。城门一开，红军立即冲入城中。前卫营在城内没费多大劲儿就抓了几百名俘虏，一场攻城之战迅速地在1月7日凌晨就宣告结束。

遵义是红军长征以来所经过的第一座较大的中等城市。为严肃军纪，红军总政治部下发了十二条口号和八项注意，要求各部队广泛宣传、严格执行。1月9日，中共中央、中革军委进驻遵义。进城那天，全市的群众兴高采烈，男女老幼奔走相告，鸣放鞭炮欢迎红军。这是红军自离开中央革命根据地以来所经历的最激动人心的场面。

红军进到遵义地区，就派出工作队深入群众，打土豪、分浮财，组织贫苦群众建立革命政权，宣传工作更是搞得积极热烈。"红军为土地革命而战""红军不拿群众一点东西"……整个遵义城成了各种标语口号的海洋。广大群众热情帮助红军筹粮筹款，护理伤病员，踊跃参加红军。在短短的10多天里，遵义地区就有4000多人加入红军。

为宣传中国共产党的政治主张和纲领，阐明红军的行动方向及要实现的目标，红军部队找到了当地的美术印刷局，印制了数千份《中国工农红军总政治部布告》，准备在长征途中向沿途群众分发。布告用贵州白皮纸石印而成，纵

中国工农红军总政治部布告

红军是工农群众自己的军队,实行中国共产党的主张,澈底没收地主的土地分配给农民,推翻国民党政府,取消洋人在中国的一切特权,驱逐帝国主义出中国,为创造工农群众自己的政权——苏维埃而奋鬪!

红军所到之地,绝对保护工农贫民的利益,对於工人主张实行八小时工作制,增加工钱,对农民主张不交租,不纳税,不完债,没收地主的土地分配给农民,对於苗猺等少数民族,主张民族自决,民族平等,与汉族工农群众同等待遇,反对汉族的地主财富老爷的压迫,对於白军士兵欢迎他们拖枪来当红军,参加工农的革命,对於城市乡镇商人,其安分守己者,亦准予自由营业。

红军是有严格的纪律的军队,不拿群众一点东西,借群众的东西要送还,买货按照市价。如有侵犯群众利益的行为,每个群众都可到政治部来控告。

凡我工农群众,望勿听信豪绅地主的欺骗,各宜安居乐业,并大家一齐来实行共产党的主张,自动打土豪分田地,实行八小时工作,收缴一切反动武装,武装工农,建立苏维埃政权,及赤色游击队,並欢迎工农群众报名当红军,帮助红军运输,抬担架,谋工农群众的澈底解放。如有破坏红军及造谣欺骗,当反革命派的侦探,进行反革命活动的份子,定当严行处罚。此佈

代主任 李富春

公历一九三五年一月 日

1935年1月,红军在贵州遵义时发布的《中国工农红军总政治部布告》

50.4厘米，横70.5厘米，署名"代主任李富春"，年款处加盖了刻有麦穗标记的"中国工农红军总政治部"朱文圆印。正文共444个字，主要内容是宣传中国共产党的政治主张，其中还有针对少数民族、工人、农民、商人以及白军士兵的各项政策："红军所到之地，绝对保护工农贫民的利益，对工人主张实行八小时工作制，增加工钱；对农民主张不交租，不纳税，不完债，没收地主的土地分配给农民；对于苗瑶等少数民族，主张民族自决，民族平等，与汉族工农同等待遇，反对汉族的地主财富老的压迫；对于白军士兵欢迎他们拖枪来当红军，参加工农的革命；对于城市乡镇商人，其安分守己者，亦准予自由营业。"

布告还特别宣布了红军的纪律，向民众保证红军"不拿群众一点东西，借群众的东西要送还，买卖按照市价。如有侵犯群众利益的行为，每个群众都可到政治部来控告"。

中国国家博物馆收藏的这张珍贵的《中国工农红军总政治部布告》是由一位布依族老人——杨登凤冒着生命危险保存下来的。

杨登凤的家在贵州关岭板袍村，是一个只有二十几户布依族人家的小山村。这里由于民族隔阂和国民党地方军阀的造谣，再加上环境较为闭塞，不少群众对红军有误解，甚至恐惧。1935年4月，当红军长征来到这里时，村民把家里所有能带走的东西都打成包袱，赶着牲畜到深山老林里躲了起来，只剩下一位50多岁的老人杨登凤留守。

红军先头部队来到板袍村时已是夜晚，怕影响老乡们休息，部队没有进村，在野外扎了营。天亮以后，红军才进村准备起火做饭。但村子里的人都走光了，也没有吃食，只剩下几坛甜酒。红军吃了甜酒以后，把银圆、纸票放在原来盛放甜酒的坛子里。红军看到杨登凤老人在村子里，就向他打听村子的情况。在与红军的接触中，老人逐渐消除了恐惧。一天，一位红军指挥员得知他识字，拿来了这张《中国工农红军总政治部布告》，请他贴在村中，向村子里的乡亲们宣传红军。

虽然杨登凤对红军、对中国共产党的宗旨、主张不能完全了解，但看到红军真的像布告中写的"不拿群众一点东西，借群众的东西要送还"，他相信"红军是工农群众自己的军队"。红军离开板袍村后，杨登凤老人悄悄把布告揭下并藏在家中。同村的地主知道此事后，逼他交出布告，杨登凤一面推脱，一面将布告小心翼翼地塞到墙缝中，地主多次搜找，均无功而返，后来又勾结国民党军队前来追查，并以杀头相威胁，但老人始终守口如瓶。敌人走后，老人将布告用油纸包好，藏到屋顶的瓦沟中。直到新中国成立后，老人才将珍藏的布告无偿捐赠。这张在遵义城内印制的珍贵布告，也成为红军长征中广泛开展政治宣传工作，严格执行群众纪律的珍贵文物。

1935年1月12日，中华苏维埃共和国中央政府在遵义老城第三中学操场召开群众大会。这次会议被群众称为"万人大会"，场面十分壮观。毛泽东、朱德、李富春出席大会并讲话。毛泽东讲述了中国共产党和红军的革命主张，说明中华苏维埃红色政权反对苛捐杂税，实行民主选举，没收地主豪绅的土地分配给无地或少地的农民耕种，保护民族工商业，号召工人、农民和一切劳苦大众团结起来，打倒帝国主义和国民党反动派。

红军轰轰烈烈地在遵义建设地方革命组织和群众武装的时候，1935年1月15日，"追剿"军总司令何键向遵义地区发出全面进攻的作战命令。也正是这一天的晚上，中央政治局扩大会议在位于遵义城中的军阀柏辉章公馆里举行——这就是著名的遵义会议。

遵义会议的召开，经历了一个酝酿过程。早在中央苏区第五次反"围剿"期间，毛泽东就曾多次提出战略性建议，但均被中央的"左"倾领导人所拒绝。长征开始后，毛泽东在中央领导层中做了大量细致的思想工作。长征路上，担任中革军委副主席、红军总政治部主任的王稼祥因身负重伤坐着担架随队行动，当时毛泽东也因病坐担架，二人经常一边行军一边交谈，深入讨论了许多有关党和军队前途的问题。张闻天是中央政治局委员、书记处书记，在党内的地位仅次于博古。长征开始后，他同毛泽东、王稼祥住在一起，进一步加深了对毛泽东的了解。在同毛泽东商议以后，王稼祥出面提议召开遵义会议，得到张闻天、周恩来、朱德等人的支持。

柏辉章公馆北面主楼上有一小客厅，可容纳20余人。遵义会议的会场就设在这间客厅里。当天，天花板上吊着一盏煤油灯，中间放着长方形的桌子，20把椅子摆成了一个半圆形，客厅里烧着一盆驱寒的炭火。参加会议的有中央政治局委员毛泽东、朱德、陈云、周恩来、张闻天、秦邦宪（博古），中央政治局候补委员王稼祥、刘少奇、邓发、何克全（凯丰），还有红军总部和各军团负责人刘伯承、李富春、林彪、聂荣臻、彭德怀、杨尚昆、李卓然，以及中央秘书长邓小平。李德及担任翻译工作的伍修权也列席了会议。会议由党中央负责人博古主持。

会议首先由博古作关于反对第五次"围剿"的总结报告。他强调第五次反"围剿"失败的主要原因在于敌人力量过于强大，虽然涉及到自己在军事路线上的错误，但开脱辩解为"战略上是正确的，错误是执行中的错误"。

接着，周恩来就军事问题作副报告。他指出，第五次反"围剿"失利的主要原因是军事领导者犯了战略战术方面的严重错误。他主动承担责任，作了自我批评，同时也批评了博古、李德的错误。

按照会前与毛泽东、王稼祥共同商量的意见，张闻天作了反对"左"倾军事错误的报告，即"反报告"，比较系统地批评了博古、李德在军事指挥上的错误，比如不利用福建国民党第十九路军的兵变时机，不顾敌情机械地坚持与红二、六军团会合等。"反报告"为遵义会议彻底否定单纯防御路线定了基调。

三个报告完毕后,第一个发言的是毛泽东,讲了大约一个多小时。他具体分析了前四次反"围剿"情况和第五次反"围剿"红军失败的原因。毛泽东说,第一次反"围剿"时,敌军是10万,而红军只有4万,是2.5比1;第二次反"围剿"时,敌军20万,红军4万,是5比1;第三次反"围剿"时,敌军30万,红军3万,是10比1;第四次反"围剿"时,敌军50万,红军5万,仍是10比1;第五次反"围剿"时,敌军50万,红军5万余,不包括地方武装,仍然是10比1,为什么这次反"围剿"红军会失败得那么惨?前四次反"围剿",各根据地同样是被敌人分割的,根据地范围比第五次反"围剿"时还要小,瓦解敌军、白区工作的开展也很有限,为什么我们却赢得了胜利?其实,根据地人民通过四次反"围剿"斗争的胜利,后方支前的工作是做得很出色的,根据地内的土地革命、经济建设的开展也是好的;在"一切为了前线上的胜利"的口号下,广大群众参军参战,革命积极性空前高涨;扩红运动形成热潮,10万工农积极分子武装上前线,红军力量空前扩大;前方红军的财政、粮食和其他物质上的需要,都得到了供应和保证:这些都是粉碎敌人进攻的有利条件。第五次反"围剿"失败的主要原因绝不在于客观的因素,而是由于博古、李德实行单纯防御路线,在战略战术上犯了一系列错误,归结起来主要有四点:以堡垒对堡垒;分散兵力;军事上没有利用第十九路军发动福建事变这一有利条件;在战略转变上迟疑不决,在实施突围时仓促出击、行动无序。

与会者多数同意张闻天、毛泽东等人的意见。王稼祥表示完全赞同毛泽东的意见,严厉地批评了博古、李德在军事指挥上搞个人专断的恶劣作风。朱德历来谦逊稳重,但在这次会议上却很激动地发言,他说:"如果继续这样错误的领导,我们就不能再跟着走下去!"周恩来也表示,只有改变错误的领导,红军才能有希望,革命才能成功。刘伯承、李富春、聂荣臻、彭德怀、李卓然等都相继发言，表示支持毛泽东的发言和张闻天的"反报告"。

遵义会议一共开了3天，气氛紧张激烈，发言的声音很高，每天总是开到半夜才休会。会议最后决定：增选毛泽东为中央政治局常委；委托张闻天起草《中央关于反对敌人五次"围剿"的总结的决议》；中央政治局常委再进行适当的分工；取消在长征前成立的"三人团"，仍由最高军事首长朱德、周恩来为军事指挥者，而周恩来是党内委托的对指挥军事下最后决心的负责者。

1935年2月5日，红军一渡赤水来到云贵川三省交界被称作"鸡鸣三省"的地方，中央政治局常委决定由张闻天代替博古负中央总的责任。3月中旬，在红军三渡赤水途中，中央在遵义县的苟坝成立毛泽东、周恩来、王稼祥三人军事小组，全权指挥军事。毛泽东进入三人军事小组，表明了新的中央的领导地位在全党得到进一步的巩固，也标志着毛泽东的正确主张取得了决定性的胜利。

对于遵义会议的胜利，朱德曾赋诗一首："群龙得首自腾翔，路线精通走一行。左右高低能纠正，天空无限任飞扬。"表达了对遵义会议使党和红军转危为安，使中国革命面貌焕然一新的喜悦心情。邓小平也高度评价遵义会议的重要意义，他说："在历史上，遵义会议以前，我们的党没有形成过一个成熟的党中央。从陈独秀、瞿秋白、向忠发、李立三到王明，都没有形成过有能力的中央。""我们党的领导集体，是从遵义会议开始逐步形成的。"

遵义会议明确回答了红军战略战术方面的是非问题，指出博古、李德军事指挥上的错误，同时改变了中央的领导特别是军事领导，解决了党内所面临的最迫切的组织问题和军事问题，结束了"左"倾教条主义错误在中央的统治，开始确立以毛泽东为主要代表的马克思主义正确路线在中共中央的领导地位，从而在极其危急的情况下挽救了党，挽救了红军，挽救了中国革命，是我们党历史上一个生死攸关的转折点。

遵义会议的一系列重大决策，是中国共产党在同共产国际中断联系的情况下独立自主作出的。会议在把马克思主义基本原理同中国具体实际相结合，坚持走独立自主道路、坚定正确的政治路线和政策策略、建设坚强成熟的中央领导集体等方面，留下宝贵经验和重要启示。

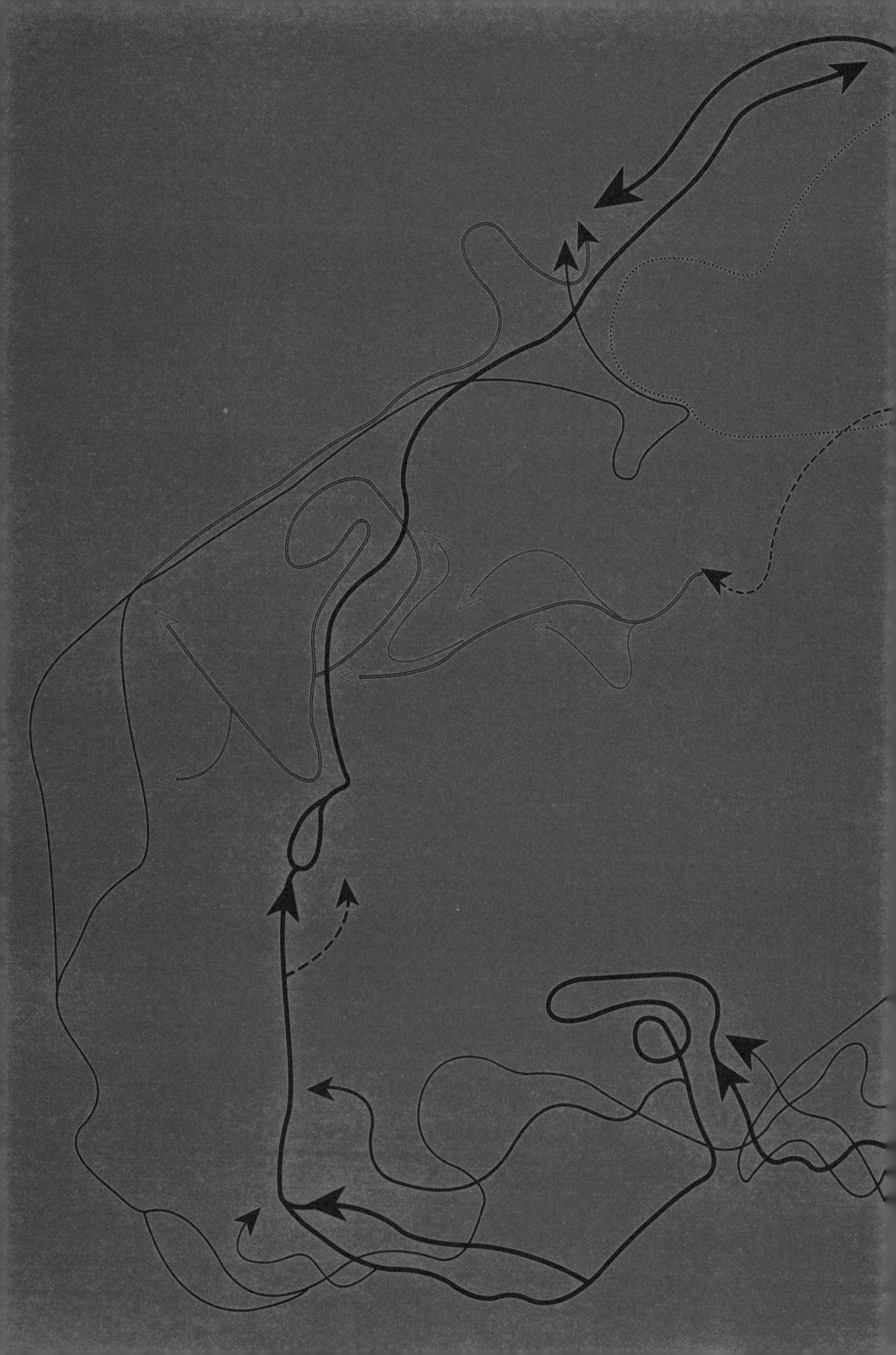

赤水河畔出奇兵

红军一渡赤水时遗留在战场上的手榴弹

遵义会议后,蒋介石集中近40万国民党军队,妄图将中央红军围歼于乌江西北、川黔边境地区。为粉碎敌人的图谋,实现遵义会议关于到川西或川西北创建革命根据地的战略目标,中共中央和中革军委决定渡过长江继续北上。中央红军在以青杠坡战斗为核心的土城战役中与国民党川军展开殊死一战,终因敌众我寡,决定改变北上行军路线,西渡赤水河。青杠坡战斗是遵义会议后中央红军的第一仗,直接关系着红军指战员的士气和红军的前途。在敌我力量悬殊、战斗形势不利的情况下,红军主动结束和撤出战斗,改变行军方向,揭开了四渡赤水的序幕,暂时脱离了敌人围追堵截的危险境地。收藏于中国国家博物馆的一枚遗留在战场上的手榴弹见证了青杠坡战斗的激烈和艰苦。

中央红军一渡赤水时遗留在土城青杠坡战场上的手榴弹

这枚中央红军一渡赤水时遗留在土城青杠坡战场上的手榴弹，高8.5厘米，铁质，由贵州省博物馆拨交给中国革命博物馆（今中国国家博物馆）。该手榴弹由中央苏区兵工厂制造，又被称为"苏维埃手雷"。手榴弹整体呈椭圆形，弹身铸有一枚五角星，内有镰刀、锤头图案，弹体设计为带棱角小块，爆炸时易于碎裂以增大杀伤面，是一种在投掷范围内具有较大杀伤力的武器。

最初红军的武器来源大多是战场上的作战缴获，随着中央革命根据地的发展和红军队伍的壮大，中共中央、中革军委决定组建中革军委兵工厂。受当时苏区经济发展水平和技术条件限制，手榴弹铸造较为粗糙，材质、大小、重量都不尽相同。早期生产的手榴弹多以生铁作为原料，由于战争中弹药的消耗猛增，使得生铁储备无法满足红军的作战需求。为此，中革军委发布《关于收集兵工材料的命令》，中华苏维埃共和国国民经济人民委员会发布《收买子弹、子弹壳、铜、锡、土硝、钢铁供军用的布告》，号召苏区群众支援兵工生产。因此，之后逐渐出现了用杂铜铸造的手榴弹。在中央红军长征前，兵工厂共为苏区红军配置4万多支步枪、40多万发子弹，修理2000多挺机枪、100余门迫击炮，并制造6万多枚手榴弹和5000多枚地雷。

收藏于中国国家博物馆的这枚手榴弹见证了中央红军一渡赤水时的硝烟。

1935年1月初中央红军进占遵义后，蒋介石针对红军可能的北渡长江与红四方面军会师或东出湘西与红二、六军团会合的行动方向，立即重新制定"围剿"战略部署，以湘军、鄂军各一部围攻红二、六军团，以川军、陕军各一部对付红四方面军，并集中中央军薛岳兵团周浑元、吴奇伟两个纵队共八个师，黔军王家烈部三个师以及川滇军大部、湘桂粤军一部共约40万兵力，妄图将中央红军围歼于乌江西北、川黔边境地区，而此时中央红军仅有3.7万余人。

为粉碎国民党军的图谋，实现遵义会议关于渡过长江到川西或川西北创建革命根据地的战略目标，中共中央和中革军委决定迅速脱离敌军重兵压境的遵义地区，北上渡江。

1月19日，中央红军离开遵义地区。20日，到达黔北重镇桐梓后，中革军委下达了《关于渡江的作战计划》，明确之后的行动方针是："由黔北地域经过川南渡江后转入新的地域，协同四方面军，由四川西北方面实行总的反攻，而以二、六军团在川、黔、湘、鄂之间活动，来牵制四川东南'会剿'之敌，配合此反攻，以粉碎敌人新的围攻，并争取四川赤化。"为实行上述基本方针，初步任务是：由松坎、桐梓、遵义地域迅速转移到赤水、土城及其附近地域，渡过赤水，夺取蓝田坝、大渡（口）、江安之线的各渡河点，以便迅速渡江；消灭和驱逐阻挡红军前进的黔军和川军，尽力迟滞和脱离尾追与侧击之敌；在尾追敌军迫近，威胁到红军渡赤水、渡长江的行动时，应集结兵力突击尾追敌军，消灭其一部或多部；在川军阻止红军北渡长江时，红军应暂留于川南地域进行战斗，并准备从叙州渡过金沙江。同日，中革军委电令中央红军各军团："迅速向赤水及其附近地域集中，以便争取渡过赤水的先机，在必要时并便于在赤水以东地域与追击和截击的敌人的一路进行决战。"在同时发给川陕甘边界的红四方面军和湘黔边界红二、六军团的电文中，令红四方面军主力向西线进攻，令红二、六军团积极活动，制造准备入川威胁长江交通的假象，以牵制和分散敌人兵力，配合中央红军的行动。

遵照中革军委的命令，中央红军一面放出"红军将攻綦江、重庆"的信息迷惑敌人，一面分成三路纵队，从松坎、桐梓、遵义地区向赤水方向疾进。1月24日，红一军团击溃黔军，进占土城，开始为夺取北上渡江的渡河点制定攻占赤水县城的作战计划。但此后，红一军团和红九军团相继在黄陂洞、箭滩等地遭遇川军猛烈阻击，占领赤水县城的计划受挫。

27日，中革军委纵队进驻土城，随即召开紧急会议。由于估计川军兵力不多，毛泽东提出建议，乘薛岳"追剿"军主力远在乌江南岸的有利时机，以红一、红九军团各一部阻击由赤水、习水南进的川军，掩护主力作战，相机夺取赤水县城。同时，集中红军优势兵力，以红三军团的三个师占领土城东北高地，以红五军团的两个师占领青杠坡北面高地，从南北夹击围歼川军，干部团在土城以东两公里的白马山作预备队，歼灭尾追之敌，以保障红军下一步顺利北渡长江。

土城，位于赤水河中游，是黔北的大道要冲，素有"川黔锁钥"之称，战略位置十分重要。青杠坡距土城约三公里，是土城东北面的天然屏障，主峰白马山与莲花山相望，由石高嘴与狗耳坳紧接，形成一个葫芦形的险要关隘，其间仅有一条坎坷不平的弯曲山道，成为两军必争之地。1935年1月下旬，得知红军到达土城的国民党四川军阀也尾追红军至土城以东地区，并盘踞在青杠坡周围的山顶上，依着山势构筑了许多大大小小的临时工事和碉堡，企图在此围歼中央红军。

28日清晨，毛泽东、周恩来、张云逸等从土城驻地出发，到设在后山大埂上的军委指挥部坐镇指挥。战斗打响后，红三、红五军团从土城外水狮坝分两路，向已进占枫村坝、青杠坡地区的川军发起猛烈进攻。在青杠坡不足两平方公里的葫芦形隘口，双方展开了一场生死之战。红三、红五军团的战士们不惧牺牲、勇猛冲杀，抢占了石高嘴对面的桐子窝、楠木山、猴子垭、老鹰石等阵地，川军则占据有利地势拼命抵抗。为争夺石高嘴、尖山、营盘顶等制高点，红军用大刀与川军拼杀，反复冲锋十余次，敌我双方伤亡都很大。在进行了3个多小时的激烈战斗后，形成对峙局面。

此时，川军潘佐旅和廖泽旅赶来增援，共计近万人的兵力。为了扭转战局，军委电令已经接近赤水县城的红一军团红二师火速赶到土城增援。朱德亲临红三军团前卫红四师桐子窝阵地指挥，刘伯承亲临红五军团尖山阵地指挥。在红二师尚未到达的两个小时里，战斗愈发激烈和残酷。川军凭借优良武器装备和依山修筑的坚固工事，很快转守为攻，突破红五军团阵地，并一步步向土城逼近，一直攻到军委指挥部的前沿阵地。山下就是赤水河，红军若不能抵挡川军的进攻，就会导致背水作战的严重危险局面。危急关头，毛泽东命令军委干部团发起冲锋。在团长陈赓、政委宋任穷的亲自率领下，干部团以猛烈攻势击溃川军的疯狂进攻。跑步前来增援的红二师随即参加战斗，继续反攻。红军控制了土城附近的主要山头，红军阵地得到巩固，但红军战士伤亡惨重，形势非常严峻。

中革军委召开紧急会议分析敌情：红军身后有郭勋祺、潘佐两个旅在青杠坡追击，前有章安平、达凤岗旅在复兴、旺隆场堵截，左有范子英旅由叙永至赤水，右有廖泽旅扑向土城，还有大量增援部队源源不断赶来。中革军委重新调整战斗部署：红一军团红二师正面出击，红三军团攻川军左翼，红五军团抄袭川军右翼，开始向青杠坡发起总攻。朱德亲临前线直接指挥作战，红军指战员备受鼓舞，士气大增。下午2时，红二师开始主攻永安寺的川军指挥所，川军借助地势设置了三层防卫火力，红军多次进攻未能成功。红二师随即改变战术，从两翼发动猛攻，正面佯攻后退，诱敌转向两侧防卫，然后突然抓住防线空隙直扑永安寺指挥所。面对弹药充足且熟悉地形的敌军，红军将士们毫不畏惧，他们在枪林弹雨间殊死拼杀，子弹、炮弹和手榴弹用完了，就与优势之敌进行激烈的肉搏战。一时间，呐喊声、厮杀声响彻山谷。战至黄昏，红军虽然攻占了川军永安寺指挥所，给敌人以重大杀伤，但是未能全歼敌军，自身损失也较为惨重。此时，敌军后续部队正从四面八方驰援而来：模范师第三旅廖泽部正扑向土城；教导师第二旅范子英部由古蔺向土城迂回堵截；赤水的第五师陈万仞部的两个旅及第一师徐国暄部也从西北向红军侧后攻击。红军在前有阻敌、后有追兵、敌众我寡的情况下，被困滞于长约70公里的狭长河谷地带不能进退，战斗如再打下去，红军将陷入背水一战的绝境。

由于进占赤水县城、北渡长江的计划未能实现，打掉尾追之敌的战斗亦未成功，且敌人兵力正不断增加，中央政治局和中革军委于28日晚召开紧急会议。鉴于敌情变化，毛泽东提出暂时放弃在赤水一线北上过长江的计划，以便甩开敌人。根据毛泽东的意见，会议果断改变由赤水北上渡江的计划，决定立即结束青杠坡战斗，以保存中央红军的实力，先西渡赤水河，再相机北渡长江。会议还决定，朱德、刘伯承仍留在前线指挥战斗，周恩来负责在29日天亮前于赤水河架好浮桥，陈云负责安置伤员和处理军委笨重物资。29日凌晨3时，中革军委下达《渡赤水河的行动部署》，命令"我野战军拟于29日拂晓前脱离接触之敌，西渡赤水河向古蔺南部前进"，要求"打得赢就打，打不赢就走"，并规定了各军团的行动路线和渡河点。

要西渡赤水河，能否架好浮桥是重中之重。赤水河，水流湍急，滩多浪大，河道曲折，素为天险。它蜿蜒400余公里，穿行于川、滇、黔三省边界的崇山峻岭之间，是黔北三大水系之一，因河流含沙量高、水色赤黄而得名。为确保中央红军迅速渡河，周恩来亲自带领参谋人员勘测架浮桥的地点，发动当地群众征集了大量门板、毛竹、绳索等架桥物资和船只，并一连三次到架桥地点督促指导。29日凌晨，红军终于在土城上下游各架起一座长约200米的轻便浮桥。与此同时，陈云带领卫生、供给部门相关人员，把全部红军伤员从战场上抢救下来，输送到当地老百姓家中妥善安置，又指挥各部把印刷机、X光机、重机枪、山炮等大部分辎重沉入赤水河底。与渡湘江时不同，红军此次渡赤水将大量笨拙的随军物品统统丢弃，保证了行军速度。

青杠坡战斗，中央红军损失较大，教训是深刻的。青杠坡战斗前估计的国民党军力量是2个旅4个团6000多人，而实际交战后是4个旅8个团10000余人，众寡悬殊，再加上国民党军占据有利地形，导致红军失利。中央红军到达扎西后迅速召开会议，毛泽东指出："这是一场拉锯战，消耗战。我军没有消灭川军，反而受到很大损失，不合算，也可以说是一场败仗。主要教训有三：一是敌情没有摸准，原来以为四个团，实际超出一倍多；二是轻敌，对刘湘的模范师战斗力估计太低了；三是分散了兵力，不该让一军团北上。我们要吸取这一仗的教训，今后力戒之！"

之后，中央红军分左、中、右三路纵队，从猿猴场、土城上下渡口等处西渡赤水河，向川南古蔺、叙永地区前进，即一渡赤水。一渡赤水是红军脱胎换骨的标志，尽管前期战场遭遇挫折，但毛泽东的军事理念已经重新占据红军指导思想的主流，这才成就了后来几十天里按照毛泽东的计划完成的二渡、三渡和四渡赤水，才有了红军在未能寻找到新的根据地的情况下赢得的战略主动。由此，中央红军开始了红军战争史上以少胜多、变被动为主动的光辉战例，也是毛泽东军事生涯中的"得意之笔"——四渡赤水。

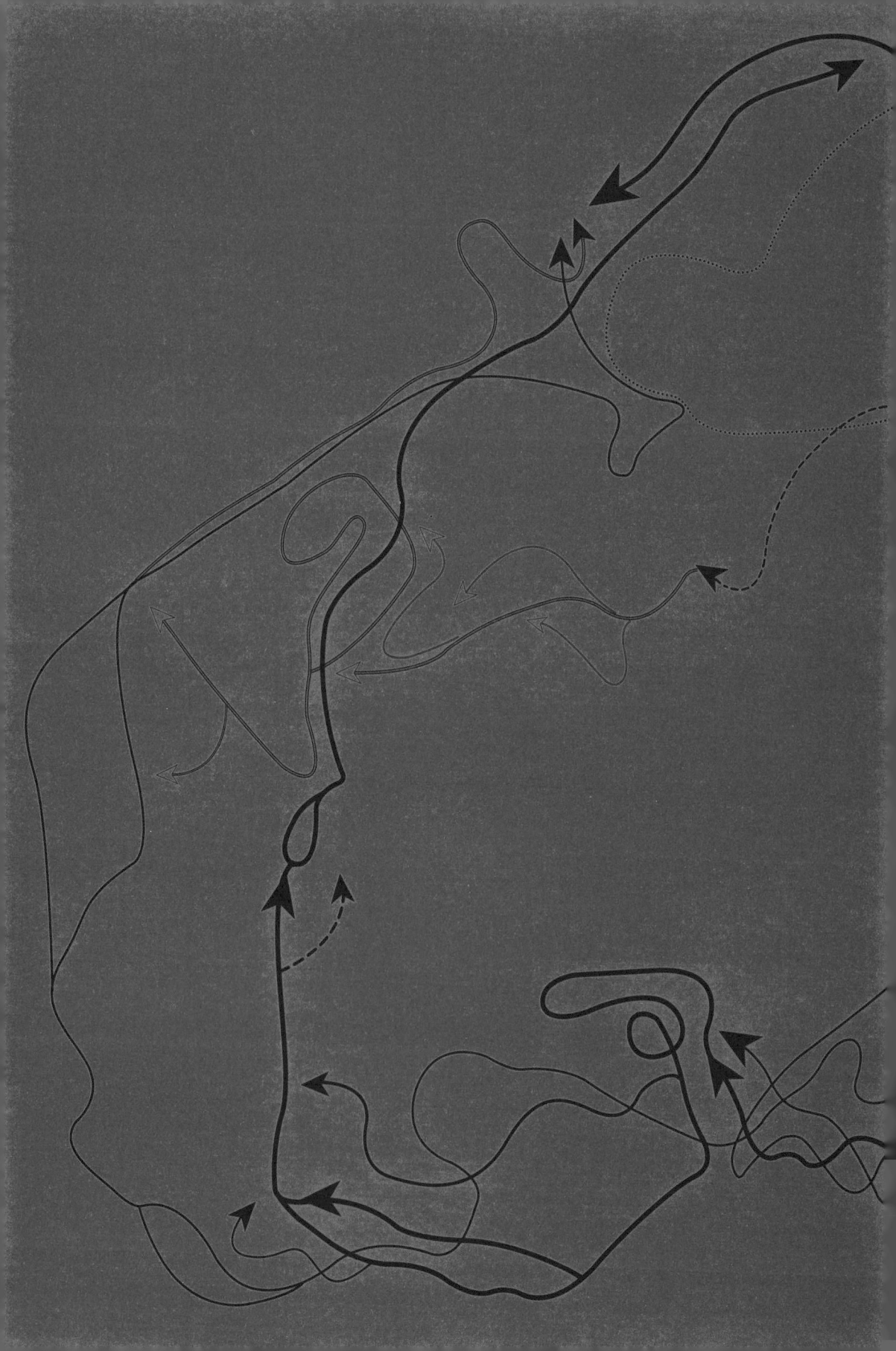

而今迈步从头越

娄山关战斗中缴获的皮背包

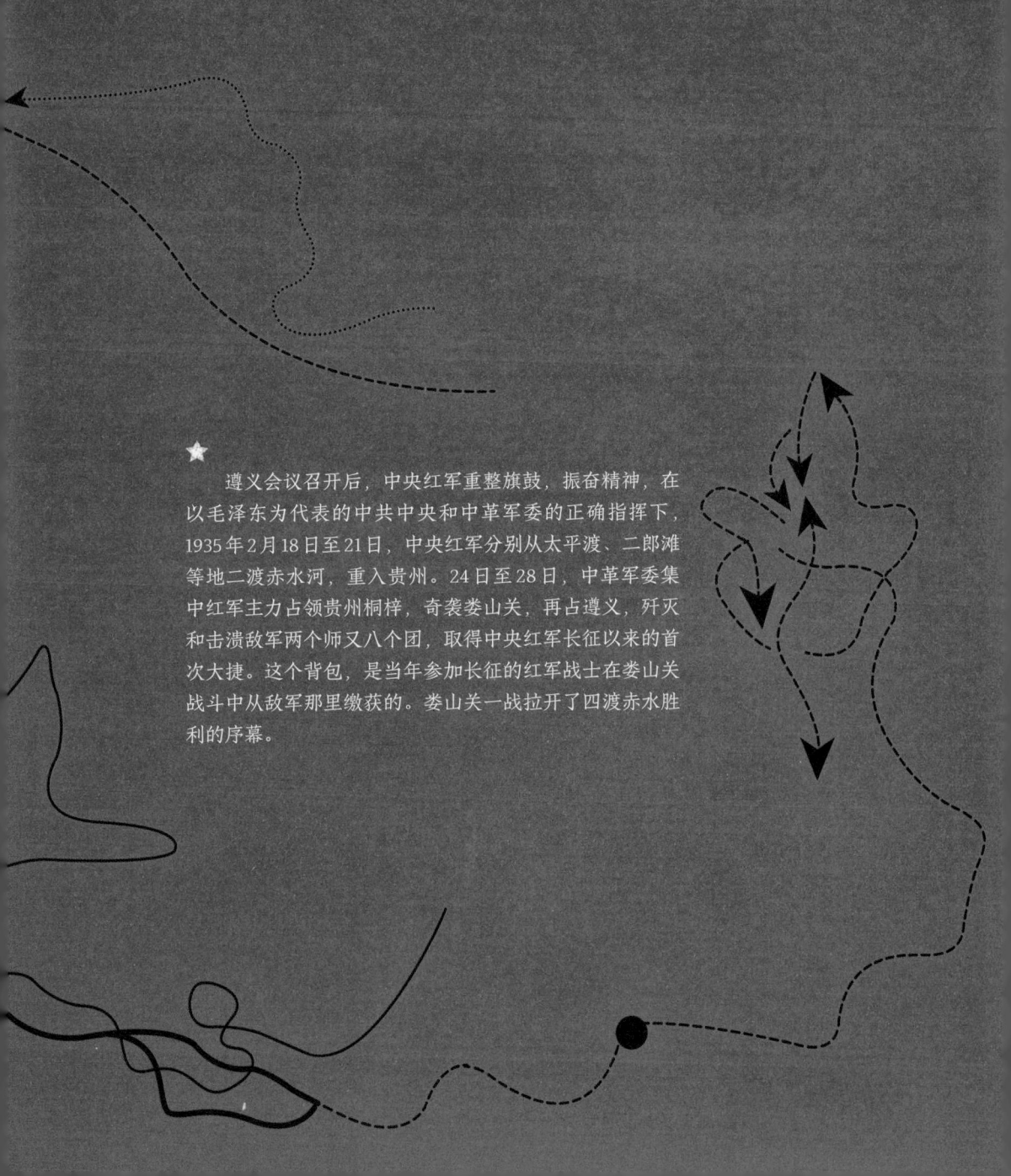

遵义会议召开后,中央红军重整旗鼓,振奋精神,在以毛泽东为代表的中共中央和中革军委的正确指挥下,1935年2月18日至21日,中央红军分别从太平渡、二郎滩等地二渡赤水河,重入贵州。24日至28日,中革军委集中红军主力占领贵州桐梓,奇袭娄山关,再占遵义,歼灭和击溃敌军两个师又八个团,取得中央红军长征以来的首次大捷。这个背包,是当年参加长征的红军战士在娄山关战斗中从敌军那里缴获的。娄山关一战拉开了四渡赤水胜利的序幕。

遵义会议后，中央红军挥师北上，在以毛泽东为代表的中国共产党人领导下，一反"左"倾教条主义领导人在军事指挥上的刻板做法，获得了新的生命力。在面对十倍于己的国民党军时，红军相机而动，四渡赤水，二占遵义，将敌兵拖得疲于奔命，而后一举南渡乌江，佯攻贵阳，奔袭云南，威逼昆明，巧渡金沙江，跳出了敌人的包围圈，实现了渡江北上的战略方针，取得了战略转移中具有决定意义的重大胜利。如果说四渡赤水是毛泽东军事生涯中的"得意之笔"，那么娄山关大捷则是四渡赤水的点睛之战，是中国工农红军长征中的转折之战，深远地改变了中国革命的未来。

一渡赤水之后，中央红军突然出现在川南，蒋介石在震惊之下，调集各路军队沿江设防，向中央红军进逼。面对敌军的优势兵力，中央红军原定在泸州、宜宾间北渡长江的计划难以实现。1935年2月7日，中共中央和中革军委决定暂缓渡江计划，命令全军迅速脱离川敌，向川滇黔三省交界处的扎西地区集中，转入短期休整，并在此对各军团进行了精简和缩编。当蒋介石发现中央红军在扎西镇集结后，紧急命令滇军孙渡纵队和川军潘文华部从南北两面迫近扎西，企图在长江以南、叙永以西、横江以东地区围歼中央红军。在此局势下，毛泽东等人认为自中央红军从遵义地区北上以后，敌军主力大部已被吸引到川滇黔边地区，黔北地区的防守兵力比较薄弱，遂于2月10日决定：回师东进，再渡赤水，重占遵义。

18日至21日，中央红军遵照中革军委的命令，分别从太平渡、二郎滩等地二渡赤水河。蒋介石认为红军北渡西行均遭阻拦，回师向东一定是去湘西与红二、六军团会合。他急令吴奇伟由贵阳驰援王家烈坚守遵义、娄山关，又令川敌尾追红军，并令何键注意在黔东防堵。此时，经扎西整编后的部队，士气高涨，红一军团为左纵队，军委、红五军团和红九军团主力为中央纵队，红三军团为右纵队，昼夜兼程向国民党军兵力比较薄弱的桐梓地区急进。24日晚，红一军团第一师第一团到达桐梓，趁黑夜展开攻城，守敌黔军向娄山关溃逃，红军再占桐梓城。

次日拂晓，红军先头部队从北向南对娄山关以南的黔军发动猛攻，决定再占娄山关，红三军团军团长彭德怀、政委杨尚昆奉命指挥一、三军团及干部团进攻娄山关。娄山关位于黔北大娄山脉中段，处遵义、桐梓两县交界，北拒巴蜀、南扼黔桂，自古就是兵家必争之地。其地势险要，周围重崖叠峰、峭壁绝立，峰峰如剑、直刺云霄，素有"一夫当关，万夫莫开"之说，被称为"黔北第一险隘"。担任此次主攻任务的是红三军团第十三团，团长为彭雪枫。彭雪枫，1907年出生于河南镇平，1926年9月加入中国共产党。1933年，彭雪枫任红三军团第四师政委，率部东征，进逼福州；在第五次反"围剿"中，参加了空前残酷的高虎垴、万年亭战斗，久经战争考验，战绩卓著。

彭雪枫在其回忆长征的文章《娄山关前后》中，详细描述了红一、三军团夺取娄山关的经过。他清楚地记得，尽管不断的行军已经让战士们疲惫不堪，但在宣传人员的鼓动下，十三团的红军战士们意气风发、士气高昂。"同志们！为了夺取遵义，必须占领娄山关！""潇水渡过去了！湘江走过了！乌江飞过了！苗岭爬过了！一个娄山关，同志们，飞不过吗？同志们，难道飞不过吗？""飞过去哟！飞过去哟！"一连人传过一连人地回答，大家好像都已经生了翅膀，踏步扬起的烟尘在原本静滞的空气中打着转儿弥散开来。大马路上，浩浩荡荡，人声鼎沸，这是向着娄山关进发的进行曲。"快走！后面的快走！一个跟一个！"大家相互催促着，向着娄山关疾驰。

25日上午9时，十三团的先头部队在进军途中与黔军刘鹤鸣团相遇，夺取娄山关的战斗打响了。"预期的遭遇战斗，是要夺取先机的。一向以敏捷迅速出名的第三营飞奔向左翼的高山，并不费事就抢了敌人企图占领的制高点。红色战士们在轻重机关枪火网之下钻到敌人的侧翼，光亮耀眼的刺刀，在敌人阵前像几千支箭飞过去了。"此时，敌师长柏辉章正派兵向娄山关右翼增援，并令刘鹤鸣"固守娄山关三日"以待增援。当时，"右翼的山，一律是悬崖绝壁；中间马路，被敌人火力封锁了；左翼的山，虽然无路，然而还可以爬"，因此决定"先派一个坚强而又机动的连，由最左翼迂回到娄山关之敌的侧右背。主力则夺取可以瞰制娄山关的'点金山'"。于是在强大火力掩护下，红十三团团长彭雪枫、政委苏振华率部发起佯攻，一营攀悬崖进攻制高点点金山。"无论如何要夺取娄山关！"这是自高级首长至普通战士的一致意志。战场上一时间喊杀声震天，枪炮声大作，冲锋队员端着刺刀跃入敌阵，经过激烈的肉搏战，终于将守敌击溃，控制了制高点点金山。

为了阻止红军，守关的敌军正在娄山关附近各要点紧急加修防御工事，准备拼死反扑。彭雪枫在回忆长征的文章中谈道，"将近黄昏，加以微雨，点金山的英雄们并未歇气就冲下去。疲乏、饥饿控制着每一个人，然而并未减少他们的勇气"。由于敌人有指挥官督战，面对红军的强攻，守关的敌人也异常顽强，一个个阵地在冲锋与反攻中频繁易主，双方展开拉锯战。擒贼先擒王，红军集合四五个特等射手，决定狙击敌军的指挥官，几声枪响后，敌人督战的指挥官应声而倒，守关的敌人也军心涣散。红军一鼓作气，连续攻占了娄山关两侧多座山头，完全突破了敌人的防线，终于在黄昏前控制了娄山关。

占领娄山关后，由于山上无处宿营，加之落雨，彭雪枫命一营在山上留守，部队主力则在娄山关下八九里处宿营。娄山关是遵义的门户，此关一失，遵义便无险可守，完全暴露在红军的枪口之下，黔军并不甘心就此失败。26日拂晓，娄山关上云雾密布，盘踞在关南的敌军组织兵力，乘着大雾开始反攻，激烈的交火声惊醒了在睡梦中的彭雪枫。情况紧急，彭雪枫命令在山下宿营的第三营快速上山，增援第一营。敌人攻势十分猛烈，但由于红军占据着有利地形，很快便打垮了对方的数次冲锋。就在红十三团跟王家烈的精锐第四团进行殊死搏斗的时候，敌军正在调动增援部队，准备从娄山关左侧背攻击守关的红军。在此千钧一发之时，红一、红二军团也已先后到达娄山关附近增援。主力部队在彭德怀、杨尚昆的指挥下，兵分几路击溃了敌军，战斗异常激烈，一直到下午5时，娄山关始终稳稳掌握在红军手中，敌军残部匆忙退回了遵义。中国国家博物馆收藏的这个背包正是红军战士从敌军那里缴获的。

傍晚时分，毛泽东、周恩来、朱德等策马登上娄山关，那时候，硝烟还没有散尽，战场也尚未打扫。在凛冽的寒风中，夕阳映着群山巨峰，娄山关显得更加巍峨险峻，毛泽东望着缓缓西沉的太阳，兴奋不已，即兴填词《忆秦娥·娄山关》：

西风烈，长空雁叫霜晨月。
霜晨月，马蹄声碎，喇叭声咽。
雄关漫道真如铁，而今迈步从头越。
从头越，苍山如海，残阳如血。

这是毛泽东在长征期间创作的重要诗词之一。娄山关战斗不是一场简单的战斗，也不是简单的胜利，红军置之死地而后生，履险如夷地从蒋介石的手掌心走了出来，扫除了自1934年10月长征开始后就一直盘旋在头顶的阴霾，成功扭转了红军战略被动地位，极大地增强了毛泽东和中国革命的信心。这一

红军在娄山关战斗中缴获的皮背包

战，证明了包括毛泽东在内的党和红军新的领导层的正确性，纠正和批判了单纯防御的军事路线，充分发挥了红军运动战的优势，机动灵活地消灭了敌人有生力量。正因为有娄山关大捷，才有四渡赤水这一最得意的神来之笔。

娄山关战斗的胜利为二占遵义奠定了基础。虽然经过连日行军和战斗，大家都又累又饿，但谁也没有觉得疲劳，红三军团一路吼叫着、欢笑着，以雷霆之势从娄山关上一泻而下，在浓重的夜色中，与红一军团一同向遵义方向迅速追击。2月27日黄昏，红一、红三军团分别发起攻城战斗，经过一个多小时的激战，红军突入遵义新城。次日清晨，红三军团经过三四个小时的激战，重占遵义城，并控制了城南的红花岗、老鸦山一线高地。至此，经过连续5天激战，红军击溃和歼灭了国民党军两个师又八个团，俘敌近3000人，缴各种枪2000余支，取得了长征以来最大的一次胜利。连蒋介石也不得不哀叹，这是"国军追击以来的奇耻大辱"。

遵义战役的胜利，迫使蒋介石重新调整战略部署，匆忙调动重兵，亲自指挥，企图围歼中央红军于遵义、鸭溪这一狭小地区。由于蒋介石继续采用碉堡推进、步步为营之策，因此红军屡次攻击未能奏效。此时，毛泽东即将计就计，佯装在遵义地区徘徊寻战，以引诱更多的国民党军前来围攻。当各路敌军纷纷逼近，集中在川黔滇边区时，毛泽东决定再次实行声东击西、调虎离山之计，命令中央红军由茅台地区西渡赤水河，以调动国民党军，寻求新的战机。红军处处主动，生龙活虎，左右敌人。3月16日至17日，红军遵照指令转兵西进，三渡赤水河，向古蔺、叙永方向前进，再次摆出北渡入川姿态，这一次红军仅仅使用一个渡口，而且是大摇大摆地日渡，生怕引不起国民党的关注——而这恰恰是毛泽东的意图。蒋介石见此情景，判断红军又要北渡长江，急令川、黔、湘部队和中央军主力进逼川南。当各路敌军向川南疾进而尚未形成包围圈之际，毛泽东当机立断，决定折回向东，夺取战略主动权。中央红军以红一军团一个团伪装主力，由铁厂、两河口地区大张旗鼓地向古蔺前进，引诱国民党军西进，掩护红军主力东渡赤水河；主力由镇龙山以东地区突然折向东北，21日至22日，经二郎滩、九溪口、太平渡四渡赤水河，重返黔境，把敌人重兵甩在赤水河西岸。全军迅速向南疾进，31日，分路南渡乌江。至此，中央红军在毛泽东等正确指挥下，巧妙地跳出了蒋介石苦心设计的在乌江以北、川黔边境地区消灭红军的包围圈，将几十万国民党军甩在了乌江以北地区。

红军战士在战斗中缴获的这个牛皮背包是四渡赤水时的一件重要见证物。有意思的是，南渡乌江之后，中央红军进入云南，向金沙江直进。5月1日，中央红军左纵队先头部队红一军团第二师第四团向禄劝、武定、元谋疾进。为了争取时间，他们将三个连化装成国民党的中央军，由他们作先导，分两路进发。据陈云描述："红军们头戴钢盔，上穿四兜上装，下着马裤，腰缠精致皮带，裹腿整齐。每人都挂着一只从蒋军那里缴获的皮包……"禄劝守城县长不辨真假，敲锣打鼓将红军迎入城内，热情款待，并交出了国民党云南省政府交办的全部军粮款。随后，红四团其他部队用此法轻取武定、元谋两座县城，直趋金沙江畔。

经历战火烽烟，如今我们见到这个牛皮背包，仿佛亲历了当年的那场战斗。20世纪五六十年代，中国革命博物馆开始在全国范围内广泛征集革命文物。1964年，兰州军区政治部所征集的这个皮包，被拨交到中国革命博物馆。

"雄关漫道真如铁，而今迈步从头越。"毛主席的这首词，让人们深深地记住了娄山关战斗，记住了遵义战役，也记住了至今为人赞叹的四渡赤水。四渡赤水是一次光辉的运动战，也是中国工农红军战争史上以少胜多、变被动为主动的经典战例。毛泽东充分利用敌人的矛盾，发扬红军运动战的优长，实行机动灵活的战略战术，根据情况的变化，适时变换作战方向，迂回穿插于敌人重兵间，声东击西，避实击虚，粉碎了敌人围歼中央红军于川黔滇边境的计划，实现了渡江北上的战略方针，取得了战略转移中具有决定意义的重大胜利。美国作家哈里森·索尔兹伯里在所著的《长征：前所未闻的故事》中写道："长征是独一无二的，长征是无与伦比的。而四渡赤水又是长征史上最光彩神奇的篇章。"

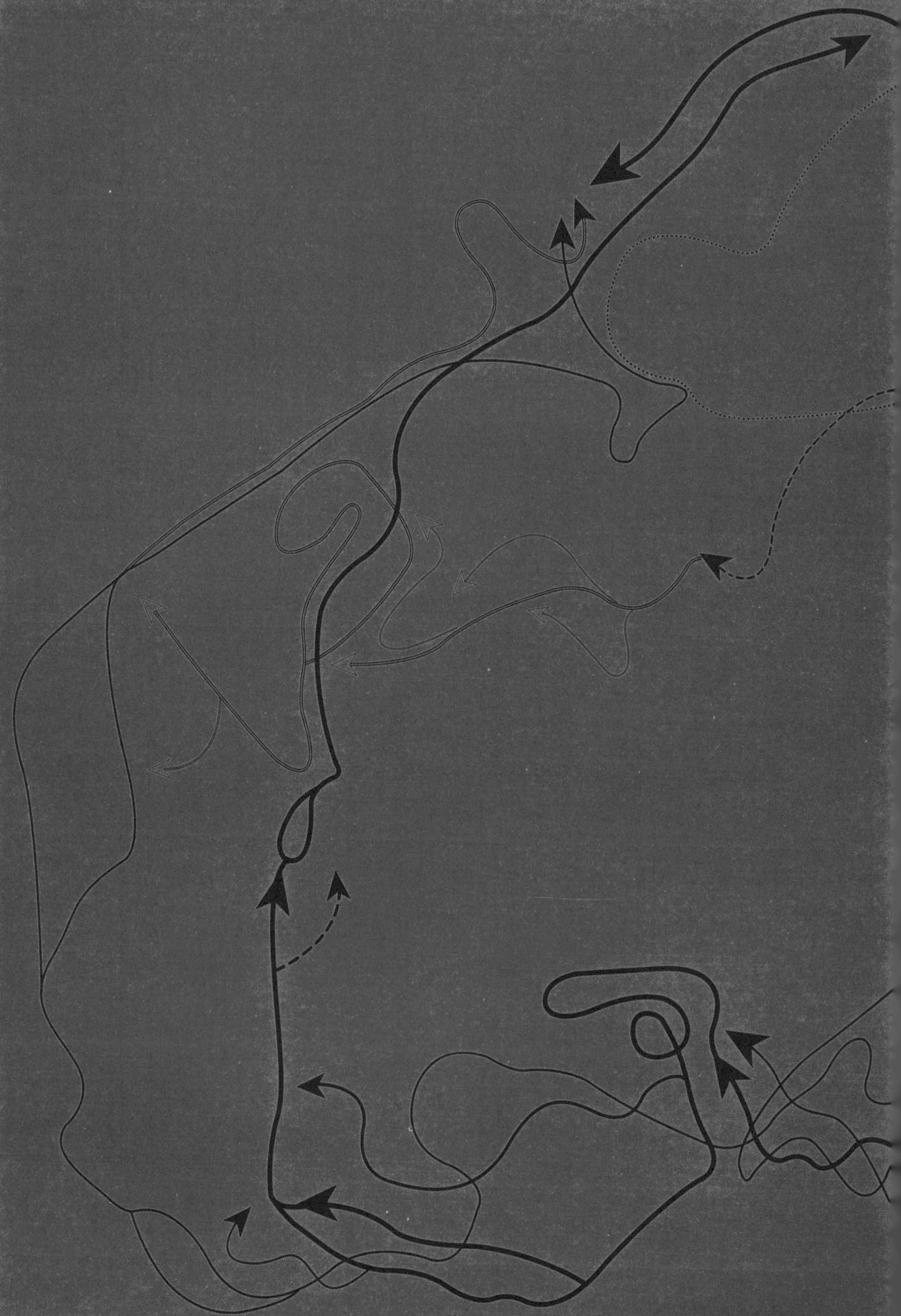

惜别川陕赴征程

红四方面军长征前留下的布币

为了配合中央红军在川黔滇边的作战，1935年3月至4月间，红四方面军发起嘉陵江战役，取得胜利，粉碎了敌人"川陕会剿"的计划。但是，张国焘决定放弃川陕根据地，撤离留守根据地的部队、地方武装和后方机关，红四方面军走上了漫漫长征路。这张川陕苏区布币的主人是红四方面军12岁的"红小鬼"杨世才。红四方面军离开川陕根据地前，他将布币留给母亲作为路费使用。母亲将它当作对儿子的思念，一留就是15年。它见证了苏区人民对党的事业的伟大奉献，见证了红四方面军长征岁月中的苦难与辉煌。

红四方面军战士杨世才长征前留给母亲的川陕苏区布币

中国国家博物馆收藏有一张川陕苏区布币，他的主人是红四方面军的小战士杨世才。布币形制为长方形，纵15.5厘米，横8.5厘米，上方印着"全世界无产阶级联合起来""川陕省苏维埃政府工农银行"等字样。布币的中间是一个由锤子、镰刀、五角星以及举起的拳头组成的图案。图案的下方，印着这张布币的币值"叁串"。布币的最下端，印有"一九三三"字样。这张布币票面的底纹为两行阴文美术字"增加工农生产"和"发展社会经济"。布币背面为两行阳文美术字，左侧是"发展社会经济"，右为"增加工农生产"，中间印有一个齿轮，齿轮的中间是阿拉伯数字"3"。

这种在川陕苏区流通的货币，是用当地织布厂生产的粗布料制作的，当时称作"红军票"。如今，布币上有明显的水渍，颜色也已泛黄，但它得以保存流传的感人故事，让我们重温了红四方面军在川陕根据地浴血奋战的革命历程，以及一位红军小战士离开家乡走上长征道路的不凡经历。

红四方面军，是中国共产党领导的主力红军之一，诞生于鄂豫皖三省交界的大别山，1931年11月正式成立，由徐向前任总指挥，陈昌浩任政治委员。1932年12月，由于"左"倾错误，红四方面军在第四次反"围剿"作战中失利，在中共鄂豫皖中央分局书记、军分会主席张国焘的领导下，主力离开鄂豫皖革命根据地西征。

为了防止红四方面军这个心头"大患"，蒋介石与四川军阀再次开始谋划新一轮的"围剿"行动——"川陕会剿"。但同时，红四方面军的境况也不太乐观，苏区物力、财力都到了枯竭的地步。徐向前回忆当时的情况时说："10个月的反六路围攻，固然以我军的胜利和敌人的失败而告终，但川陕根据地的元气，却受到了严重损伤。我们的面前，废墟一片，困难重重。"

为打破敌人"川陕会剿"，红四方面军制定了以依托老区，收缩战线，发展新区，重点夺取甘南地区为目标的"川陕甘计划"。1935年1月22日至30日，红四方面军集中18个团的兵力，发起广（元）昭（化）战役，歼灭了胡宗南部一部。广昭战役打响当天，红四方面军接到中共中央来电，来电指示"你们宜迅速集结部队，完成进攻准备，于最近时期，实行向嘉陵江川西进攻"，策应中央红军渡江北进。接到中央的来电后，红四方面军认为，如果不是形势紧迫，中央不会作出这样的决定，因而决定集中主力西渡嘉陵江，策应中央红军。

为找到嘉陵江的合适突破口，徐向前沿江勘察敌情。他发现，苍溪南段塔子山对岸的敌军布防相对薄弱，且山高峻陡峭，树林茂密，既有利于火力压制对岸，又便于部队隐蔽集结，就将塔子山定为渡江战役的主要突破口。为保证渡江成功，红军专门设立了直属水兵连，并在距苍溪县城20公里的王渡场赶造75只造身形轻巧的"毛蚌壳"船（也叫"五板子"船），每船可以容纳一个班的战士。水兵连充分利用王渡河滩与渡江作战时的主渡口相似的地形地貌，在东河（嘉陵江的上源河）上进行"上下船的动作""军人渡河的动作""架桥的动作"等严格的训练。

从1935年2月3日开始，红四方面军发起陕南战役，2月中旬回师川北，之后进行了仪陇、苍溪战斗，控制了除阆中城外，北起广元、南至南部城的嘉陵江东岸。此时的红四方面军气势如虹，时刻准备着投入渡江战斗。

3月28日夜，强渡嘉陵江战役正式打响。在塔子山上的几十门大炮和轻重机枪的火力掩护下，战士们乘坐"毛蚌壳"船率先在杜里坝偷袭成功，并在第二天早上控制了整个江岸，与此同时，另外两支部队在鸳溪石锣锅和苍溪、阆中交界的涧溪口分别奇袭成功。到29日，三路红军以迅雷不及掩耳之势全部胜利渡江。

强渡嘉陵江胜利之后，4月2日，徐向前亲自率领红三十一军进抵剑门关，对剑门关形成东、西、南三面包围之势。剑门关是敌军联结江防的要塞，这里明碉暗堡密布，驻扎有3个团，敌人洋洋得意地称此关固若金汤，"红军插翅亦难飞过"。4月2日中午，红四方面军副总指挥王树声率部队发起攻击，4个主力团的兵力在迫击炮和重机枪掩护下，同时从三面猛攻，交战极为惨烈，红军最终撕开敌军防线，一举夺下了剑门关。

攻克剑门关后，红四方面军各部连成一线，逐步控制了东起嘉陵江，西至北川，南起梓潼，北抵青川，纵横二三百里的广大地区。此时期，红四方面军不仅从敌人手上缴获了大批武器弹药，而且取得了许多粮食与物资，大批青年踊跃报名参加红军，大大增强了部队战斗力。

红四方面军强渡嘉陵江后的第一个战略目标是建立川陕甘根据地。当时，虽然川军唐式遵部占领了旺苍坝、苍溪等地。但是，胡宗南部和刘湘部都来不及赶到，红四方面军实行"川陕甘计划"十分有利。然而，张国焘对此作战计划一直犹豫不决，最终丧失了北进甘南的战机。随着敌人集结完成，张国焘决定放弃川陕根据地，西进岷江地区。

4月中旬，尚留在川陕根据地的红四方面军、地方武装和后方机关开始大规模撤离。红四方面军撤离川陕根据地时，部队已由入川时的4个师1.5万人发展到5个军8万余人。此次撤离属于搬家式撤离，除正规部队外，加上川陕革命根据地撤出的党政机关人员，总计不下10万之众。在撤离的红军当中，有许多新加入的苏区子弟，他们也将离开家乡踏上新的征程。亲人们有的来送行，也有的尾随着红军，要跟着红军一起走。

中国国家博物馆收藏的川陕苏区布币的主人杨世才也在撤离的队伍当中，离开苏区的那年，他才12岁。当听说红四方面军要撤离川陕革命根据地时，杨世才的母亲来到部队看望他，劝儿子跟她回家。但杨世才拒绝了母亲的要求，他坚定地对母亲说："我要革命到底，坚决不跟你回去。"看到儿子决心已定，杨世才的母亲也就没有勉强。临走的时候，杨世才把一张在革命根据地使用的"叁串"布币交给母亲，让她当作回家用的路费。

1935年4月下旬，蒋介石为防止红四方面军在嘉陵江与涪江之间建立新的苏区，并阻止红一、四方面军会合，决定派刘湘、邓锡侯和胡宗南的部队对红四方面军实行南北夹击。为打破敌人的合围和策应中央红军北上，红四方面军在江油附近召开了高级干部军事会议。会议提出了占领北川、茂县、理县、松潘一带地区，背靠西康作立足点的计划。全军指战员得知建立川西北根据地、迎接中央红军的计划，个个士气高昂。

5月初，红四方面军准备向岷江以西地区实行战略退却。西进岷江地区，需经过北川、土门所在的一条狭长走廊，川军邓锡侯在这里设置了三道防线，陈兵约3万人。徐向前亲临前线指挥，发起土门战役。5月15日下午，红军分两路攻取了土门险关。徐向前和总指挥部驻扎土门，指挥部队掩护后续部队和党政机关通过北川峡谷。川陕根据地撤出的兵工厂、被服厂、造船队、医院等组织，携带着机器、粮食、担架等物资，队伍相当庞大，走了几天，才转移完毕。

15日当天，红军还占领了茂县。茂县是川西北羌族聚居的地区。红军到来后，尊重民族信仰，宣布取消苛捐杂税，有不少羌族青年参加了红军。随后，红四方面军控制了文镇关、雁门关、威州等要点，占领理番，由北进至松潘、平武以南的镇江关、片口等地。

在红四方面军进入松理茂地区时，中央红军已进入川康边，正经会理、冕宁向北进军，两军会合在望。5月12日，中央在会理召开政治局扩大会议，决定"立即北上，同红四方面军会合"。与此同时，红四方面军领导人也判定红一方面军即将翻越夹金山，会师指日可待，便确定由三十军政委李先念率领5个团组成的接应部队前往懋功一带，迎接红一方面军。6月8日，中共中央和中革军委发布指示：我军基本任务是用一切努力不顾一切困难取得与四方面军直接会合。当日，中央红军占领芦山，接着翻越了第一座大雪山——夹金山，向懋功前进。

1935年6月12日，在中国工农红军长征史上是一个非常重要的日子，红四方面军终于迎来了盼望已久的亲人。红一方面军先头部队红一军团第二师第四团在夹金山、达维之间与红四方面军第九军第二十五师第七十四团胜利会师。指战员们犹如久别重逢的兄弟，相互握手、拥抱、欢呼，沉浸在一片喜悦之中。

在当晚的庆祝大会上，大家齐唱了陆定一依据《二次全苏大会歌》的曲调填写的《两大主力红军会师歌》，其中唱道："经历八省险阻与山河，铁的意志，血的牺牲，换得伟大的会合。为着奠定中国革命巩固的基础，唉！为着奠定中国革命巩固的基础，高举红旗向前进。"其唱词充分表达了两军指战员的喜悦心情和争取更大胜利的决心。对于红一、四方面军的会师，6月15日的《红星》报以《伟大的会合》为题专门发表社论，称会师"是历史上空前伟大的事件，是决定中国苏维埃运动今后发展的事件"。

6月18日，中央红军大部队到达懋功。此时，红四方面军足足有8万人马，而红一方面军经过长途跋涉，只剩下了2万多人。在大部队到来前，红四方面军为欢迎中央红军，做干粮、腌腊肉、编草鞋，积极地准备了物资。两支部队的红军战士紧紧地拥抱在一起，庆祝胜利的口号喊得震天响。晚上，总政治部召开了干部联欢会，红五军团表演了喜剧《烂草鞋》，讽刺蒋介石数十万大军跟在红军后面，却只拾得无数烂草鞋。红军指战员们看到这个喜剧，把肚皮都笑痛了。

也在同一天，红四方面军三十军政委李先念在天主教堂的东厢房向毛泽东、周恩来、朱德、张闻天等领导同志汇报了岷江、嘉陵江地区环境和人民群众生活情况，他激动的心情溢于言表。"过去两支红军独立作战，现在会合了。这样我们的力量更大了。"毛泽东的话让他和所有的红四方面军战士都充满了必胜的信心。

红四方面军强渡嘉陵江，离开川陕根据地后，当地的百姓为纪念红军，很多人悄悄藏起了红军的物品。跟随红四方面军离开家乡的小战士杨世才的母亲，也时刻思念着儿子。她没舍得用掉布币，而是把它秘密地保留下来。为了防止被敌人发现，布币被藏在家中茅草房墙缝里的竹筒中。1950年12月，已忘记家乡确切地址的杨世才通过多方打听，辗转找到了故乡。母亲将布币取出交还给儿子，作为他在川陕苏区参加革命的珍贵纪念。1975年10月，中国革命历史博物馆举办纪念红军长征胜利的展览，杨世才参观了展览，并将饱含着母子深情的川陕苏区布币捐赠给博物馆。

红四方面军中像杨世才这样的十几岁的"红小鬼"不在少数。这些如今在我们看来还是孩子的少年们，有着超乎其年龄的勇敢和坚强。他们有的负责照顾伤员，有的担当小号手或是宣传员，有的拿起武器浴血奋战。他们在风雨如磐的长征路上逐渐成长为信仰坚定、英勇顽强的红军战士，为长征的胜利作出了自己的贡献。

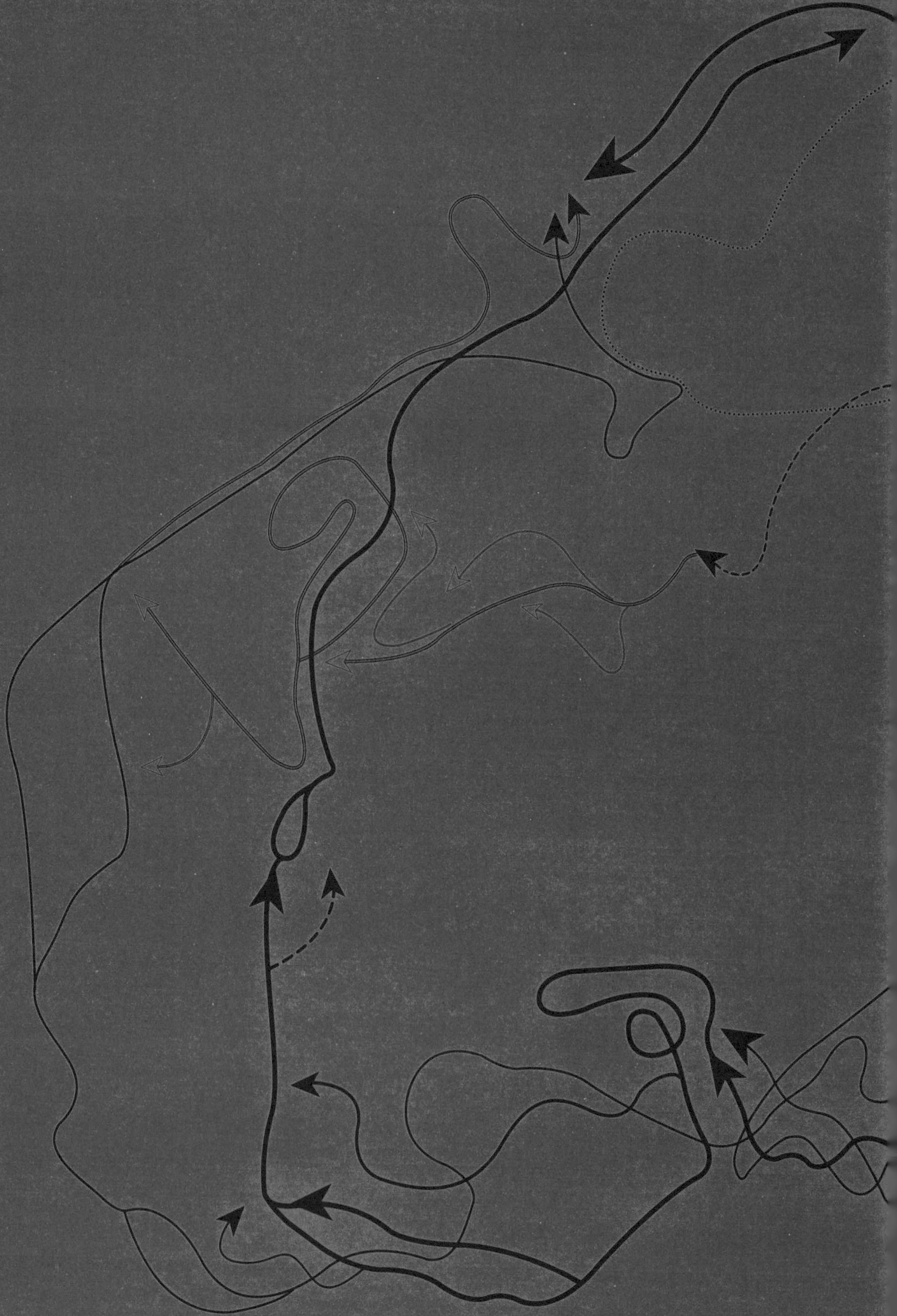

保卫湘鄂川黔根据地

红二、六军团在陈家河战斗中缴获的勃朗宁手枪和子弹

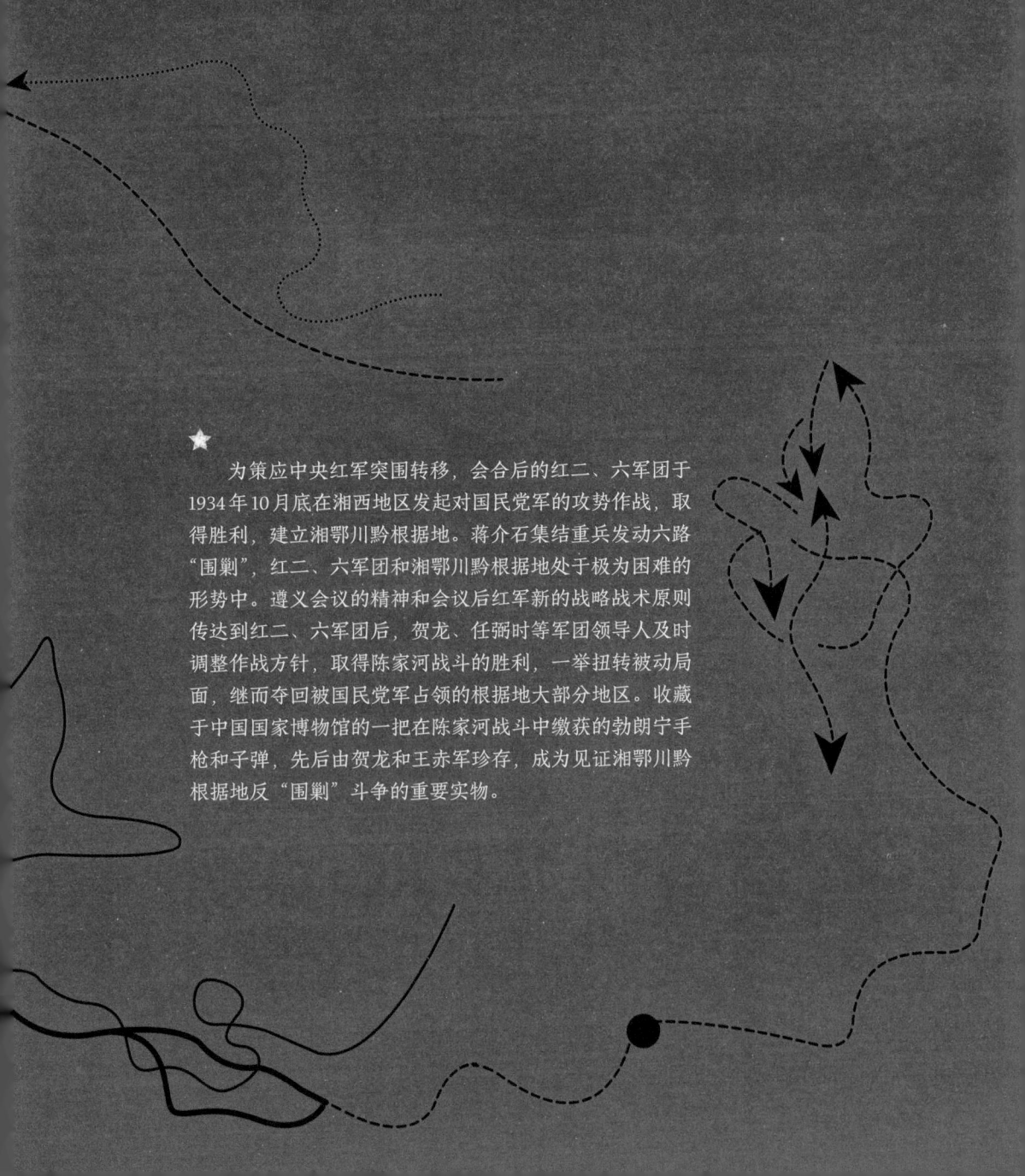

为策应中央红军突围转移，会合后的红二、六军团于1934年10月底在湘西地区发起对国民党军的攻势作战，取得胜利，建立湘鄂川黔根据地。蒋介石集结重兵发动六路"围剿"，红二、六军团和湘鄂川黔根据地处于极为困难的形势中。遵义会议的精神和会议后红军新的战略战术原则传达到红二、六军团后，贺龙、任弼时等军团领导人及时调整作战方针，取得陈家河战斗的胜利，一举扭转被动局面，继而夺回被国民党军占领的根据地大部分地区。收藏于中国国家博物馆的一把在陈家河战斗中缴获的勃朗宁手枪和子弹，先后由贺龙和王赤军珍存，成为见证湘鄂川黔根据地反"围剿"斗争的重要实物。

这把手枪和五颗子弹是1935年4月，贺龙率部在湘西桑植县的陈家河战斗中缴获的。手枪长约10.5厘米，子弹高约2.1厘米，型号为勃朗宁M1906式袖珍手枪，由比利时FN公司于1906年正式投产。它的体积只有一包香烟大小，比成年男性的手掌还要短，紧急情况下在衣袋内即可直接射击，故被称为"四寸勃朗宁小手枪"或"掌心雷"。贺龙非常喜爱这把枪，一直将它带在身边，后赠送给他的爱将王赤军。

王赤军，14岁加入中国共产党，红六军团西征期间担任侦察科长，后任红六军团第十七师第四十九团政治委员、红二军团第六军第十七师政治部主任等职。1935年11月，王赤军随贺龙率领的红六军团踏上远征之路，成为贺龙手下的得力干将。1936年8月，当部队行进至四川包座时，王赤军调任第十七师政治部主任。临行前，贺龙将此枪和子弹赠与他留作纪念，勉励他永远发扬红军长征的伟大精神。王赤军非常珍视这把枪，一直妥善保存，舍不得使用，还从自己随身的米袋上剪下一小块布，缝制了一个小布袋，专门存放子弹。

1962年7月，王赤军将此枪和子弹捐赠给中国革命博物馆，作为红二、六军团在遵义会议后取得的第一个重大胜利——陈家河战斗胜利的重要见证。

1934年10月，红二、六军团会师后，为完成策应中央红军行动的战略任务，军团主力挥师北上，向湘西的永顺、桑植地区进发。11月至12月，红二、六军团在湘西北地区接连发动一系列对国民党军的作战行动，取得了重要胜利，消灭了敌人大量有生力量，部分打乱了蒋介石的作战部署，有力配合了中央红军在湘黔地区的行动，同时打开了湘鄂川黔边区革命斗争的新局面，为新革命根据地的开辟创造了有利条件。12月16日，湘鄂川黔边临时省委作出

保卫湘鄂川黔根据地——红二、六军团在陈家河战斗中缴获的勃朗宁手枪和子弹

红二、六军团在陈家河战斗中缴获的勃朗宁手枪和子弹

《创造湘鄂川黔边苏维埃新根据地任务决议》。在省委领导下,红军部队和地方干部广泛发动群众、开展土地革命、组织地方武装、扩大红军力量、加强党的建设、保护发展经济,到1935年1月,湘鄂川黔根据地初具规模。

红二、六军团在湘西攻势中的胜利和湘鄂川黔根据地的建立使蒋介石坐卧不安,急忙纠集兵力发动"围剿",先后集中"追剿"军总司令何键所部的陶广、李云杰、李觉三个纵队及陈渠珍新编第三十四师,湘鄂川边区"剿匪"军总司令徐源泉所部的四个纵队,共11个师又4个旅,合计81个团约11万人的兵力,并配有两队战斗飞机,分六路向湘鄂川黔根据地分进合击。1月23日,何键、徐源泉经过一番讨价还价后,商定"协剿"计划。

此时,经过休整和扩充的红二、六军团,虽然人数近1.2万人,但同敌人的进攻兵力比较起来,相差悬殊,形势非常严峻。红二、六军团的领导人召开会议,讨论反"围剿"作战计划,贺龙提出红军主力应充分利用敌人内部派系倾轧、指挥不统一以及敌人包围圈空隙大、后方空虚等弱点,突入敌人侧后方活动,大范围调动敌人,迫使敌人同红军主力进行运动战,以粉碎敌人"围剿"。但是,贺龙的正确主张没有得到与会多数人的同意。经过集体讨论,最后确定正面迎敌的作战方针,从而导致反"围剿"初期作战的失利。

1935年2月8日,敌人的"围剿"进攻开始。敌军采取步步为营的战术,红军却正面迎堵,仓促应战,结果自身损失很大,也未取得有效战果,红二、六军团主力转移至永顺、大庸交界地区。11日,遵义会议后的中共中央和中革军委电示红二、六军团:"你们应利用湘鄂敌人指挥上的不统一与何键部的疲惫,于敌人离开堡垒前进时,集结红军主力,选择敌人弱点,不失时机,在运动战中各个击破之。总的方针是决战防御而不是单纯防御,是运动战而不是阵地战。辅助力量是游击队与群众武装的活动,对敌人采取疲惫、迷惑、引诱、欺骗等方法,造成有利于作战的条件","你们主要活动地区是湘西及鄂西，次是川黔一部。当必要时，主力红军可以突破敌人的围攻线，向川黔广大地区活动，甚至渡过乌江。但须在斗争确实不利时，方才采取此种步骤"。电报中还明确指示："为建立军事上的集体领导，应组织革命军事委员会的分会，以贺、任、关、夏、肖［萧］、王为委员，贺为主席，讨论战略战术的原则问题及红军的行动方针。"中共中央的指示体现了遵义会议后红军新的战略战术原则，坚定了红二、六军团在根据地反对敌人"围剿"的决心，但由于当时遵义会议的精神还没有传达到湘鄂川黔根据地，因而，对这个指示一时还难以领会，红二、六军团在作战中仍采用了以正面去迎堵敌人的消极防御方针。

经过一个多月的艰苦作战，红二、六军团虽然给国民党军一定的打击，但是未能阻止其进攻，自身也有较大损失，已减员至9000余人。国民党参与"围剿"的各支部队逐渐逼近根据地中心区域，红军被压缩到狭小地区，回旋余地越来越小，根据地处境非常困难。在此情况下，湘鄂川黔边临时省委和革命军事委员会分会于3月22日致电中共中央和中革军委，报告了红二、六军团下一步的行动方案：力争在原地区坚持与国民党军作战，打破敌之"围剿"；如果形势继续恶化，红二、六军团将被迫撤离湘鄂川黔根据地，实施战略转移，北渡长江，到湖北西部的南漳、兴山、远安一带开辟新的根据地。4月5日，中共中央书记处电报指示："目前，你们那里胜利还是存在着的，仍应尽力在原有地区争取胜利。至于现在提出以后可能转移地区的前途问题，我们认为是适当的。如果渡江对于你们不成一个困难问题时，我们可同意你们渡江的意图，但这只是你们认为在原地区不利于作战，且红军主力非转移地区不足以保持有生力量时，才可实行。"而在电文一来一往之间，3月22日桑植失守，4月10日永顺陷落，湘鄂川黔边临时省委和革命军事委员会分会研究决定：立即转移到外线，从敌人侧翼后方坚决突击来击破敌人对红军的包围和封锁，力争继续留在长江以南坚持开展运动战、游击战。

4月12日，红二、六军团主力有秩序地撤离，开始向北转移，计划经过陈家河、仓官峪等地，北渡长江去鄂西。国民党鄂军纵队司令兼五十八师师长陈耀汉急令其第一七二旅由桑植出发，沿澧水西进，并限于12日进抵两河口、陈家河地区；第一七四旅开往陈家河转向万民岗地区；陈耀汉则亲率师直属队到周家峪，居中策应，企图与西面的张振汉纵队打通联系，截击向北机动的红军。12日下午，红二、六军团先头部队在陈家河地区消灭了敌军一个警戒分队，并迅速抢占了附近高地。

陈家河是个小集镇，位于桑植县城以西30公里处，在澧水东岸，周围高山环绕，有小径通往仓官峪，是红军向北转移的必经之路。红二、六军团从俘虏口中了解了敌人的具体部署，得知国民党军第五十八师只有第一七二旅刚进到陈家河一带不久，其他部队还远在桑植，从桑植通往陈家河只有一条悬绕于山腰、下临深谷的乱石小径，敌人增援和撤退都很困难，且第一七二旅的兵力分布较为分散，防御工事尚未修筑完成。

贺龙等军团领导人对当时的形势进行了细致分析，一致认为孤军深入、不善于山岳地区作战的第一七二旅仓促冒进，部署比较分散，还没有形成战斗力，而红二、六军团的11个团都集中在一起，整体力量大大超过敌人，并且控制了部分高地，利于展开兵力和火力。特别是广大红军指战员斗志非常高涨，作战愿望非常强烈，希望打一个大胜仗，进而争取反"围剿"的胜利，以保卫艰苦创建的湘鄂川黔根据地。因此，军委分会主席贺龙决定抓住这个有利战机，对第一七二旅发动进攻。按贺龙的话说："要走，也要打完这仗再走。我看，不胜，就走；小胜，再看看；大胜嘛，杀它个回马枪，老子不走喽！"

4月12日深夜，军委分会下达命令，红军兵分三路，完成对敌第一七二旅的包围。13日凌晨，红二、六军团在陈家河的田家坡高地及其西北地区展开，准备攻击陈家河西面的庙凸和张家湾山上的敌人，使敌陈家河、铜关槽大山上的主要阵地暴露出来，然后再各个歼灭铜关槽和蔡家坪、澧水两岸的敌人。13日早上8点，正当红军准备发起攻击的时候，部署在庙凸山上的国民党军约一个营，沿着山脊向红军第五十一团阵地发起了进攻，企图先声夺人，破坏红军的作战计划。红军立即抓住这个有利时机，将攻击的敌人放到了手榴弹的有效杀伤距离内，突然开火发起冲击，趁敌人混乱和败退时，一鼓作气攻占了庙凸、张家湾和吴家湾三个山头。从这些阵地向陈家河逃窜的敌人也被红军从两翼伸出的部队全部消灭在山下的河谷里。

与此同时，红二军团主力徒步涉过澧水，向蔡家坪和玛瑙台的敌人进攻。红六军团主力和红四师一部向铜关槽敌人主要阵地突击，第五十一团预备队第三营则沿大路直插陈家河，捣毁了敌第一七二旅旅部，破坏了敌人的指挥，割裂了澧水两岸敌人的联系，并在澧水河边击毙了敌旅长李延龄。战斗至下午2时，全部消灭了澧水南岸之敌。扼守铜关槽大山的国民党军4000余人，利用山势险峻、地形复杂的有利条件负隅顽抗，战斗非常激烈。至14日，除少数残敌逃跑外，敌第一七二旅大部被歼。

另一边，在陈家河战斗刚刚打响的时候，敌第五十八师师长陈耀汉即亲自率领直属部队及第一七四旅（欠三四八团）由桑植增援陈家河。当进到两河口时，第一七二旅已被歼灭的消息传来，敌援军迅即掉头南逃，企图向塔卧的郭汝栋纵队靠拢。军委分会分析敌情后认为，红军应抓住这个机会，再打一个歼灭战，于是立即决定：乘胜南下，歼灭国民党第五十八师余部。

4月15日，红二、六军团冒着滂沱大雨，沿澧水北岸，经两河口直逼桃子溪而来，正好碰上慌忙南逃的陈耀汉部。贺龙、任弼时、关向应立即决定采取奇袭战术，对敌发起进攻。红军第十七师绕到敌人背后，红二、六军团主力则从正面发起猛攻。敌人猝不及防，顿时陷入混乱。战斗仅仅持续两个多小时，除陈耀汉和他的特务连的一部跑掉外，敌五十八师师部、一七四旅旅部，一个整团和一个山炮营均被消灭，红军还缴获不少物资装备。事后，陈耀汉在给其上司的报告中也承认，当时"情危势急，无可如何"，特务连"已伤亡三分之二，随从勤务未受伤者仅余一人，迫不得已，遂令分向塔卧大庸节节引退"。

之后，红二、六军团乘胜收复了桑植县城和永顺、大庸县的部分地区。国民党军各路"围剿"部队见第五十八师覆灭，纷纷后退和收缩，由进攻转为防御，不敢前进。湘鄂川黔边临时省委和军委分会根据形势的变化，放弃了北渡长江辗转鄂西的计划，决定在原地区坚持斗争，发展和扩大已经开始的战略反攻。

陈家河战斗的胜利，是遵义会议后红二、六军团取得的第一个重大胜利，也是湘鄂川黔革命根据地反"围剿"的转折点。遵义会议的精神传达至红二、六军团后，贺龙及时纠正了部队中出现的单纯的军事防御路线错误，认真总结了反"围剿"以来的经验教训，为红二、六军团之后的转移和发展奠定了重要的思想基础。这一战，红二、六军团一扫前几战失利的阴云，士气大增，也从战略上扭转了一直以来的被动局面。

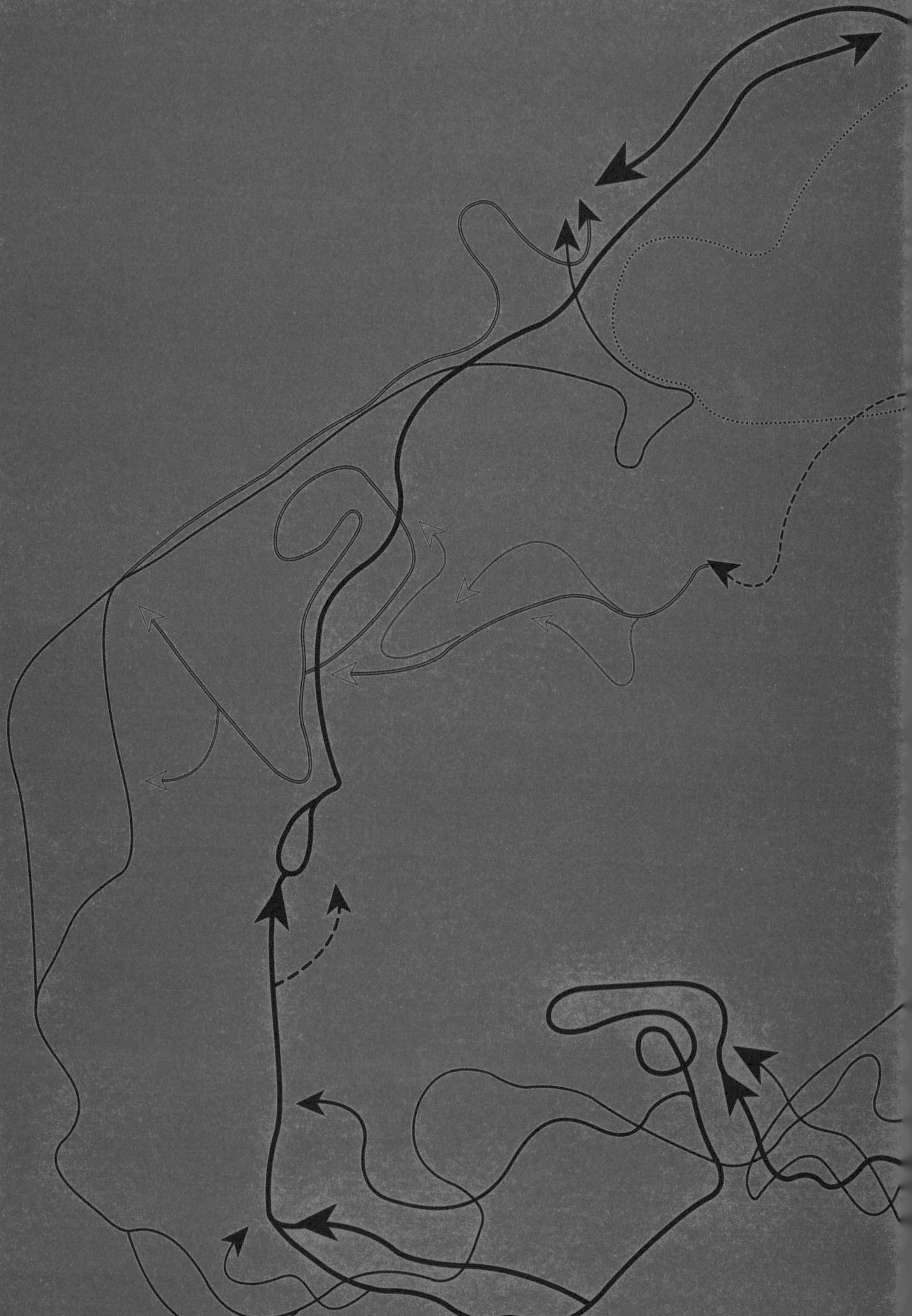

彝海结盟民族情

红军发布的民族政策布告

中央红军巧渡金沙江后，召开会理会议，进一步统一思想，增强团结，巩固了毛泽东在红军和中共中央的领导地位，并决定继续北上，抢渡大渡河，实现与红四方面军的会合。与此同时，蒋介石调集国民党各路重兵十余万人，策划了严守大渡河天险，南追北堵红军的计划。为粉碎国民党围歼红军于金沙江以北、大渡河以南、雅砻江以东地区的企图，中革军委果断决定借道通过大凉山彝族聚居区，迅速渡过大渡河。中央红军指战员坚决执行《中国工农红军布告》的指示精神，大力宣传中国共产党的民族政策，受到彝族人民的拥护和爱戴。红军代表刘伯承与彝族沽基家支首领小叶丹歃血为盟，结拜为兄弟，成为民族团结的一段历史佳话。

这张《中国工农红军布告》，是1935年5月红军为向彝族群众宣传中国共产党的民族政策、顺利通过彝族聚居区而印制的。布告纵36.5厘米，横36厘米，拼版印刷而成。纸张虽已泛黄，但上面的油印字迹仍然十分清晰。它不仅是红军"万里长征"的庄严宣告，还向我们讲述了中国工农红军与彝族群众结下的深厚情谊。红军通过彝族聚居区后，当地群众冒着生命危险保存了这张布告。新中国成立后，西南军政委员会文教部征集到这张布告，并将其拨交给博物馆收藏。

1935年5月初，中央红军巧渡金沙江后，来到四川西南部的会理地区。中共中央在会理郊区的铁场召开政治局扩大会议，会上批评了林彪怀疑毛泽东正确领导、反对机动作战的错误，着重总结了自四渡赤水以来的作战和渡过金沙江以后的行动，进一步统一了思想，巩固了毛泽东在红军和中共中央的领导地位。会议决定继续北上，抢渡大渡河，实现与红四方面军的会合。

5月15日，按照会理会议的决定，中央红军以红一军团为先导，经益门、百果、云甸占领德昌，再绕过西昌城，经街梁、礼州，进至泸沽。经侦察发现，从泸沽北上至大渡河有两条通道：一条路是经越嶲（今越西县）到大树堡（今属雅安市汉源县），渡过大渡河到富林，有通往雅安的大道，可直逼成都；另一条路是经冕宁县到安顺场，这是一条崎岖难走的山路，尤其要通过被人视为"畏途"的彝族聚居区。

此时，蒋介石又调集国民党各路重兵十余万人，策划了严守大渡河天险，南追北堵红军的计划。他令薛岳部出会理走大道向西昌尾随紧追，以第三纵队向盐边、盐源推进，沿雅砻江西岸布防；令川军刘文辉部沿大渡河北岸赶筑碉堡，阻止红军北上；令川军杨森部全力增防雅安、荥经、芦山各县；调刘湘部

中國工農紅軍佈告

中國工農紅軍，解放弱小民族；一切夷漢平民，都是兄弟骨肉。可恨四川軍閥，壓迫夷人太毒；又復妄加殺戮，所向勢如破竹。尊重夷人風俗，不動一絲一粟；價錢交付十足，一切英明懷疑畏縮。紅軍萬里長征，所向勢如破竹；今已來到川西，軍紀十分嚴明。糧食公平購買，價錢交付十足；凡我夷人群眾，切莫懷疑畏縮。趕快團結起來，共把軍閥驅逐；設立夷人政府，夷族管理夷族。真正平等自由，再不受人欺辱；希望努力宣傳，將此廣播西蜀。

红军总司令朱德

红军总司令朱德署名发布的《中国工农红军布告》

王泽浚旅驻守富林和大树堡。通过兵力调动以求"封锁朱毛（于）金沙江以北，大渡河以南，雅砻江以东地区"。他电告大渡河南北各部，"大渡河是太平天国石达开大军覆没之地，今共军入此汉彝杂处，一线中通，江河阻隔，地形险峻，给养困难之绝地，必步石军覆辙，希各军师长鼓动所部建立殊勋"。

中革军委获悉敌情后，果断决定红军主力通过冕宁县的彝族聚居区，把攻击点选在敌军防守较弱的安顺场。5月20日，中革军委致电各军团和军委纵队，指出："我野战军目前应以迅速北进，争取渡江先机，首先进到清溪、泸定桥、洪雅地区与川敌进行作战机动，争取赤化，为战略上基本方针。"为实现这一基本方针，中革军委令"各兵团以极迅速、坚决、勇猛、果断的行动，消灭阻我前进的川敌各个部队。敌如固守工事据点，则绕过之。对追我之蒋敌中央军应尽力迟阻之，如逼我过紧，使我不便过河或迂回，则应坚决回击，以消灭其一部"。

21日凌晨，红军先头部队到达冕宁县城。由于驻守的国民党川军得到红军将至的消息后已经闻风而逃，这里成了不设防的空城，红军顺利进入冕宁。冕宁城中彝、汉杂居，有近三分之一的彝族人口。22日，毛泽东亲切接见了彝族代表。同日，中央地方工作部部长陈云会见冕宁地下党负责人，了解西昌、冕宁地下党工作和当地情况，决定成立冕宁县革命委员会。23日，冕宁县革命委员会成立大会在文庙大成殿召开。朱德在会上号召彝、汉人民团结起来，打倒军阀，打倒日本帝国主义，建立新中国。与此同时，红军组建了长征路上的第一支农民地方武装——冕宁县抗捐军，开展没收大土豪、大地主财产的工作，并废除压在彝族人民头上的"换班坐质制"，当众烧毁了全部档案及官、私田地粮册，释放了坐质的彝族群众，得到彝、汉人民的共同拥护。

彝族，是中国少数民族之一。四川西南部的彝族聚居区环境闭塞，经济文化落后，人民生活极为贫困。由于长期遭受国民党政府、地方军阀以及地方反动统治者的残酷压迫和剥削，当地人对汉人怀有强烈的戒备心理和敌对情绪，特别是对汉族军队痛恨至极。民族间的隔阂和误解如此之深，加之红军到冕宁之前国民党又进行了大量的反动宣传，红军要想从彝族聚居区通过绝非易事。

为争取当地彝族群众的信任，使他们了解中国共产党和红军对少数民族的政策，认识中国共产党与国民党的本质区别，中共中央以红军总司令朱德的名义发布了《中国工农红军布告》。其内容是：

中国工农红军，解放弱小民族；
一切夷汉平民，都是兄弟骨肉。
可恨四川军阀，压迫夷人太毒；
苛捐杂税重重，又复妄加杀戮。
红军万里长征，所向势如破竹；
今已来到川西，尊重夷人风俗；
军纪十分严明，不动一丝一粟；
粮食公平购买，价钱交付十足；
凡我夷人群众，切莫怀疑畏缩；
赶快团结起来，共把军阀驱逐；
设立夷人政府，夷族管理夷族；
真正平等自由，再不受人欺辱；
希望努力宣传，将此广播西蜀。

这份布告为"六言韵文"，由时任红军总政治部宣传部部长、《红星报》主编、有"军中秀才"之称的陆定一起草。全文共26句，156个字，其中的"夷"字现均改为"彝"。布告采用通俗简明、朗朗上口、易记易传的顺口溜形式，鲜明生动地宣传了中国共产党以民族平等和民族团结为主旨的民族政策，准确扼要地表述了中国共产党和红军关于民族问题的基本主张，深刻揭露了国民党军阀对彝族人民的罪恶行径，郑重宣告红军是军纪严明、维护群众利益的军队，明确提出彝、汉两族平民都是骨肉兄弟，红军充分尊重彝族人民的风俗习惯，支持彝族区域自治。同时，号召大家团结起来，与红军并肩作战，共同反对国民党的反动统治和封建军阀的剥削压迫，从而实现真正的民族平等自由，再不受他人欺辱。值得一提的是，布告使用了"红军万里长征"这一具有光辉历史意义的特定用语，并从此传播开来。

中央红军从瑞金苏区出发时，总政治部文书科负责印刷出版的工作人员携带了两台油印机，在湘江战役中遗失了一台，剩下的一台油印机以及一些钢板、油墨、毛边纸，就构成了整个长征途中红军唯一的流动印刷所。遵义会议后，由于战事紧张，原中央苏区的《红色中华》和《斗争》等报刊都停刊了，而中革军委机关报——《红星报》成为一直坚持发行的宣传"武器"。由此，负责主编《红星报》的陆定一和时任总政治部文书科科长赵发生经常一起合作。布告起草完成后，刻印的工作交给了擅长书法、喜欢钻研的赵发生。接到刻印任务后，他将布告内容分成三种字体，以区分标题、正文和落款。为把字印得大一些，赵发生分别在两张蜡纸上刻写布告内容，再小心翼翼地拼印在一起，几乎看不出接缝的痕迹。总政治部的领导看到立意明确且字迹工整的《中国工农红军布告》时，都十分满意。

从5月21日开始，中央红军从泸沽地区分左右两路北进：主力为左路，经冕宁大桥、拖乌等地，通过彝族聚居区，向安顺场前进以抢渡大渡河；红一军团第二师第五团为右路，沿西昌至雅安大道前进，以配合主力红军行动，迷惑和牵制敌人。此外，以红三军团一部阻击从西昌尾追之敌。出发前，中央红军各部队普遍深入地进行了党的民族政策和红军纪律的教育，严格要求指战员尊重彝族风俗习惯，以模范的行动来扩大党和红军的政治影响。

右路方面，22日，红一军团参谋长左权、红二师政委刘亚楼率红五团进入越巂县城。随后，立即释放了监狱里的几百名彝、汉群众，焚毁了县府的地亩银两册簿和人犯、人质文书档案，处决了群众控告的恶霸地主、县参议官等人。红军此举鼓舞了彝族群众，他们纷纷主动要求参军，短短几个小时，就有几百人加入红军队伍。同一时间，左路的中革军委率红军主力经冕宁北进。为确保红军主力顺利通过彝族聚居区，红一军团第一师第一团和一个工兵排组成中央红军先遣队，刘伯承为先遣队司令员，聂荣臻为先遣队政治委员，率先向大凉山彝族聚居区进军。

刘伯承是个"老四川"，不但军事阅历丰富、足智多谋，对当地地理、风俗、民情都比较熟悉。根据中革军委指示，刘伯承调查研究发现，彝族分为黑彝和白彝，黑彝有严密的家支组织，各家支都有自己的势力范围和自卫武装。虽然彝人对汉人有很强的猜忌和敌视，但只要红军处理得当，是有可能和平通过的，还可以发动彝族人民与红军共同对敌。为此，刘伯承向先遣队官兵强调：我们马上就要进入彝族聚居区了，大家要严格执行党的民族政策，争取和平通过彝族聚居区，没有命令，谁也不许开枪。

5月22日，红军先遣队进入彝族聚居地区，当部队行至冕宁北25公里处的袁居海子地区时，遭到彝族罗洪、老伍、沽基等家支的拦阻。红军先遣队一面张贴、分发《中国工农红军布告》，使更多人了解红军是遵纪爱民的队伍；一面派代表同彝族首领谈判，并按照各家支不同的政治态度，采取不同的政策。对受国民党蒙蔽、不了解红军政策的老伍家支，说服他们保持中立；对受国民党利用同红军对立，并抢夺红军物资和枪支的罗洪家支，采取政治上争取、军事上予以一定程度打击的政策，迫使其停战言和；对同红军比较友好的沽基家支，则采取热情友好、赤诚相待的态度，以争取他们的全力支持。

经当地与彝人关系良好的中间人引荐，刘伯承带领红军代表来到沽基领地进行交涉，并应邀只身前往山上与首领小叶丹会面。刘伯承语重心长地向小叶丹解释中国共产党的民族政策，宣传红军北上抗日的道理，并满足了彝人提出的各项要求。红军高级将领如此真诚相待，与国民党对待彝人的态度截然不同，这让小叶丹深受感动，也打消了他心中的顾虑。根据彝族习俗，刘伯承与小叶丹歃血为盟，结拜为兄弟。结盟仪式十分简单，刘伯承和小叶丹叔侄站在海子边，面对蓝天和碧水，刘伯承率先端起滴有雄鸡血的水碗，大声发誓："上有天，下有地……刘伯承愿与小叶丹结为兄弟……"，然后三人将"盟酒"一饮而尽，并互赠礼物。当晚，刘伯承又热情款待了小叶丹，进一步加深了彝、汉间的兄弟情谊。从此，刘伯承和小叶丹"彝海结盟"成为民族团结的一段历史佳话。此外，红军还帮助沽基家支建立了自己的武装，由刘伯承代表红军授予小叶丹一面书写着"中国夷（彝）民红军沽鸡（基）支队"的队旗，正式成立了中国红军彝民支队。之后，小叶丹专门派沽基家支的武装把红军先遣队护送出其领地。

23日，小叶丹亲自带领中央红军主力进入彝族聚居区。红军指战员严格执行《中国工农红军布告》的指示精神，所到之处秋毫无犯，赢得了当地群众的信任和拥戴，受到大家的热烈欢迎，当地到处传颂着红军纪律严明、爱护群众的动人事迹，许多当地彝族青年还踊跃报名参加了红军。为感谢彝族兄弟的支援，红军将准备好的礼物赠送给他们。在彝族人民的帮助下，中央红军顺利借道通过大凉山彝族聚居区，迅速向大渡河进军，彻底粉碎了蒋介石企图利用彝族人民对汉人的误解和仇视阻止红军前进的阴谋。

中央红军大力宣传《中国工农红军布告》，坚决执行纪律和民族政策，争取到彝族人民的支持，增进了民族间的感情，为红军顺利通过彝族聚居区、抢渡大渡河争取了宝贵的时间，同时促进了少数民族地区革命运动的发展。曾有国民党军官感叹："共军的这张布告，胜过我们的千军万马。"

长征路上，中国工农红军曾经过彝、苗、瑶、壮、布依、土家、侗、纳西、白、傈僳、藏、羌、回等十几个少数民族聚居区或杂居区，占长征经过地区的百分之五十以上。所到之处，红军尊重各少数民族宗教信仰和风俗习惯，提倡各民族平等团结，反对民族压迫，支持和帮助他们开展对反动政权的经济和政治斗争，从而加深了对少数民族政治、经济、宗教、文化、风俗习惯的了解，提高了对民族众多、民族社会制度不同现状的认识，从多方面积累了民族工作经验，为中国共产党的民族理论、民族政策的形成与发展奠定了基础。

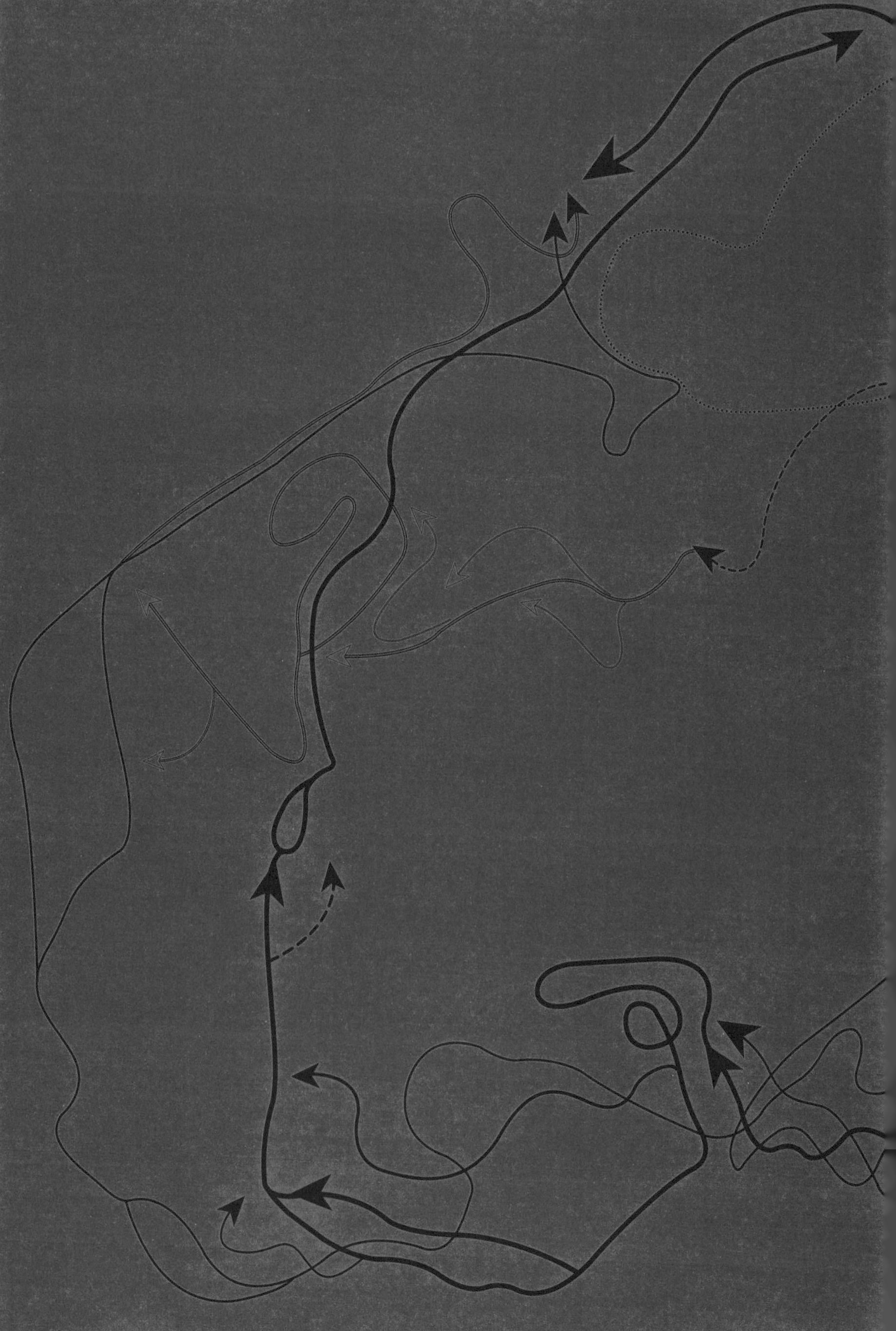

大渡河边传捷报

红一军团出版的《战士》报

1935年5月，中央红军顺利通过大凉山彝族聚居区，按照会理会议的决定，准备抢渡大渡河，与红四方面军会合。蒋介石调集国民党中央军十余万兵力和川军五六万人，企图将中央红军围歼于金沙江以北、大渡河以南和雅砻江以东地区，使红军成为"石达开第二"。红一军团第一师第一团先遣队在团长杨得志和政委黎林的带领下，夜袭安顺场渡口。5月25日，由17位勇士组成渡河奋勇队，成功强渡大渡河，粉碎了蒋介石的阴谋，为中央红军北上开辟了一条通道，在中国革命战争史上谱写下壮丽的篇章。26日，红一军团政治部以"坚政治部"为代号出版了《战士》报第184期，图文并茂、生动及时地报道了红一团胜利强渡大渡河的英勇事迹，以及红一军团第一师第五团追击并牵制敌人，配合红一团圆满完成渡河任务的捷电，极大鼓舞了部队士气，坚定了红军长征必胜的信念。

这张1935年5月26日出版的《战士》报第184期，纵23厘米，横32.5厘米，四开二版，手刻油印，发黄的纸张上有多处破损和污迹，是中国工农红军红一军团政治部特地为报道强渡大渡河前后的战斗实况而印制的。1957年，由军委文化部拨给中央革命博物馆筹备处收藏。

《战士》报是1930年7月由毛泽东、朱德亲自领导红一军团在中央苏区创办的。军团政治部宣传部部长张际春兼任主编，不定期出版，先后得到过毛泽东、聂荣臻、李卓然等老一辈革命家的亲自指导。红军长征时，它是红一军团政治部的机关报。在革命战争年代，报社经费极为紧张、工作条件极端艰苦的情况下，罗荣桓曾说过："不要轻视报纸工作，有时候一个铅字比一颗子弹还要重要！无论如何困难，也要保证报纸按期出版。"2016年1月，《战士》报完成历史使命，正式停刊。86年间，《战士》报累计出版11057期，是中国共产党和人民军队历史上最悠久的报刊之一，被誉为"红军报纸"，朱德总司令先后两次为其题写报名。《战士》报记录和见证了许多重大历史事件，成为弥足珍贵的历史资料。

1934年10月，中央红军主力开始长征，红一军团政治部以"坚政治部"为代号继续出版《战士》报。同时，军团各部番号均改为代号，如：红一军团第一师第一团的代号为"牲"部，红一军团第一师第五团的代号为"冲"部，红一军团第二师第四团的代号为"胜"部，等等。第184期《战士》报生动地记录了红军强渡大渡河的战况，为后人留下了珍贵的记忆。

1935年5月，中央红军顺利通过大凉山彝族聚居区，按照会理会议的决定，准备抢渡大渡河，与红四方面军会合。

蒋介石早已断定红军渡过金沙江后，必渡大渡河北上。他飞抵昆明亲自部

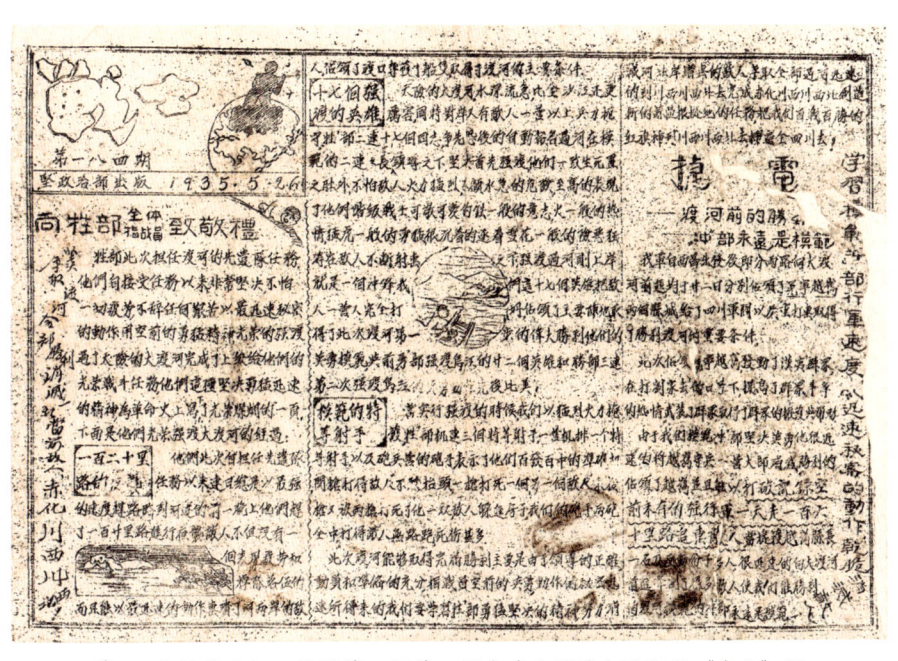

大渡河边传捷报——红一军团出版的《战士》报

第184期报道了红一军团第一师第一团先遣队强渡大渡河的《战士》报

署，任命杨森为大渡河守备，令大渡河沿线各地赶筑碉堡工事，还两次乘飞机到前线上空向各部队投下"手令"，进行督战。为防止中央红军与红四方面军会合以及中央红军西进西康，蒋介石调集国民党中央军十余万兵力和川军五六万人，令薛岳指挥周浑元、吴奇伟等三个纵队加紧追击红军；令刘文辉加强大渡河北岸的防御；令杨森率部经乐山、雅安赶赴大渡河；令刘湘派部队赴汉源、富林加强防御。国民党军形成了铁桶一般的围追堵截之势，企图将中央红军围歼于金沙江以北、大渡河以南和雅砻江以东地区，使红军成为"石达开第二"。

大渡河古称沫水、涐水，是岷江的一大支流，流域内地形复杂、洪水频繁。安顺场，位于大渡河中下游南岸，其渡口河面宽100多米，两岸群山连绵险峻，河中巨石梗阻，水流湍急，地势十分险要。清同治二年（1863年）五月，太平天国名将翼王石达开率四万人马从此处北渡，因山洪暴发、粮草不济，最终全军覆没，成为千古恨事。红军到达这里时，安顺场渡口正值洪水期，红军要想短时间内完成渡河任务，困难非常大。

前有大河，后有追兵，形势万分危急，能否胜利渡过大渡河，关系着中央红军的生死存亡和中国革命的未来。中革军委将强渡大渡河的任务交给中央红军先遣队中的红一军团第一师第一团。接到任务后，红一团团长杨得志和政委黎林带领红一团先遣队冒雨日夜兼程，经过70多公里的急行军，于5月24日赶到安顺场渡口附近。经侦察发现，安顺场驻有川军两个连，河北岸驻有川军一个团，国民党军主力在渡口下游15里处。渡口唯一一处适合渡河的较窄地区被敌军一个营占据，并正在修筑工事。除在渡口留有一条木船供自己使用外，大部分船只都被敌军毁坏。另外，敌军还在河上游的泸定城驻有三个"骨干团"，下游驻有杨森的两个团，随时可以支援安顺场渡口的守军。

5月24日当天，红一团先遣队接到军团指挥部"连夜偷袭安顺场，夺取船只，强渡过河"的命令，并得到中央红军先遣队司令员刘伯承和政委聂荣臻的指示："这次渡河，关乎着数万红军的生命！一定要战胜一切困难，完成任务，为全军打开一条胜利的道路！"黎林当即表示："我们不是石达开，我们是共产党和毛主席领导的工农红军！在我们的面前，没有战胜不了的敌人，没有突不破的天险。我们一定要在大渡河上，为中国革命史写下光辉的一页。"

先遣队经研究后决定，由黎林带领二营至渡口下游佯攻，以吸引河北岸川军主力；由杨得志和一营营长孙继先率部夜袭安顺场守敌，然后强渡；由三营担任后卫，掩护指挥机关。24日夜，将士们不顾长途跋涉后的疲惫，冒雨发起进攻，经过20多分钟的激烈战斗，一举歼灭川军两个连，控制了渡口南岸，并缴获一条宝贵的渡船。

杨得志实地观察地形后发现，大渡河在安顺场这一段的河水流速比乌江和金沙江更急，且水中礁石众多，水面不时激起巨浪，凫水、架桥都行不通，唯一的希望只能是乘船渡河。先遣队一面做着渡河前的各种准备工作，一面派人到附近山沟里寻找船工。当地很多有经验的老船工得知红军要渡河时，都自愿冒着生命危险帮助红军。经过一夜努力，准备工作终于就绪。

5月25日，天空放晴，大渡河水仍在不断咆哮翻腾，通过望远镜可以清楚看到北岸的险要地势和渡口附近国民党军的碉堡。先遣队决定组织一支渡河奋勇队先行渡河，战士们得知消息后，争先恐后要求参加。孙继先与杨得志商量后，从一营二连集中挑选出16名战士。此时，参军不到半年的二连通信员陈万清，边哭边嚷着："我也去！我一定要去！"此举感动了杨得志和孙继先，同意让他参加。

战前，团首长对部队进行政治动员，强调这次渡河将关系到红军长征的成败，一定要战胜一切困难，确保完成任务，为全军打开一条通向胜利的道路。

上午7时，渡河奋勇队的勇士们每人携带大刀、冲锋枪、短枪、手榴弹及一些作业工具，在红一团机枪连和军团炮兵营的火力掩护下，一场惊心动魄的渡河战斗开始了。

在船工的帮助下，勇士们乘小船分两批由安顺场驶向对岸。国民党守军集中火力，疯狂向河面上的渡船开火。红一团团长杨得志下达战斗命令，一时间，红军的迫击炮、重机枪、步枪一齐向对岸的敌军发射。小船冒着密集的弹雨，一会儿坠入浪谷，一会儿被抛上浪峰，冲过了敌人的重重火力网，战胜了惊涛骇浪，终于登上北岸。之后，一营营长孙继先率领其余的奋勇队勇士第二批渡河，并与第一批战友会合，迅速占领渡口工事。阵地和碉堡里的敌人见红军强渡而过，慌了手脚，将手榴弹、滚雷如冰雹般砸向红军战士。勇士们利用又高又陡的台阶死角作掩护，沿台阶向上猛烈冲杀。

经过激烈战斗，奋勇队成功击溃守敌，控制了北岸渡口，巩固了滩头阵地。与此同时，渡船往返于南北渡口之间，把红军战士一船船运向北岸。先遣队又在渡口下游缴获了两条船，将红一军团第一师后续部队和干部团运过大渡河。

5月26日，"坚政治部"出版了《战士》报第184期，以图文并茂的形式，生动、及时地报道了红军强渡大渡河的英勇事迹。这一期的主要内容分为两个部分：《向"牲"部全体指战员致敬礼》这篇文章，分别从"一百二十里路的夜袭""十七个强渡的英雄"和"模范的特等射手"三个方面，描述了红一军团第一师第一团强渡大渡河时的坚毅勇猛，向红一团致以英雄般的敬礼；《捷电——渡河前的胜利　"冲"部永远是模范》这篇短文，则赞扬了红一军团第一师第五团快速行军，追击并牵制了敌人，为红军胜利渡过大渡河创造了条件。两篇文章展现了红军战士们沉着果敢、英勇顽强的战斗作风，宣传了红军大无畏的革命英雄主义精神，在"把我们百战百胜的红旗插到川西川西北去，插遍全四川去！"战斗口号的鼓舞下，极大振奋了部队士气，坚定了红军长征必胜的信念。

　　红军成功强渡大渡河，在蒋介石周密部署的大渡河防线上扯开了一个缺口，为中央红军北上开辟了一条通道，在中国革命战争史上谱写下壮丽的篇章。之后，红一军团第一师在刘伯承、聂荣臻的率领下，沿河北进，有力配合了红一军团第二师第四团夺取泸定桥。

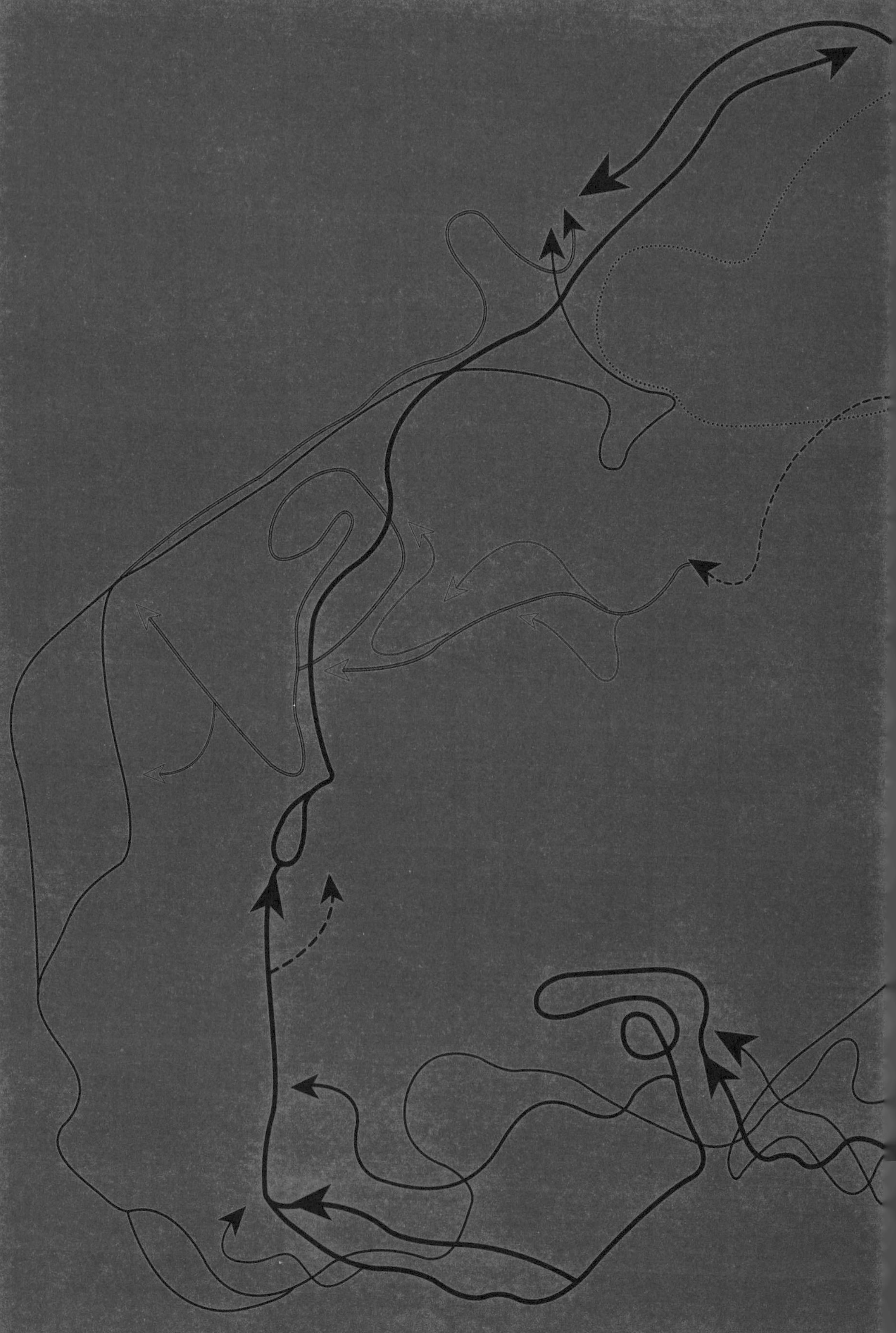

奇绝惊险夺泸定

泸定桥上的铁索链

中央红军先遣队强渡大渡河后,打开了中央红军北上的通路。1935年5月,安顺场强渡成功后,红军大部队以两天时间赶完340里行程,于29日发起夺取泸定桥战斗。由红一军团二师四团二连22名共产党员和积极分子组成的红军突击队迅速歼灭守桥之敌,冲破密集的火网,攀着铁链勇往直前,胜利抢占泸定桥。随后,中央红军主力部队由泸定桥通过大渡河。中国国家博物馆收藏的这段锈迹斑驳的铁索链正是当年红军冒着枪林弹雨飞夺泸定桥的历史见证。

这段铁索链是泸定桥铁索链的一小部分，长约95厘米，由中共泸定县委、泸定县革命委员会拨交，现为国家一级文物。1935年5月29日，中央红军红一军团二师四团二连的22名勇士冒着敌人的猛烈火力，攀踏着悬空晃荡的铁索桥链，夺取了泸定桥，跨过了大渡河天险进入泸定城，打开了中央红军北上的道路，粉碎了蒋介石妄图围歼红军于大渡河以南的美梦，取得了长征中又一个具有决定意义的胜利。

横跨大渡河的泸定桥，位于四川西北甘孜藏族自治州泸定县城的西侧，东桥头与泸定县城的西城门紧密相连，由泸定桥可直趋天全、雅安或芦山。泸定桥桥身长百米，宽近三米，没有桥墩；桥两侧山峦起伏、山峡高峙，桥头的一块石碑上刻有"泸定桥边万重山，高峰入云千里长"的诗句。整座桥由13根碗口粗的铁索连接东西两岸，12164个铁环相扣而成，铁件重达40余吨。两侧各有2根铁索做成桥栏，底下并排9根作为底链，每根铁索相距一尺左右，上铺木板，形成桥面。桥面离水面有数十米高，人行至桥中，整个桥身起伏荡漾、摇摆不定，向桥下一看，令人胆战心惊。

早在5月25日，红一军团第一师第一团在安顺场强渡大渡河成功后，因渡船太少，无法在短期内渡过全部红军，即决定兵分两路，飞夺泸定桥。5月份正值春夏之交，大渡河上游山上积雪融化，河水暴涨，河面加宽，最宽处达300余米，水深30余米，又因两岸峡谷高耸，水流湍急，漩涡无数，不易架设浮桥，即使是水性极好的人也无法泅渡，只能船渡。横渡时，要先将船牵引到上游二里许，放船后，还需要经验丰富的艄公掌舵，十余名船工同时撑篙摇橹，与急流形成合力，才能使船沿着一条斜线驶到对岸，往返一次至少需要50分钟。当时，为了防止红军乘船渡江，守卫北岸的川军早就破坏、凿沉了

奇绝惊险夺泸定——泸定桥上的铁索链

红军飞夺泸定桥时桥上的铁索链

大量船只，红军能找到的4条渡船，只有1条是完好的，其余3条尚需修理，船上可坐40余人。全军四万人马如果仅凭这几条小船，全部渡完得用一个半月的时间。这当然是难以想象的。此时衔尾猛追的敌人已过德昌，正向大渡河昼夜赶来，情况十分危急。经侦察，距离安顺场400多里外的地方，有一座铁索悬桥可以通过。这座铁索桥，就是泸定桥。

这是大渡河上西康以东最后一个可以过河的地方。自古以来，泸定桥就是扼守四川腹地和康藏高原的咽喉要道。当年，太平天国石达开领导的大军就是在安顺场被清朝军队包围后全军覆没的。国民党军也知道，中央红军进入川西北地区与红四方面军会合，泸定桥是必经之路，所以派了两个团扼守此桥，红军接近时，又增调两个旅的兵力，妄想把红军消灭在桥南，重演一次太平天国的历史。

军情万分紧急，毛泽东、周恩来、朱德等几位核心领导人决定抓紧时间强行夺取泸定桥。5月26日，中革军委作出新的部署：红一师及干部团为右纵队，归聂荣臻、刘伯承指挥，由安顺场强渡大渡河后循大渡河东岸北进；林彪率红一军团军团部、红二师主力及红五军团为左纵队，循大渡河西岸疾进，两路夹河而上，协同袭取泸定桥。军委纵队及红三、红五军团和红九军团随左纵队行进路线跟进。军委命令左纵队由黄开湘、杨成武率领的红一军团二师四团为前锋攻击前进，限两天半赶到泸定桥。

5月27日清晨，红一军团二师四团在团长黄开湘和政委杨成武率领下，从安顺场出发，昼夜兼程向泸定桥疾进。战士们翻山越岭、砍树架桥，不顾饥饿，不怕疲劳，多次突破敌人的重重堵击，且战且走。路是蜿蜒曲折、忽起忽伏的单边羊肠小路：左边是高入云霄刀劈一般的峭壁，山顶上是终年不化的积雪，银光耀眼，寒气逼人；右边是深达数丈、波涛汹涌的大渡河，稍不小心就有掉下去的危险。但是大家并没有把这危险放在心上，只有一个想法：加速前进，快些拿下泸定桥。埃德加·斯诺曾在《西行漫记》中写道：现在赤脚的红军战士就沿着峡谷间迂回曲折的小道，赤足向泸定桥出发，一路上有时要爬几千英尺高，有时又降到泛滥的河面，在齐胸的泥淖中前进。如果他们能够占领泸定桥，全军就可以进入川中，否则就得循原路折回，经过彝族聚居区回到云南，向西杀出一条路来到西藏边境的丽江，迂回一千多里，很少人有生还希望。

次日拂晓，部队又接到军委命令，要求将原部署提前一天，在29日6时前赶到并夺取泸定桥。此时部队距离泸定桥还有240里，也就是说两天的路必须一昼夜走完，时间之紧、难度之大不言而喻。接到命令后，红四团召集营、连干部和司令部、政治处干部，边行军边开会，商讨怎样完成这一紧急又艰巨的任务。会后，大家深入连队进行思想动员，号召战士们要保持红四团的光荣传统。动员后的队伍加快了步伐，"坚决完成任务，拿下泸定桥"的口号声此起彼伏。

红四团疾速挺进，占领了从安顺场到泸定桥的咽喉猛虎岗，并一路猛追溃敌，直抵摩西面村，接着搭桥渡过了水流湍急的雅加更河，翻过磨岗岭，至傍晚7时进至大渡河边奎武村。部队经过十多个小时的急行和战斗，还没有吃上一顿饭，全团战士已疲劳不堪，肚子饿得实在难以忍受，可此刻距泸定桥还有110里。军令如山，为了坚决完成任务，大家走不动就手拄拐杖，饿了就嚼生米、喝凉水充饥。怎奈天不由人，突然间电闪雷鸣，下起了倾盆大雨，天黑得伸手不见五指，原本崎岖的山路和着雨水，更加难走。忽然，红军发现对岸山坳上出现几点火光，刹那间变成了一条火龙，想必是敌军也在赶往泸定桥。为了保障行军快速安全，红军也命令各部队点燃火把全速前进。见着对面的火光，敌军隔岸喊话："啥子部队啊？"红军则利用这两天被消灭和打垮的敌人番号伪装自己，让队伍中的俘虏按事前的联络信号与之接头，成功瞒过了敌军。

在漆黑的夜里，两岸敌我双方的火把交相辉映，远远望去像两条飞舞的火龙，把大渡河的河水映得通红。两支部队朝着同一目的地，展开了一场争分夺秒的生死战。

暴雨冲打着战士，山洪从峰顶直泻大渡河，本来已经难走的羊肠小道，此刻被雨水冲洗得像浇上了一层油，滑得厉害。原本走不动的扶着拐杖走，现在拐杖也不灵了，一不留神就来个倒栽葱，真可谓三步一摔、五步一跌，队伍简直是在滚进。就是在这样恶劣的环境下，还是不断有人累得打瞌睡，有的战士走着走着就站住了，后面的推他："走呀！前面的走远了！"这才恍然惊醒，又赶快跟上去。后来，大家干脆解下了绑腿，一条一条地接起来，前后拉着走。为了加快行军速度，走不动的人、牲口、行李担子、重武器都留在了后面，团长、政委率领三个步兵营轻装出发。战士们顾不得饥饿与疲惫，奋力奔走在大雨中。经过整夜的急行军，终于，在29日晨6时到达泸定桥，并袭占了西桥头。

就在红军先头部队占领泸定桥西桥头时，守卫泸定桥的敌军凭险固守，早已在城墙和山坡上筑好工事，同时已经拆除靠近西桥头的多半木板，力阻红军上桥。拆除木板后的泸定桥，只剩下光秃秃的铁索链，寒气逼人，红褐色的河水像瀑布一样，从上游山峡间倾泻下来，撞击在两岸的岩石上，溅起一丈多高的浪花，涛声震耳欲聋，令人不寒而栗。对岸的敌人不断用机枪、迫击炮射击，红军也猛烈回击，两军一直隔河相持。此时，敌军派来增援的两个旅正向泸定县城方向赶来，形势十分严峻，红军部队迅速组织一营火力，封锁河东岸敌人的增援通道。留给红军通过泸定桥的时间已经不多了。

29日中午，红四团在泸定镇天主教堂召开全团干部紧急会议，研究作战方案，并进行夺桥的战前动员。在场的红军指战员纷纷主动请缨，要求参加突击队，夺占泸定桥，攻克泸定城。经过简短讨论，旋即以二营二连连长廖大珠、政治指导员王海云为首的22名精兵强将，组成夺桥突击队展开首轮冲锋。二营三连担任第二梯队，紧跟在突击队后面负责铺桥板，为后续部队迅速攻占城区创造有利条件。红四团其余战士则在桥头配备强大火力，为突击队和后续部队做好火力掩护。

下午4时许，夺桥的号角吹响了。红军所有轻重武器一齐向对岸阵地的敌人开火，一时间军号声、爆炸声、枪炮声、喊杀声，响彻大渡河两岸的山谷，战士们热血沸腾起来，英勇顽强地冲锋，战斗情绪格外高涨。连长廖大珠率领的战士们手持冲锋枪，背插马刀，腰缠手榴弹，冒着密集的弹雨，在战友们的火力掩护下跃出工事，攀踏着悬空的铁索，义无反顾地从西桥头向东桥头冲去。三连连长王友才率领全连战士作为第二梯队紧跟其后，除了携带武器，每人还扛着一块木板，边铺桥边冲锋。当突击队快要冲到对岸的桥头时，敌人突然将煤油泼在稻草上，放火封住红军去路，同时引燃了东桥头的木结构亭子，顿时浓烟滚滚，火光照亮了半边天。面对这一情景，夺桥的战士有些犹豫。在这千钧一发之际，团长、政委一起高喊："同志们！这是胜利的关键！冲进去呀！不怕火呀！迟疑不得！冲啊！敌人垮了。"这喊声给了冲锋的勇士们勇气、决心和力量，廖大珠一跃而起踏上桥板，冲在前面，帽子着火了，他扔掉了帽子，光着头继续前进，其余的突击队员们见状也紧跟着冲过火阵，不顾眉毛衣服被火点燃，一鼓作气冲进城门，同敌军展开了激烈的巷战。红军在泸定城中遭遇了敌人的反扑，子弹、手榴弹即将用尽，形势一度十分紧张，就在此时，红军第二梯队及时赶到，后援部队也冲了过来，火速参与到战斗之中。战斗仅用了两个小时，守卫泸定桥和泸定县城的敌军就被消灭大半，残部弃城急忙向天全方向逃窜。黄昏时分，红军占领了泸定县城，共俘虏人枪各百余，为后续部队渡江打开了通道。

当天夜里，随红一师前进的总参谋长刘伯承和政委聂荣臻进入泸定城。时近子夜2时，刘伯承按捺不住夺桥的激动心情，执意要求杨成武陪同他和聂荣臻去察看泸定桥。刘伯承从桥东走到桥西，对每根铁索都看得异常仔细，好像要把整座泸定桥印在自己的脑海里。从桥西折回的时候，他忽然停住脚步，扶住桥栏，看着大渡河的急流，用力地在桥板上连跺三脚，感慨地说："泸定桥！泸定桥！我们为你花了多少精力，费了多少心血！现在我们胜利了！我们胜利了！"31日，军委纵队通过铁索到达泸定桥。6月2日，中央红军的主力部队浩浩荡荡全部由泸定桥胜利跨过天险大渡河。

飞夺泸定桥成为红军长征进程中的一块重要里程碑。这一战彻底粉碎了蒋介石妄图借助大渡河天险将红军变成第二个石达开的美梦，也为中央红军与红四方面军顺利会师创造了极为有利的条件。毛泽东在《七律·长征》中写下了"金沙水拍云崖暖，大渡桥横铁索寒"的诗句，记录着红军战士勇夺泸定桥的战绩；朱德也在长征回忆中题词"万里长江犹忆泸关险"，充分说明了飞夺泸定桥的艰险与壮烈。

不惧艰险、不畏强敌、不怕牺牲的精神，是红军一次次击退强敌、取得最终胜利的不二法宝。如今，我们看到这段铁索链，仿佛又看到了当年红四团的勇士们不怕枪林弹雨，不惧滚滚波涛，攀上悬空摆荡的铁索桥，奋勇冲锋，与敌人殊死战斗的画面。1961年3月4日，泸定桥由国务院公布为全国重点文物保护单位。

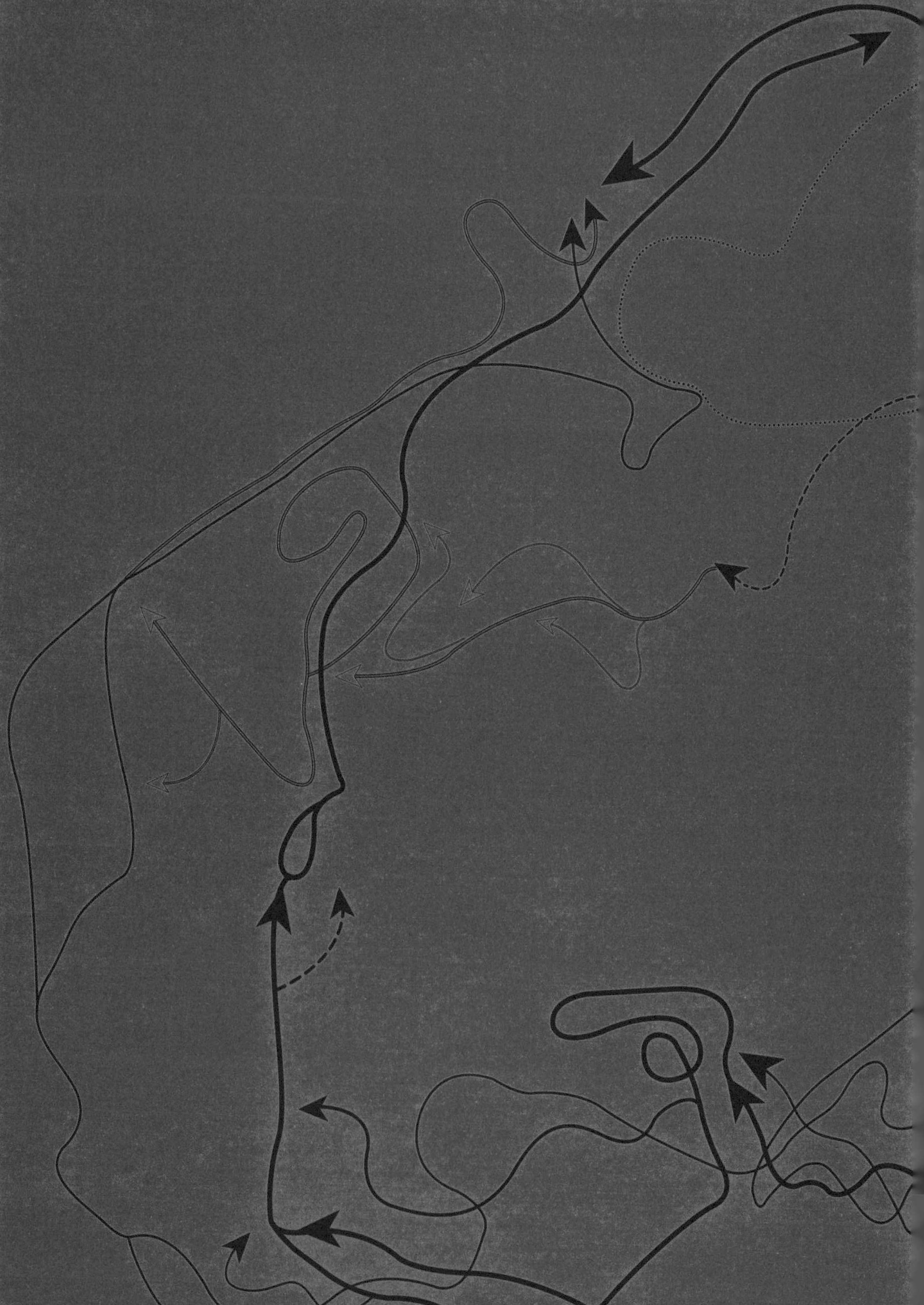

翻越第一座雪山

黄镇绘《西行漫画》

中央红军强渡大渡河、夺取泸定桥后，决定于1935年6月，翻越夹金山北上。夹金山山上终年积雪、空气稀薄、气候变幻无常，是当地人都望而却步的"神仙山"，也是中央红军长征途中翻越的第一座大雪山。穿着单薄的红军指战员发扬大无畏的革命精神，从6月12日至18日，分批成功翻越夹金山，到达懋功与红四方面军胜利会师。黄镇，是目前为止唯一有长征题材美术作品传世的长征亲历者。在长征途中，他用自己的画笔真实、形象地记录下大量画面，并汇编成《西行漫画》出版，其中的《上第一座雪山》和《下雪山》两幅作品，生动描绘了红军翻越夹金山的场景，歌颂了红军指战员不屈不挠的坚强意志和革命乐观主义精神。

1938年上海风雨书屋版《西行漫画》

这本中国国家博物馆收藏的《西行漫画》，32开本，是1938年上海风雨书屋出版的500本精装本之一。全书共30页，收录了黄镇创作的25幅画作。经过岁月的洗礼，泛黄的纸张已经有多处残破、污迹，订书钉早已锈蚀，多处已经脆化的书页将要脱落，但书中的画作内容和文字却清晰可辨。作为长征的亲历者，黄镇用画笔描绘了长征中许多重大的战役和事件，其中《上第一座雪山》和《下雪山》两幅作品，生动描绘了红军翻越夹金山的场景。

1935年5月，中央红军强渡大渡河、夺取泸定桥后，顺利占领泸定城。此时，准备继续北上的红军面对三条路线的抉择：第一条路线是从雪山以西到达四川西北的丹巴、阿坝地区，沿途为少数民族居住区，人烟稀少，部队补给困难；第二条路线是从雪山以东到达茂县、松潘地区，而此时蒋介石已在沿途布下重兵把守；第三条路线是经天全、宝兴，翻越大雪山——夹金山，这里虽是国民党军事力量薄弱之处，却异常艰险。中共中央召开政治局会议，经过反复研究，最终决定选择第三条路线北上。

6月2日，中革军委根据中央政治局会议的决定，作出了兵分三路迅速夺取天全、芦山，实现同红四方面军会合的部署。随后，在红三军团策应下，红九军团先头两个营占领天全；红一军团击溃川军第六旅一个团，占领芦山。8日，中央红军一举突破国民党军芦山、宝兴防线，经宝兴的盐井坪、崔店子进入大硗碛地区。

　　大硗碛位于宝兴县北部，这里地处偏僻、气候寒冷，是夹金山山脚下一个藏族聚居的村镇，也是翻越夹金山的必经之地。红军进入藏族聚居的村镇后，严格遵守纪律，广泛宣传党的民族政策，深受藏汉人民群众的爱戴。当地群众给红军送来柴火和蔬菜，在得知红军将要翻越夹金山后，当地有经验的老人传授了许多爬山技巧和诀窍，熟悉地形的小伙子还主动要求为红军带路。

　　夹金山，属邛崃山脉，横亘在宝兴与懋功（今小金县）之间，是中央红军长征途中翻越的第一座大雪山。远远望去，山岭重峦叠嶂，山顶云雾缭绕，终年积雪覆盖。红军必经的王母寨垭口，海拔4100余米，山上空气稀薄、气候变幻无常。"夹金"是藏语的音译，其意思是弯曲的道路。当地流传着一首民谣："夹金山、夹金山，鸟儿飞不过，凡人不敢攀。要想越过夹金山，除非神仙到人间。"因此，当地人又称它为"神仙山"。由于时值盛夏，红军指战员都身着单衣，脚穿草鞋，有些战士甚至还光着脚，但夹金山海拔高，山上大雪纷飞，要想跨越这人迹罕至的雪山，困难可想而知。

　　6月11日，中央红军在大硗碛附近的头道桥空地上召开了动员大会。领导干部向全体指战员说明了前方面临的困难，仔细传达了注意事项，要求争取做到不掉一个人，不失一匹马。大家异口同声地响亮回答："敌人设下的层层障碍都被我们突破了，谅这座雪山也只能乖乖屈服在我们脚下！"出发前，每个人都做了简单的准备工作，战士们用柏树皮、干竹子扎起一个个"火照"，用砍来的竹竿和树条做成拐杖，还买来一些干海椒带在身边御寒。

6月12日,在"征服夹金山,创造行军奇迹"的口号鼓舞下,红一军团二师四团团长黄开湘和政委杨成武率领先遣队战士迈着坚实的步伐出发了。为了御寒,出发前他们喝下烈酒、姜汤和辣椒汤。英勇的先遣队不畏严寒和艰险,利用刺刀和铁镐刨开冰雪,为后续部队在雪山上开辟出一条前进的道路。下午,他们终于翻过王母寨垭口,在北麓木城沟口与红四方面军接应部队红九军二十五师七十四团一部相遇,在战友的引导下,顺利到达懋功县城东南的达维镇。

　　随即,中央红军后续大部队也开始分批踏上征程。广大指战员沿着先遣队留下的足迹,走过一片原始森林,开始向山上攀登,道路越来越陡滑,气温越来越低,空气也越来越稀薄。快到山顶时,天气骤变,先是大雾,再是细雨,接着又飘起大雪。转瞬间,狂风夹杂着鸡蛋大的冰雹,劈头盖脸地向红军砸来。此时,战士们的手脚早已被冻得失去了知觉,大多数人都感到呼吸困难,出现了头疼、呕吐的高原反应,还有不少人患上了雪盲症。一些战士不慎滑下悬崖,被雪山吞噬,一些体弱有伤和负重几十斤登山的战士,终因体力不支跌倒,就再也没能站起来。但这些困难吓不倒红军指战员。50多岁的"长征四老"之一徐特立也在这一天跟着大部队翻越了夹金山。部队是"半夜出发,走到半山上,雨雪齐下,披在身上的毛毯全湿了,衣和裤子也全湿了"。但山势陡峭,他全力攀登,毫不觉得冷,终于征服了这第一座大雪山。

　　队伍在白雪皑皑的山峰间宛若一条蜿蜒前进的巨龙行进着。指战员们饿了啃一口干粮,渴了抓一把雪,大家拄着拐杖,相互搀扶着、鼓励着,一步步艰难地迈进,以坚忍不拔的顽强毅力战胜重重险阻,从筲箕窝经过五道拐、鸡翅膀、大雪塘、九拗十三坡(九四十三拐)、隘口险道等处盘旋而上,翻过王母寨垭口由北坡下山到达达维镇,最终把当地人都望而生畏的"神仙山"甩在身后。

6月18日，中央红军全部翻越了夹金山。当日，中央领导人离开达维镇到达懋功县城，与红四方面军会合。两大主力的胜利会师，壮大了红军的力量，为打开新局面创造了有利条件，两军指战员倍受鼓舞。

对于这次翻越夹金山的经历，有不少红军将领都曾撰写回忆录以留下珍贵的记录。但其中有一位长征亲历者，却通过绘画留下了与众不同的形象记录，他就是黄镇。

黄镇1909年出身于农民家庭，自幼喜爱艺术。1925年，先后进入上海美术专科学校和上海新华艺术大学学习。1931年，在江西参加宁都起义，加入中国工农红军。1934年，他随中央红军参加长征，负责文艺美术宣传工作。长征途中，黄镇晚睡早起，凭着精深的艺术造诣和娴熟的美术功底，结合红军生活和战斗中的事迹，不仅创编了大量的活报剧、话剧，还为《红星报》配制插图、漫画，并在沿途写标语、画宣传画，极大鼓舞了红军指战员的士气。

除做好本职工作外，他还利用空闲时间创作速写、漫画。他总是背着一个布书包，里面装着画作和笔、墨、纸张等。长征路上，要寻找一支笔和一张完整的纸都十分困难。黄镇使用的铅笔和毛笔，有战友送的、有从小商贩手中买的、有从地主乡绅家拿的。找不到墨的时候，就把锅底灰刮下来、把烟筒里的灰捅下来做成墨。作画的纸有同志们赠送的、有缴获敌人的、有打土豪得来的、有老百姓祭神祭祖用的、有写春联用的，都是五花八门、大小不一的杂色纸。尽管如此，仍然阻挡不了黄镇的创作热情，他一路走一路画，用速写和漫画的形式，真实、形象、生动地记录下长征中所见所感。

布书包里的画作常被雨水和晨露浸湿，日晒又干，时间一长，纸张变得褶皱，画面也逐渐模糊难辨，损坏了不少。后来，和黄镇一起参加宁都起义的好友王幼平赠给了他一个皮书包，黄镇这才得以将他的"宝贝"画作妥善地保存好。据黄镇回忆，红军长征二万五千里，他整整画了一路，大概有四五百张之多。但是大多数作品都在战火纷飞的岁月里丢失了，仅有25幅画作因为被人拍成照片而流传下来。

这25幅画作在1938年10月15日以《西行漫画》为名，由上海风雨书屋出版。由于黄镇的25幅画作本身并未署名，而照片是由萧华派人送交给在上海从事救亡文艺活动的阿英（钱杏邨）的，因此出版时画作的作者被误认为是萧华。当时，美国记者埃德加·斯诺的《西行漫记》中文版刚刚发表，且所处环境不宜直接使用长征字样，阿英便以《西行漫画》作为书名。

《西行漫画》初版2000册，其中精印本（铜版纸）500册，普及本（道林纸）1500册。该书一经发行，很快销售一空，绝大部分流传在上海、江苏、安徽等省市和新四军活动的地区，产生了极大的社会影响。

初版《西行漫画》收录的25幅作品，名称分别是：《林伯渠同志》《过湘江》《在遵义》《川南干人儿的家庭》《桂州的苗婆》《贵州四川一带的干人儿》《大渡河南的猓猡》《大渡河南的猓猡红军》《大渡河的南岸——安顺场》《泸定桥》《炮铜岗老林之夜》《上第一座雪山》《下雪山》《番民区的番民居屋》《三种锅》《西番的牦牛》《草叶代烟（一）》《草叶代烟（二）》《磨麦》《烤饼》《背干粮过草地》《草地宿营》《草地行军》《到达岷县哈达铺》《故第五军团长董振裳（堂）同志》。其中，《故第五军团长董振裳（堂）同志》被选作封面。在这25幅画作中，黄镇用《上第一座雪山》和《下雪山》两幅作品描绘了红军翻越夹金山的场景，可见红军爬雪山的经历，给黄镇留下多么深刻的印象。

第12幅《上第一座雪山》，整个画面呈长方形，只有少量留白，是色调较深的一幅。画面的远处是白雪覆盖的连绵山岭，近处是危岩耸立的悬崖峭壁。红军指战员们三三两两艰难地行进在狭窄的山道间，身旁就是万丈深渊，一脚

翻越第一座雪山——黄镇绘《西行漫画》

《上第一座雪山》

踩滑，就有可能跌得粉身碎骨。黄镇用大量具有锋芒的线条勾勒出如刀削斧剁般的山崖石壁，给人以十分压抑的感觉，而在画面最下方，红军大部队正以沉着坚定的步伐向山上进发，表现出红军不畏艰险、不怕牺牲的坚强意志。因此，黄镇在画作左侧题写："雪山高，铁的红军铁的意志更高！"

第13幅《下雪山》，是《西行漫画》中颇具"漫"味的一幅作品。远处是高耸入云的险峰和山顶的房屋，一队红军战士身背步枪，排成整齐的队列，迈着轻快的步伐，从山顶沿着崎岖的小道，精神饱满地向山下走去。虽然黄镇没有细致描绘人物的面部表情，但整个画面的线条简洁流畅，仅用寥寥数笔已将红军战士成功翻越雪山之后轻松愉悦的心情表现得淋漓尽致，甚至比细致描绘

《下雪山》

的效果更佳。他在画面右上方空白处题写有"下雪山的喜悦"字样，看到这幅画的读者，似乎也能感受到他心中的激动和喜悦。

1958年，人民美术出版社决定重印《西行漫画》，经过了解得知作者不是萧华。在一番走访调查后，直到1961年终于弄清画作真正的作者是黄镇。1962年7月，为纪念毛泽东《在延安文艺座谈会上的讲话》发表20周年和中国人民解放军建军35周年，人民美术出版社在再版的大型精装本上，将作者更正为黄镇，并经由黄镇本人同意，将精装本更名为《长征画集》。画集保留了24幅画作，删掉了《草叶代烟（二）》。阿英为其撰写了《纪事》，记述了从《西行漫画》到《长征画集》的详细经历。他写道："虽只是二十四幅漫画，却充分地表白了中华民族性的伟大，坚实，以及作为民族自己的艺术在斗争与苦难之中在开始生长。"萧华也为其作序，称赞道："这20多幅画是伟大长征的片断纪录，是真实的革命史料，也是珍贵的艺术品。作者同千千万万的战士一道，万里跋涉，在战斗的行列中，用画笔写下了这历史的动人的场面。"

黄镇晚年在《〈长征画集〉的回忆及其他》一文中写道："在长征艰苦的行程中，许多难忘的场面、动人的事迹、英雄的壮举，我仅仅作了一点勾画，留下一点笔迹墨痕。在漫漫途程中，看到什么就画什么，是真实生活的速写。"《长征画集》于1977年、1982年、1986年又先后三次再版，并编印成英、法、日等外文版在海内外发行。2015年，黄镇遗孀朱霖率子女将这些长征画作的著作权捐赠给国家。

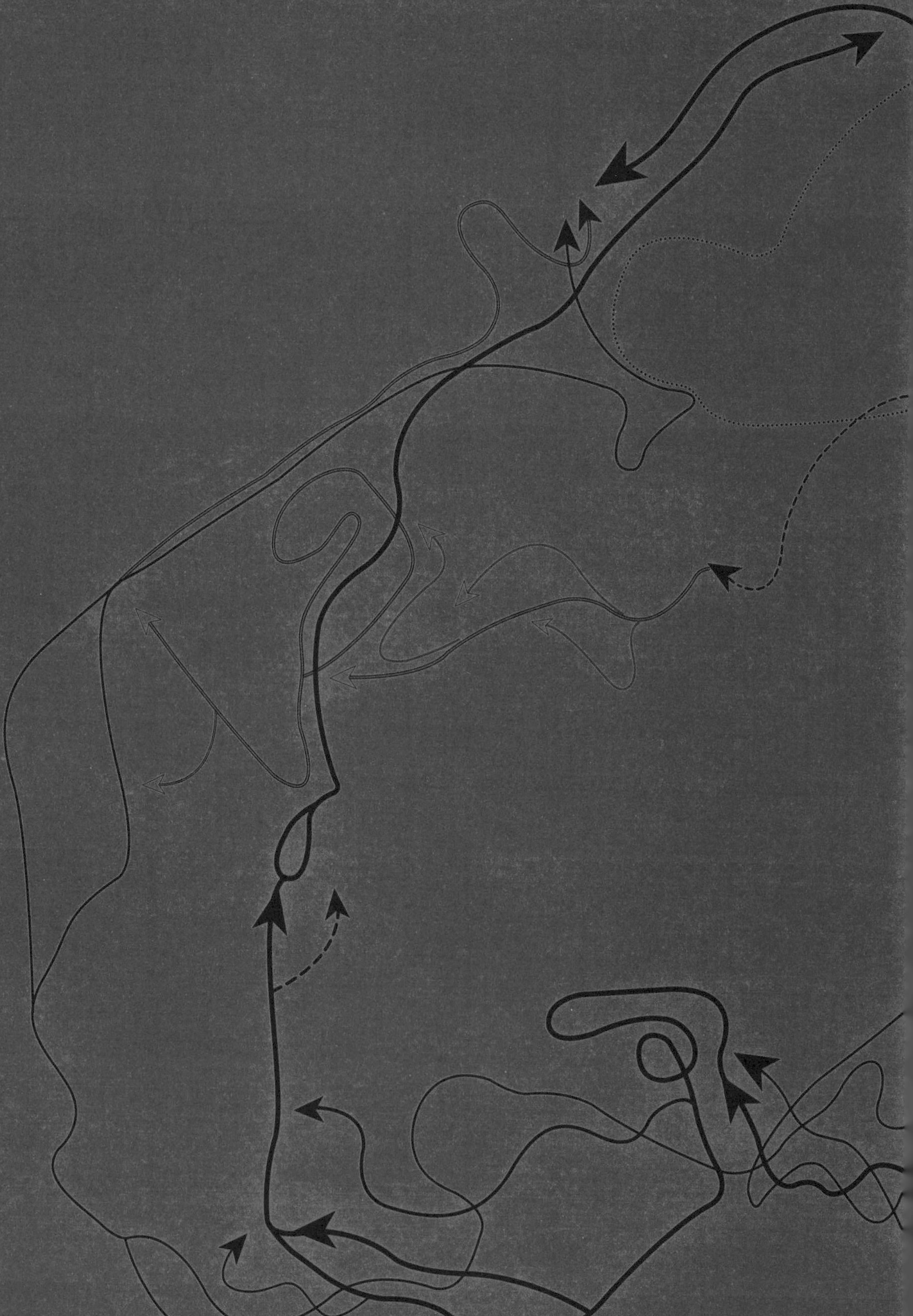

红十军团北上抗日

方志敏撰写的《可爱的中国》《清贫》手稿

1934年11月,寻淮洲、乐少华等率领红七军团到达闽浙赣根据地,与方志敏等领导的红十军会师,合编为红十军团,形成新的抗日先遣队。其后,在刘畴西、方志敏等率领下,先遣队向皖南进军,经过2个月艰难转战,终未能完成开辟新根据地的任务。1935年1月,部队在怀玉山遭遇重兵包围,几乎全军覆没,方志敏被俘。他在狱中写下了《可爱的中国》《清贫》等文章,表现了一名共产党员的坚定信仰和高尚情操。

1934年11月初，时任红十军团军政委员会主席的方志敏，奉命率红军北上抗日，途中遭国民党重兵围追堵截，于1935年1月29日被俘。同年8月6日，在江西南昌英勇就义，年仅36岁。在狱中，他用敌人劝降的纸笔写下了16篇文稿。如今，《可爱的中国》和《清贫》两篇手稿收藏在中国国家博物馆。文章写在一个作文本上，文本纵26厘米、横17厘米。整本正文一共67页，第一篇《清贫》共有4页，第二篇《可爱的中国》共有63页。在这两篇文章的字里行间，方志敏述说了被捕的经历，表达了对党的热爱，憧憬着祖国的美好未来，让我们看到了一个共产党人对信仰的忠诚与执着，以及清贫廉洁的品质和忠诚担当的光辉形象。

1934年7月，由寻淮洲、乐少华等率领的中国工农红军第七军团根据中共中央、中央革命军事委员会的决定组成红军北上抗日先遣队，由江西瑞金向闽浙皖赣边前进，10月下旬转战到闽浙赣根据地。红七军团到达闽浙赣苏区后，方志敏等赶到界田桥，看望红军抗日先遣队指战员。他们还带领群众为先遣队送来了生猪、布鞋、草鞋和粮食、棉衣等大批慰问品，并补充500多名新战士，使一路征战、历尽艰辛的先遣队指战员备受鼓舞，士气大振。

闽浙赣苏区是中国共产党继井冈山革命根据地之后，较早建立起来的一块革命根据地，由赣东北革命根据地发展而成。根据地的早期组织创建者是方志敏、陈昭礼、黄道等。1930年，借蒋介石等发动中原大战之机，根据地迅速发展壮大，1931年和1932年间，方志敏曾两次亲率根据地的红十军入闽北作战，兵锋所指，无不奏捷。苏区全盛时期包括上饶、崇安、开化等20多个县，拥有100万人口。1933年12月，中共中央任命方志敏任闽浙赣省委书记。

当红七军团到达闽浙赣苏区时，中央红军主力部队已经突围，闽浙赣苏区刚经历过敌人"围剿"，边区环境较为严峻。11月4日，根据中革军委决定，红七军团与红十军合编为中国工农红军第十军团。红十军改编为第二十师。刘畴西任军团长兼二十师师长，乐少华任军团政委兼二十师政委，粟裕任参谋长，刘英任政治部主任。红七军团改编为第十九师，寻淮洲改任十九师师长，聂洪钧任十九师政委，王如痴任参谋长。另有当地地方武装组成第二十一师。此时确定的红十军团任务是：红十九师与军团政治部出击浙皖赣边，创建新苏区，红二十师、红二十一师留在闽浙赣，保卫老苏区。

根据最初的电令，红十九师在寻淮洲、聂洪钧、刘英率领下，夜出怀玉山，突破上饶和怀玉山之间的敌军封锁线，向浙西进发。11月18日晚，红十军团突接中央军区电令，命红十军团全部出动，"争取运动战中消灭敌人，以创造皖浙边苏区"。电令还宣布以方志敏为主席，和刘畴西、乐少华、聂洪钧、刘英组成军政委员会，随军行动。由红十军团组成的新先遣队的整个北上抗日行动，由方志敏代表中央全盘负责，曾洪易留在苏区，主持闽浙赣省委的工作。

11月24日，红十军团在葛源的红军操场举行出征誓师大会，苏区的百姓无不为红军的离去依依不舍。方志敏也深感此去要进入国民党心腹地区，一路必然难免艰难恶战。他说："我下决心去完成党交给我的任务，党要我做什么，虽死不辞！"当天，方志敏、刘畴西、乐少华等率领新先遣队的红二十师、红二十一师离开闽浙赣苏区，开始了北上皖南的行动。此时，寻淮洲带领红十九师正转战浙西，逼近临安，震动杭州。正当红十九师节节胜利之际，接到与红二十师会合的命令，于是迅速由浙西折向皖南。12月10日，红十九师顺利进至黄山附近的歙县汤口地区与方志敏所率先遣队会师。

听闻红军集结汤口，敌人急速纠集浙皖赣近10万兵力对先遣队进行围堵。13日，红十军团进到谭家桥地区，谭家桥战役的成功与否，对北上抗日先遣队的生死存亡至为关键。

红十军团的计划，是利用乌泥关至谭家桥段公路两侧有利地形，打一场伏击战。在部署作战时，军团长刘畴西拒绝方志敏等人的建议，让新组建的红二十、红二十一师主攻，却安排善于野战的红十九师担任护卫任务。14日，敌军全力进攻战斗力较弱的红二十师和红二十一师，红十九师的主力却被配置于乌泥关以南，来不及增援。红十九师师长寻淮洲为尽快占领制高点，亲自率领部队冲锋，被流弹击中腹部，后在转移途中牺牲，年仅22岁。临终前，他仍念念不忘抗日救国大业，告诫战友要"为抗日救国奋斗到底，北上抗日……北上……抗日！"。在组织掩护的战斗中，军团政委乐少华、政治部主任刘英等领导也先后负伤。红十军团战斗力折损，陷于被动，不得已之下，方志敏召开将领紧急会议，决定趁敌人后续部队尚未赶到，先遣队紧急撤离。

谭家桥战斗后，红十军团辗转迁回在皖浙赣三省边各县，遭遇敌人的重重围追堵截，境地十分困难。1935年1月，军团领导在茶山召开紧急会议，考虑到部队疲乏不堪，战斗情绪和战斗力低落，会议决定全军先回赣东北休整。1月10日，先遣队离开茶山，沿着浙西的天目山脉向着赣东北进发，历时50天的皖南行动结束。

总长不过200里的归途，对于先遣队来说仍凶险异常，国民党当局为消灭先遣队，动用数万大军在怀玉山区围追堵截。1月12日，方志敏、粟裕及负伤的刘英、乐少华率伤病员、机关后勤人员800余人组成先头部队，经奋战脱险，转移到化（开化）婺（源）德（兴）地区。但率领主力部队的刘畴西因顾虑部队疲劳，当夜就地休息，未能及时与方志敏会合。为接应主力部队，方志敏毅然从安全地带折返敌人包围圈，找到刘畴西率领的部队，而此时，军团部队仅剩2000多人，被敌人围困在纵横不过15公里的狭小山区。

为突破重围，方志敏先后七次组织先遣队冲击，始终无法成功突破。1935年1月27日，因寡不敌众，刘畴西、王如痴、方志敏先后被俘。方志敏的悬赏金额是8万元，抓获他的两个国民党士兵欣喜若狂，想着这个共产党大官身上钱肯定不少，结果却只搜到一只怀表和一支自来水笔。两天后，方志敏被押解到国民党军四十三旅的团部，后来被关押在南昌军法看守所。在团部监狱时，方志敏写下了著名的《自述》。他说："我已认定苏维埃可以救中国，革命必能取得最后的胜利，我愿意牺牲一切，贡献于苏维埃和革命"，其坚定信仰、决然无畏跃然纸上。

敌人对方志敏严刑拷问、威逼利诱，都不能使他屈服。当他被拉去游街示众时，"戴了脚镣手铐而站在铁甲车上之方志敏，其态度之激昂，使观众表示无限敬仰"。入南昌军法看守所之后，方志敏在生命的最后时光中，用敌人劝降的笔纸开始写下根据地和红军的历史、教训和建议，也回忆了个人的革命经历。半年时间内，他一共写了十几篇文章，约十几万字。

他写的《我从事革命斗争的略述》是狱中文稿中最长的一篇，有6万余字，除了总结赣东北苏维埃建设的经验外，还全面分析了北上先遣队失利的原因。方志敏写道："何时枪毙——明天或后天，上午或下午，全不知道，也不必去管。在没有枪毙以前，我应将赣东北苏维埃的建设，写一整篇出来。我在这炎暑天气下，汗流如雨，手执着笔，一面构思在写，一面却要防备敌人进房来。我下了决心，要在一个月内，写好这篇文字。"方志敏是北上抗日先遣队后期活动的主要领导人。他对赣东北根据地和北上抗日先遣队失利的总结，是全面总结第五次反"围剿"经验教训的重要文献，极其珍贵。

方志敏在狱中撰写的文稿最为人们所熟知的，是《可爱的中国》和《清贫》。翻开这本珍贵的遗稿，我们可以看到稿纸上面的笔迹俊秀，版面整洁，在部分页上方志敏还对用词做了修改。比如在《可爱的中国》一文的第50页，他将"神圣的民族斗争"改成"神圣的民族革命战争"。这说明，在撰写文稿的时候，方志敏曾经过仔细的思考和斟酌，并进行了誊写和修改。

《可爱的中国》写于1935年5月2日，在文中，方志敏借祥松之名，真挚地诉说："半殖民地的中国，处处都是吃亏受苦，有口无处诉。但是，朋友，我却因每一次受到的刺激，就更加坚定为中国民族解放奋斗的决心。我是常常这样想着，假使能使中国民族得到解放，那我又何惜于我这一条蚁命！"

他满怀深情地描述了他心中的新中国图景："到那时，到处都是活跃的创造，到处都是日新月异的进步，欢歌将代替了悲叹，笑脸将代替了哭脸，富裕将代替了贫穷，康健将代替了疾苦，智慧将代替了愚昧，友爱将代替了仇杀，生之快乐将代替了死之悲哀，明媚的花园将代替了凄凉的荒地！"他向着同志们高呼："不要悲观、不要畏馁，要奋斗！要持久的艰苦的奋斗！要各人所有的智慧才能，都提供于民族的拯救吧！无论如何，我们决不能让伟大的可爱的中国，灭亡于帝国主义肮脏的手里。"如今，当我们重读方志敏狱中撰写的《可爱的中国》一文时，他那对祖国母亲的热爱之情，对于革命胜利的憧憬仍不禁使人为之心灵震撼，情动肺腑。

《清贫》手稿写于5月26日。在文中，方志敏说："我从事革命斗争，已经十余年了。在这长期的奋斗中，我一向是过着朴素的生活，从没有奢侈过。经手的款项，总在数百万元；但为革命而筹集的金钱，是一点一滴的（地）用之于革命事业。这在国方的伟人们看来，颇似奇绩（迹），或认为夸张；而矜持不苟，舍己为公，却是每个共产党员具备的美德。""清贫、洁白、朴素的生活，正是我们革命者能够战胜许多困难的地方！"

在狱中的日子里，方志敏夜以继日地写作，战友们陆续遇害，他要尽快完成文稿。1935年8月6日，方志敏在南昌市下沙窝英勇就义，年仅36岁。与他同样被俘遇害的还有军团长刘畴西、第十九师师长王如痴、保卫局局长周群、第十九师政治部主任李树彬、第二十一师师长胡天桃等。

方志敏牺牲后，他在狱中写下的手稿被辗转送交党组织。中国国家博物馆

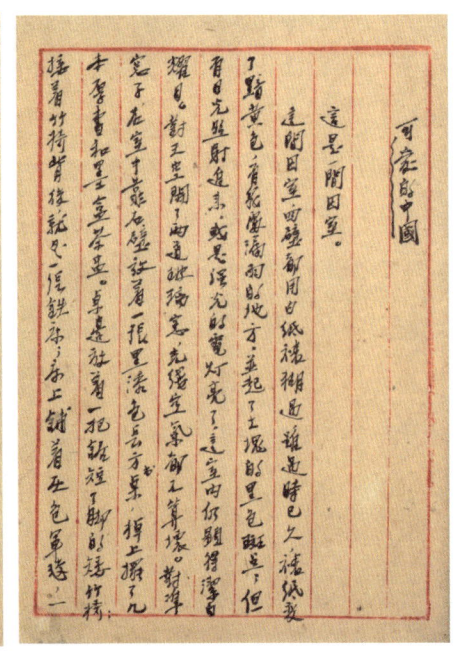

方志敏在狱中撰写的《可爱的中国》《清贫》手稿

还收藏有一封方志敏托友人转交手稿的信件。他在信中说:"为防备敌人突然提我去枪毙,故我将给你的介绍信写好了,是写给我党的中央,内容是说明我在狱中所做的事,所写的文稿,与你的关系。你的过去和现在同情革命,帮助革命的事实,由你答应交稿与中央,请中央派人与你接洽等情。写了三张信纸,在右上角点了一点作证号。"他信中还提到另外两封信:"另一信给孙夫人,在右角上下都点了一点。一信给鲁迅先生,在右角点了两点。"虽然方志敏并未见过宋庆龄与鲁迅,但出于信任,他还是想尽一切办法,寻找机会将手稿转交党组织。

替方志敏送手稿的有两个关键人物,一位是国民党官员胡逸民,他是与方志敏同狱的犯人。另一位是看守所的上士文书高家俊。他们都曾受方志敏委托转交信件。《可爱的中国》这篇手稿经谁手送出?章乃器的夫人胡子婴曾撰写一篇文章,记述了交接《可爱的中国》的经过。1936年11月,一个南昌监狱中释放的小官僚(胡逸民)拿《可爱的中国》等手稿,送到章乃器处,由胡子婴保存,后胡子婴转交给宋庆龄,由宋庆龄交给潘汉年。潘汉年将文稿交到中共上海办事处副主任冯雪峰手中。胡子婴的说法经曾和方志敏同在狱中服刑、为他从狱中带出手稿的胡逸民证实。我们还注意到,在中国国家博物馆所藏这封给友人的信中,有一句话"高的廿元,想不到办法给他吗?",可见,方志敏所托送书稿的友人并非高家俊。

方志敏先后任赣东北省、闽浙赣省苏维埃政府主席,红十军、红十一军政治委员,中共闽浙赣省委书记。他在赣东北、闽浙赣根据地创造了一整套建党、建军和建立红色政权的经验,毛泽东称之为"方志敏式"根据地。他的手稿为我们党总结经验留下了珍贵的资料,《可爱的中国》和《清贫》文稿更是一个共产党员对共产主义信仰的庄严宣誓。为了可爱的中国,他将生死置之度外,正如他在诗中所言——"敌人只能砍下我们的头颅,决不能动摇我们的信仰！因为我们信仰的主义，乃是宇宙的真理！为着共产主义牺牲，为着苏维埃流血，那是我们十分情愿的啊！"

新中国成立后，《清贫》《可爱的中国》被编为《可爱的中国》一书，原稿于1953年11月由中共中央办公厅拨交给中国革命历史博物馆永久保存。1953年毛主席在巡视浙江莫干山时说："方志敏同志有勇气、有志气，而且是很有才华的共产党员，他死的伟大，我很怀念他。"2009年9月，中共中央组织部等11个部委联合评选，方志敏入选"100位为新中国成立作出突出贡献的英雄模范人物"。

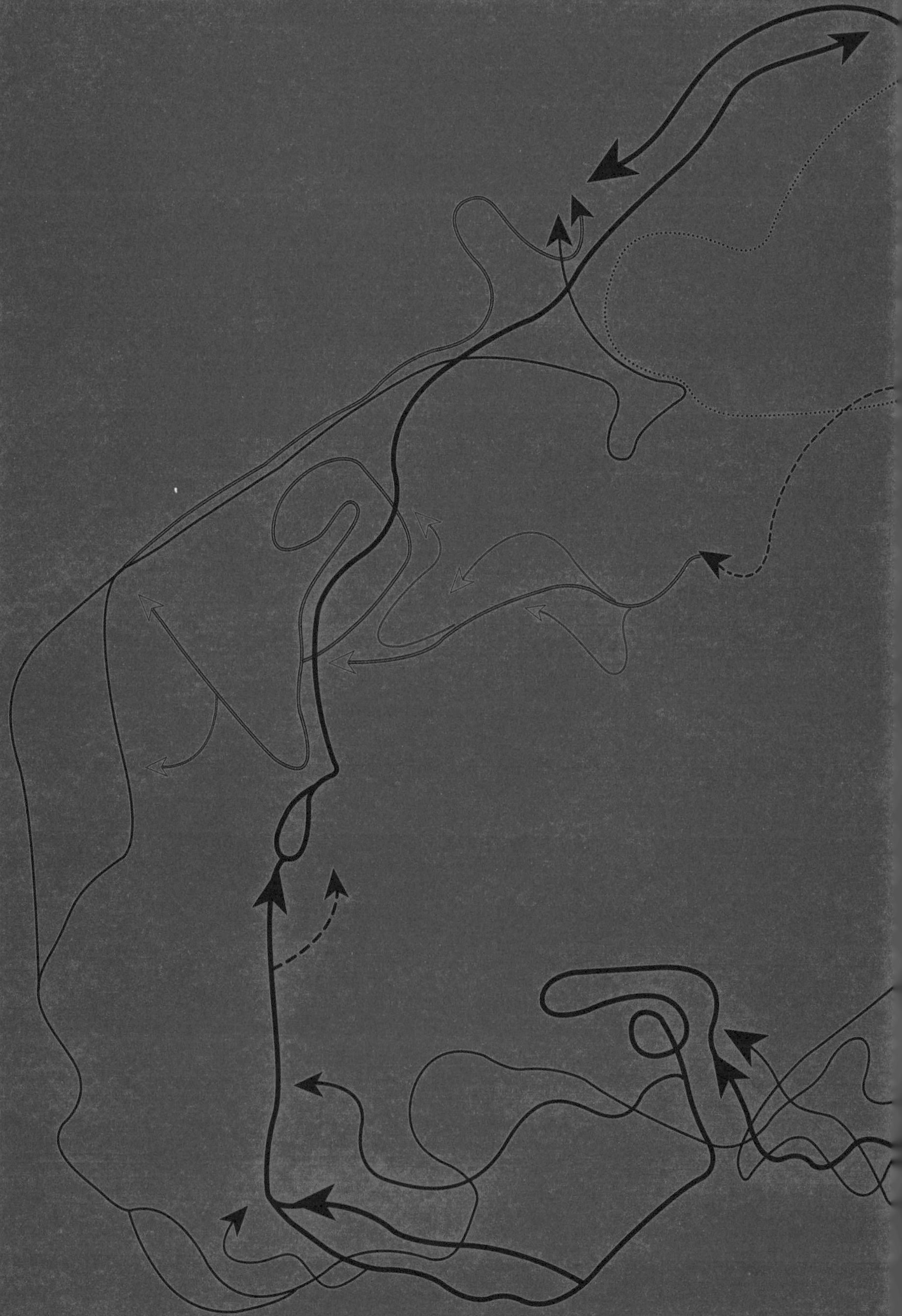

红四方面军南下

《绥崇丹懋天芦战役山地河川及隘路攻击之注意》手稿

1935年8月，中共中央、中革军委决定红一、红四方面军分左、右两路北上甘南，建立川陕甘革命根据地。其中，左路军由朱德任总指挥，张国焘任政委。朱德坚决执行中央的指示精神，准备率军北上，而张国焘却有意抗拒中央北上方针，公开提出南下川康边的计划，强令部队南下。朱德不顾自己处境险恶，一方面同张国焘作坚决斗争，另一方面同徐向前等人领导指挥红军同国民党军英勇战斗，先后组织指挥了绥崇丹懋战役和天芦名雅邛大战役。这篇《绥崇丹懋天芦战役山地河川及隘路攻击之注意》是朱德随红四方面军南下，指挥部队与国民党军作战时亲笔写下的重要战略文章，见证了这位杰出的军事家对于作战的缜密思考和深入研究。

1935年6月，中央红军大部队翻越终年积雪、空气稀薄、人迹罕至的夹金山，到达懋功，与红四方面军胜利会师。红军指战员们欢欣鼓舞，热烈祝贺两军胜利会师。此时，两支主力红军总兵力达10余万人，声势浩大，士气高涨，部队战斗力大为增强。毛泽东向部队作了重要讲话，指出两军会师是红军战斗史上的重要一页，是中华苏维埃有足够战胜国民党反动政府和完成北上抗日任务的力量表现，强调红军是打不垮、拖不烂的队伍。他号召两支红军的全体同志在党中央的领导下努力工作、互相学习、亲密团结，完成党交给的一切任务。

中央红军和红四方面军会师后面临的首要问题是要正确分析形势，尽快确定新的战略方针和战略方向，打破国民党军的"围剿"和"追剿"，建立新的根据地。

由于懋功所在的川西北地区大多是少数民族聚居地，地广人稀，山高谷深，交通不便，经济贫困，补给困难，不利于红军的生存和发展，不适宜红军建立根据地。而在此以北的陕甘地区，地域宽阔，交通方便，物产较为丰富，汉族居民较多，又是帝国主义势力和国民党统治的薄弱地区，特别是邻近抗日斗争的前线华北。中共中央和中革军委经过研究和分析后，决定放弃遵义会议制定的关于在川西北建立根据地的计划，集中力量向东、向北发展，在川陕甘建立根据地。

早在懋功会师前，6月16日，中共中央、中革军委领导人朱德、毛泽东、周恩来、张闻天致电红四方面军领导人张国焘、徐向前、陈昌浩，总的指导思想是占领川陕甘三省，具体的战略行动是以当时红四方面军所控制的茂县、北川、威州为基础，进而向北发展。然而，张国焘不赞同中央向北发展的方针，主张向南行动。两种战略方针、两个发展方向存在着严重分歧。中共中央和中革军委领导人继续通过电文与身在茂县的张国焘交换意见，从战略形势、面临困难、作战难度等方面指出向西或向南发展都是错误的。

为统一红军的战略方针，6月26日，中共中央在懋功北部的两河口召开政治局扩大会议。28日，中央政治局正式作出了关于一、四方面军会合后战略方针的决定，指出红军应集中主力向北进攻，创造川陕甘苏区，坚决反对出现避免战争、退却逃跑、保守偷安及停止不动的倾向。29日，中革军委根据两河口会议确定的战略方针制定松潘战役计划，将两个方面军的主力分编为左、中、右三路军并北进。同日，中央政治局常委召开会议，通过中革军委制定的行动计划，并决定增补张国焘为中革军委副主席，徐向前、陈昌浩为中革军委委员，为解决两军会合后的统一指挥问题提供了组织上的保证。

按照松潘战役计划，各路部队开始集中，迅速向松潘开进。毛泽东、张闻天、周恩来、朱德等中共中央和中革军委领导人连续翻越梦笔山等大雪山，于7月10日到达芦花（今黑水县芦花镇），耐心等待张国焘执行两河口会议决定，率军北上，会攻松潘。然而，张国焘却坚持其南下的主张，他自恃红四方面军有8万多人，公然向党争权，一再要求中央改组中革军委和红军总司令部，给红军两大主力会师后的有利形势蒙上了阴影。

中共中央在坚持组织原则的前提下，从团结的愿望出发，经过反复商讨，于7月18日在芦花召开中央政治局常委会扩大会议，决定由张国焘任总政治委员并为军委的总负责者。同日，中革军委发出通知：一、四方面军会合后，一切军队均由中国工农红军总司令、总政委直接统帅指挥。仍以中革军委主席朱德兼总司令，并由张国焘任总政治委员。会后，张国焘率红四方面军北上毛儿盖集中。但是，由于张国焘的拖延，原定的松潘战役计划因敌情发生变化已不能实现，红军不得不改道经自然条件极为恶劣的草地北上。

8月3日，红军总部制定进军甘肃南部的夏（河）洮（河）战役计划，决定迅速北进，向甘肃南部的夏河流域发展，形成在甘南广大区域发展的局面。这一作战计划将红一、红四方面军混合编成右路军和左路军共同北上。右路军由红一方面军的第一军和红四方面军的第四军、第三十军组成，由前敌总指挥部总指挥徐向前、政委陈昌浩率领。毛泽东、张闻天、周恩来等中央领导人随右路军行动。左路军由红一方面军的第五军、第三十二军和红四方面军的第九军、第三十一军、第三十三军组成，由红军总司令朱德、总政委张国焘率领。彭德怀率第三军和第四军一部作总预备队，掩护中央机关前进。8月下旬，右路军穿越荒无人烟的大草地后，等待左路军前来会合。而此时，张国焘提出种种借口仍然坚持南下。9月9日，他电令右路军政治委员陈昌浩率部南下，"彻底开展党内斗争"。毛泽东得知这一情况后，与周恩来、张闻天、博古、王稼祥紧急磋商，决定连夜率红一、红三军和军委纵队先行北上。中共中央多次致电要求张国焘立即率部北上，但他置之不理。为揭露和批判张国焘的分裂主义，确定下一步的行动方针，9月12日，中共中央在甘南迭部县的俄界（今达拉乡高吉村）召开政治局扩大会议，作出《关于张国焘同志的错误的决定》，并将北上红军编为中国工农红军陕甘支队。

张国焘顽固坚持南下，置党中央的一再电示和耐心挽救于不顾。他加紧进行南下部署，提出以红四方面军主力南下川康边境的丹巴、甘孜、道孚、天全、芦山等地，建立天（全）芦（山）雅（安）根据地，相机向四川发展，并迅速在各军中传达。9月下旬，原左路军和右路军的一部分（包括红四方面军和原属红一方面军但已编入左路军的红五、红三十二军）在张国焘的指挥下向南行进。10月5日，在卓木碉（今马尔康市脚木足乡）主持召开高级干部会议时，张国焘公然宣布另立"中央"，打出了分裂主义的旗帜。这一公开分裂党的行为，受到朱德、刘伯承等人的反对，在广大干部、红军战士中也引起了不满。

此时，蒋介石的行营参谋团和四川"剿匪"总司令刘湘见红军一部北上、大部突然南下，立即沿大小金川布阵防堵，对在川刘文辉部、杨森部、邓锡侯部等进行部署，企图凭借高山峡谷，阻止红军南下。

10月7日，为贯彻其南下方针，打开通往天全、芦山的通道，实现在川康边创建根据地的计划，张国焘以"中革军委主席"的名义发布了绥（靖）崇（化）丹（巴）懋（功）战役计划，决定红四方面军主力分左、右两路纵队，沿大小金川进攻，分别夺取绥靖、崇化、丹巴、懋功等地。历时15天的绥崇丹懋战役，红军占领多个要地，并以击溃杨森、刘文辉部6个旅，毙、俘敌3000余人的战果而告结束。

红四方面军南下川西南作战，引起蒋介石的高度重视。他将在西南地区"围剿"红军的军事重心移至重庆，派大批军政官员入川，并对川军进行整编。整编后的川军充实了建制，补充了武器弹药，战斗力有所增强。随后，四川各路军阀协调各自防线和军事部署，企图力拒南下红军于川西北山区，确保川西平原，进而消灭红军。

根据敌情变化，20日，张国焘发布天芦名雅邛大战役计划，决定红军主力乘胜而进，分左、中、右三路纵队，以取得天全、芦山、名山、雅安、邛崃、大邑广大的根据地为目的，击溃杨森、刘湘等四川地方军阀势力。红四方面军浴血奋战，十余日内连下宝兴、天全、芦山等县城，占领了邛崃以西、大渡河以东、青衣江以北、懋功以南的川康边广大地区，毙、伤、俘敌1万余人，击落敌机一架。但终因敌我力量过于悬殊，南下红军于11月下旬撤出百丈地区，由进攻转入防御。至此，天芦名雅邛大战役被迫中止。

张国焘率红四方面军在南下战斗过程中遭到数倍于己的敌人的围追堵截，而中共中央率红一、红三军坚持北上，于1935年10月间胜利到达陕北。在多次电示、耐心教育挽救无效的情况下，1936年1月22日，中共中央政治局作出《关于张国焘同志成立"第二中央"的决定》，责令他立刻取消另立"中央"。军事方面，南下红军面对数倍于己的强敌，不断遭受重大损失，在川康边建立根据地的方针已无法实现。6月6日，迫于形势，张国焘不得不宣布取消他另立的"中央"。7月上旬，会师后的红四、红二方面军共同北上，与红一方面军在会宁、将台堡会师，长征胜利结束。

朱德在随红四方面军南下的过程中，始终坚持北上的方针不动摇，为保存和发展南下红军力量，重新北上回到中共中央周围，他积极行使总司令职权，尽量发挥自己的作用。在处境非常艰难的情况下，与广大指战员休戚与共，并随时做好部队的思想政治工作。据徐向前回忆："朱德总司令虽不同意张国焘的分裂主义行为，但认为部队既然已经南下，就应打开战局，找块立脚生存的地方。那么多红军，没有地盘，没有饭吃，无异于不战而自毙。同时，他又坚信，只要大家是革命的，最后总会走到一起的。"

在朱德、徐向前指挥下，红军连续发动几个战役。战斗中，朱德及时了解敌情、地形和战斗特点，研究作战部署，拟制战役计划，正确指导战争。同时，还要求各级指挥员要讲究战术，充分发挥运动战特长，以快、以巧制敌，力求最大限度地避免失误和损失，用小的代价去换取大的胜利。早在大革命时期，朱德就和川军打过仗，对川军的作战特点了如指掌。他说："川军向来欺软怕硬，惯打滑头仗，我们不打则已，要打就狠狠地打！"

这篇朱德制定的《绥崇丹懋天芦战役山地河川及隘路攻击之注意》，被写在六张纵22厘米、横15厘米的纸上，这些纸原是一大张废弃的交通图，朱德把它裁开后进行重复利用，临时把作战的注意事项写在这些纸的背面。从使用的纸张和略显潦草的钢笔字迹可以看出当时作战环境的恶劣和战事的紧张。1951年1月，这件珍贵的文物几番辗转后，由中华全国文学艺术界联合会拨

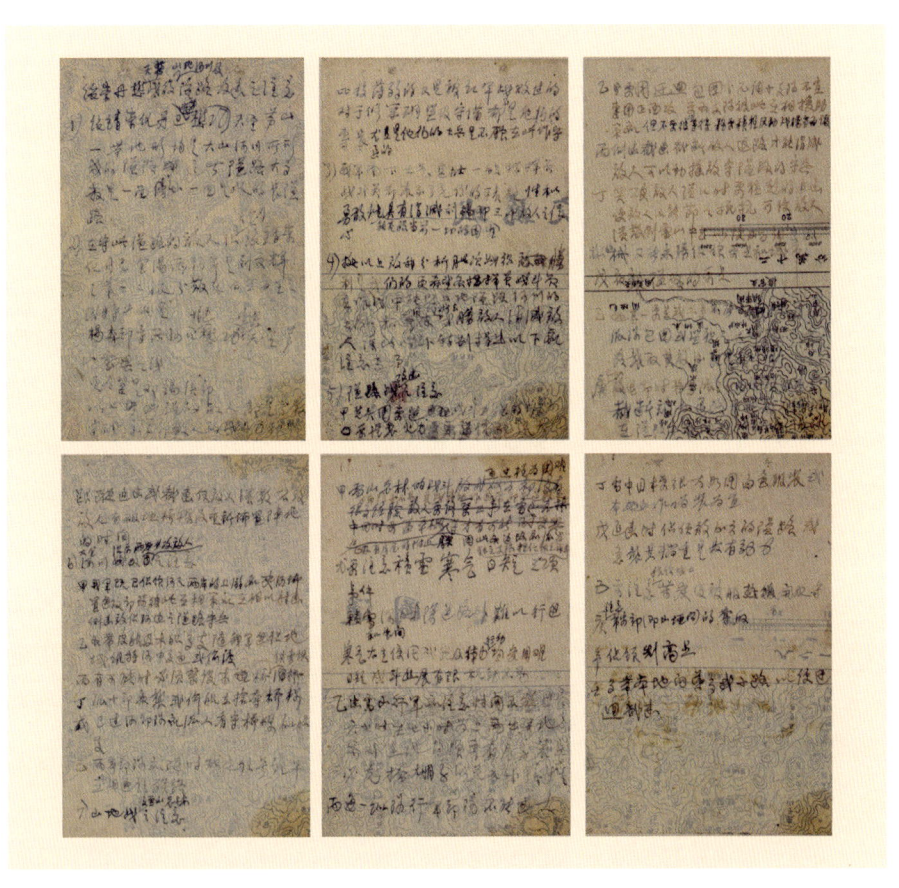

朱德写的《绥崇丹懋天芦战役山地河川及隘路攻击之注意》手稿

交给博物馆保管和研究。

朱德在文中对敌军部署和战争形势进行了分析，运用运动战的战法，对各隘路攻击、大金川沿岸进攻和山地雪山老林战斗中可能遇到的情况都做了详尽且周密的计划和安排。其大意为：绥靖、崇化、丹巴、懋功、天全、芦山一带地形，均是大山河川所形成的隘路。这些隘路大多数是一面傍山、一面是水的长隘路，刘文辉部、杨森部、邓锡侯部等敌军在各重要隘路设防，敌人士兵的专长是修筑碉堡和守备，而南下红军指战员拥有充分的积极性和勇敢精神，能克服当前一切困难，具有消灭敌人的信心。

隘路战攻击时应注意：先头部队要选择战斗力强、火力强的；不宜用正面攻击，要以小部队迂回包围敌人，彼此援助策应；要注意用侧击、截击截断敌人退路；突破敌人隘口时要猛烈追击，迫使敌人溃散到雪山中，以便缴械，再乘胜夺取要点和城市；遇某一要点或工事不能攻占时，可包围或监视，大部队则可绕路袭取敌后；敌人退却时，要迅速截断其退路，把敌人消灭在隘路中，夜间要跟踪追击或截击，使敌人溃散，不能让他们有重新布置阵地的时间。

大金川沿河两岸进攻敌人时应注意：我军既已占领河两岸上游，应布置进攻部队彼此互相策应，射击、侧击占领河边的隘路守兵；带皮船及木船多支进占地域维持河中交通；有可能时必须架设木桥、铁索桥；派小部队夜袭或偷船去抢夺桥；已过部队应派人看守桥和船支（只）；两岸部队应随时规定信号记号，互相通信联络。

山地雪山老林战时应注意：布防不易，其战斗通常都在道路上，因此各道路应派遣独立支队担任独立战斗，要注意积雪、寒气、日短三项事件。雪山行军应注意时间不能太长，六至七小时为上，每一纵队行军部队不能过大；雪中目标很大，可用白色服装或布作伪装；追击时占领敌人后方隘路或急袭其辎重是最好的；要注意给战士提供煤炭、被服、热饭和开水；注意夺取山垭口、占领制高点；多带本地向导找小路，以便迂回截击；等等。

　　这一时期，朱德一边在前方指挥作战，一边抓紧时间撰写了《绥崇丹懋天芦战役山地河川及隘路攻击之注意》《康泸天芦名雅邛大战役中战术上应注意之点》《青龙场的战斗是天芦战役中的模范战例》《天芦战役中追击之模范与不追击之失败》《雪山老林的战斗》《搜获俘虏之疏忽》《对防空应注意之点》等一系列反映战略战术指导思想的文章。他在文章中详细阐述战略战术要点，在作战细节上对指战员进行指导，并对战斗中出现的问题加以总结。这些文章是朱德作为军事家的个人指挥才能的最好体现和反映，在指导南下红军的作战中起到了十分重要的作用。

　　曾经到延安采访过朱德的德国人王安娜在她的《中国——我的第二故乡》一书中，有这样的描述："平平无奇的外表，淳朴的态度，毫不矫揉造作的谦逊，这些都不能说明朱德是一个平平庸庸的人。他的军事和政治才能，连外国的专家们也深信不疑。他的这种才能，在他作为红军最高指挥员的漫长生涯中，已得到证明。"

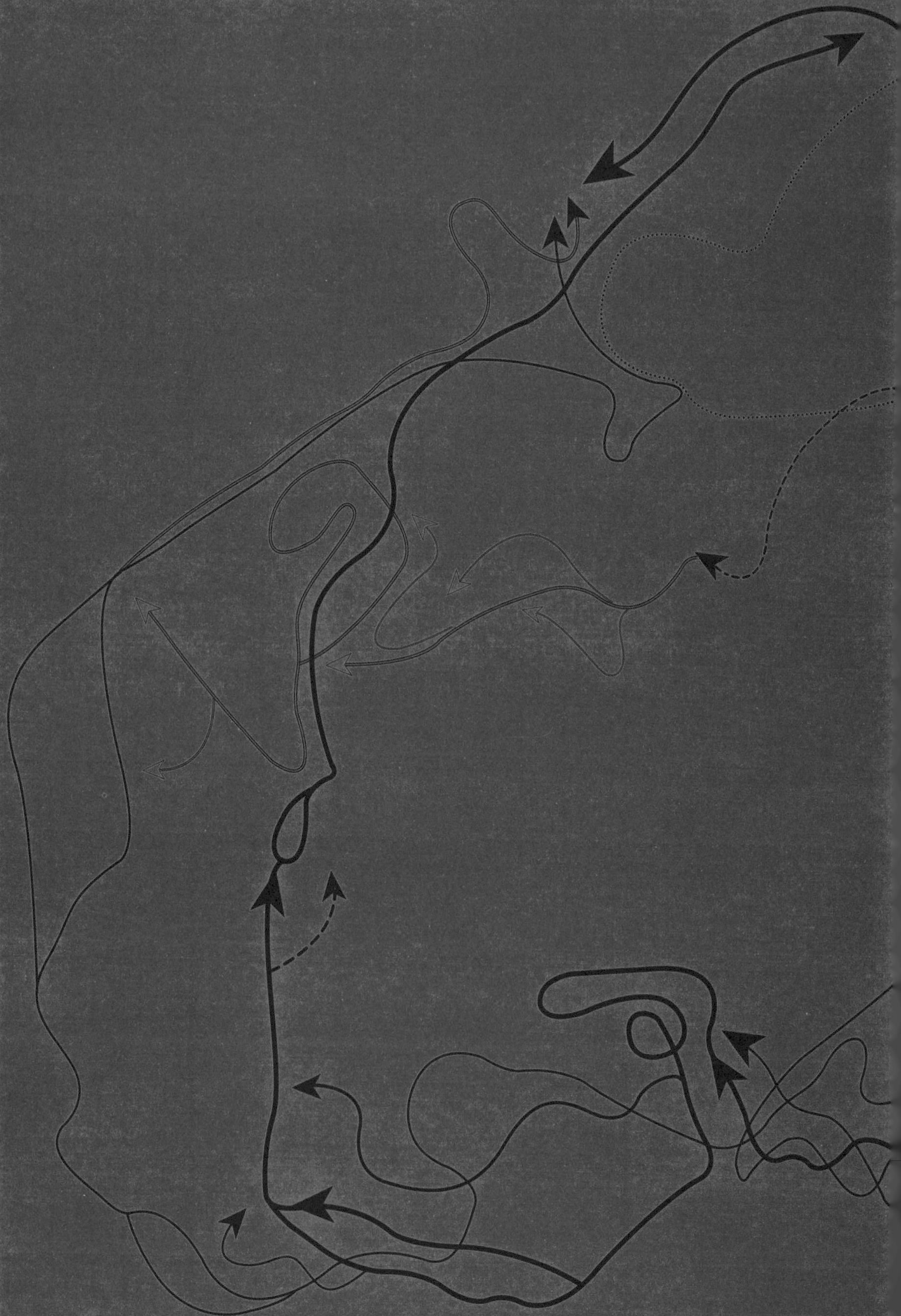

为了那唯一的红色落脚点

刘志丹在陕北征战时使用过的马鞍和马镫

由刘志丹、谢子长、习仲勋等创建的陕甘革命根据地，是土地革命战争后期全国"硕果仅存"的红色革命根据地。正因为这块根据地的存在，才使历经千难万险的各路长征红军有了落脚点。1935年9月，红二十五军与刘志丹等领导的陕北红军顺利会师，改编为红十五军团，为迎接党中央，将革命大本营奠基西北作出了积极贡献。中国国家博物馆收藏有刘志丹在组织第三次反"围剿"战斗、攻打横山县城时所骑战马的马鞍和马镫。它是刘志丹与陕北红军英勇顽强、浴血奋战，创建根据地的珍贵历史物证。

1934年，全国多个根据地相继沦陷，各路红军实施战略转移，但这一年，刘志丹指挥陕北的红二十六军，粉碎了国民党军对根据地的第一次"围剿"，陕甘边区苏维埃政府也在南梁成立，习仲勋当选为主席。在革命的危急时刻，陕甘边区成为红星照耀的地方。在其后的一年时间里，刘志丹、谢子长、习仲勋等领导根据地军民英勇斗争，粉碎了敌人的第二次"围剿"，根据地逐渐发展壮大，最终为中国革命保存了"硕果仅存"的红色革命根据地，为中国红军北上抗日创造了条件。

中国国家博物馆收藏有刘志丹在第三次反"围剿"战斗中所骑战马的马鞍和马镫。马鞍高24厘米、横长50厘米，马镫高15厘米、长13厘米。1935年9月，在攻打横山县城的战斗后，刘志丹率部撤退到石窑沟村。他的战马死在了石窑沟村，被掩埋在后沟的烂泥湾中。马鞍和马镫也被留在了当地。刘志丹是中国工农红军陕甘游击队、陕甘边根据地的主要领导人，他无私无畏、智勇双全、爱护人民的感人故事在陕北群众中广为流传。

刘志丹，1903年出生于陕西保安县金汤镇，原名刘景桂，后来为了表明自己为民族、为革命而"留取丹心照汗青"的志愿，改名为"志丹"。1925年，他加入了中国共产党，后被选派去黄埔军校学习。1927年大革命失败后，为了探索革命斗争的道路，刘志丹和谢子长等在中共陕西省委的领导下，积极投入到清涧、渭华等地的武装斗争中，后来又搞了3年的兵运工作。一系列起义和兵运活动的失败让他逐渐认识到创建革命根据地的重要性。

九一八事变后，刘志丹、谢子长等组建了西北反帝同盟军，后改编为中国工农红军陕甘游击队。1932年12月，陕甘游击队改编为中国工农红军第二十六军。红二十六军成立后，与渭北游击队协同作战，不断开辟新的游击区，以

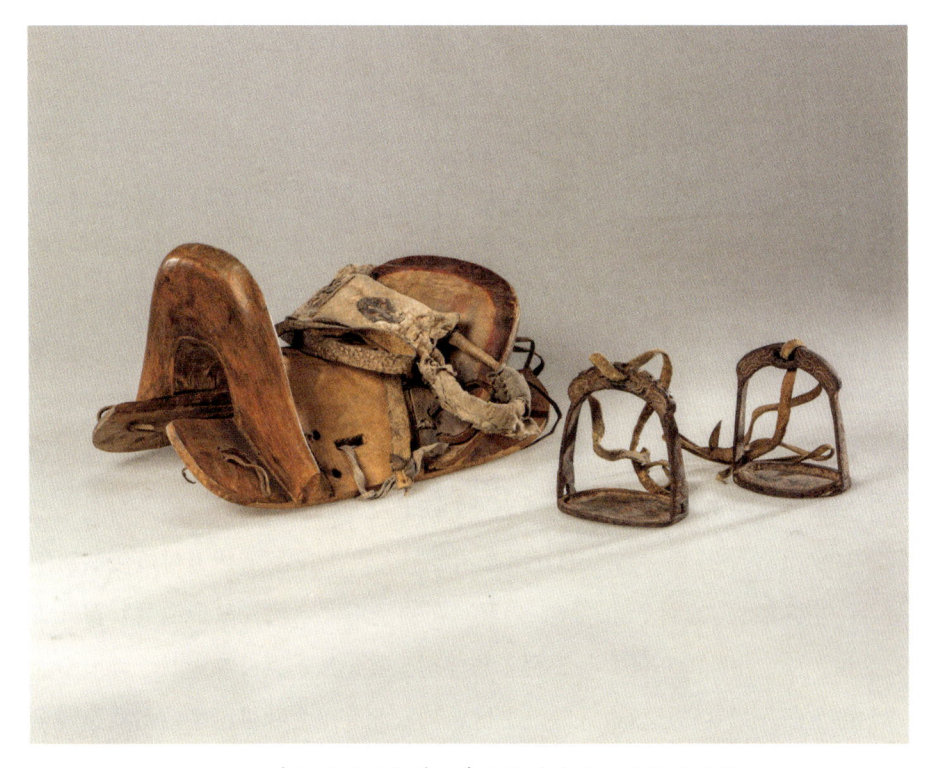

为了那唯一的红色落脚点——刘志丹在陕北征战时使用过的马鞍和马镫

刘志丹在陕甘地区坚持斗争时所骑战马的马鞍及马镫

照金为中心的陕甘边革命根据地逐步形成。1934年，刘志丹指挥红二十六军粉碎了国民党军对根据地的第一次"围剿"，取得了九战九捷的大胜利。红二十六军发展到5个团，开辟了10多个苏维埃区域。1934年11月，陕甘边区苏维埃政府在南梁正式成立，习仲勋当选为主席。

根据地捷报频传，党和红军派出工作人员深入山区，访贫问苦，革命的宣传也卓有成效。"红军打仗真勇敢，白军见了吓破胆。打土豪来分田产，咱们穷汉把身翻。跟上咱们的刘志丹，为咱穷人打江山。"革命根据地传唱的歌谣，充分反映了人民群众对红军的敬佩和拥护之情。

1935年1月，刘志丹率红二十六军北上到达陕北安定县（今属子长市），同谢子长领导的红二十七军会合。2月，中共西北工作委员会和西北革命军事委员会成立。根据地的蓬勃发展让国民党当局惊惧，1935年春，4万敌军对陕甘边、陕北发动了第二次"围剿"，根据地军民经过5个月的浴血奋战，粉碎了敌人的"围剿"。陕甘边与陕北根据地连成一片，游击区扩大到30多个县，苏区人口过百万，终于实现了为红军长征提供一块巩固的落脚点的目标。

陕甘革命高潮的信息通过当时全国影响很大的《大公报》和陕西、山西等地报纸迅速传播到全国，客观上为中共中央和各路红军落脚陕北提供了可靠的信息来源。红二十五军也是通过这些报道，在无法得到红一、四方面军确切动向的情况下，决定奔赴陕北，与刘志丹的陕北红军会合。

1935年8月21日，红二十五军政治委员吴焕先在泾川县王村抢渡汭河的战斗中中弹牺牲。9月7日，红二十五军在豹子川（今属甘肃华池县）召开省委会议，决定由徐海东任军长、程子华任军政委、戴季英任参谋长、郭述申任政治部主任。军领导还就进入陕北苏区，同陕北红军会师进行了政治动员。全军指战员得知将要进入苏区，人人兴高采烈，欣喜万分。

9月9日，红二十五军指战员冲破敌军重重围堵，战胜荒漠和饥饿，终于到达保安县永宁山。当陕甘边特委和西北工委得知红二十五军到达的消息后，极为振奋。西北工委立即发了《为迎接红二十五军北上给各级党部的紧急通知》，要求各级党组织立即动员起来，发动群众开欢迎会、庆祝会，送慰问品，陕甘边特委书记兼陕甘边苏维埃政府主席习仲勋和陕甘边军委主席刘景范等也赶来看望和迎接。红二十五军在永宁山修整期间，当地的农会、妇女会、儿童团给部队送粮送柴，赤卫军、儿童团为大家站岗放哨，盘查行人，让红二十五军的指战员深受感动。部队领导徐海东、程子华等要求全军整顿军容风纪，切实执行群众纪律，和群众打成一片，搞好军民关系，虚心向陕北红军学习，团结协作，并肩战斗。

　　经过修整后，红二十五军从永宁山出发。一路上，红二十五军受到根据地群众亲人般的接待。他们腾房让窑，磨面碾米，杀猪宰羊，捐献鞋袜，送水送饭，热情慰劳红军指战员，到处洋溢着喜迎亲人的热烈气氛。一首陕北民歌这样唱道：

一杆杆红旗空中飘，

红二十五军上来了。

来到陕北洛河川，

劳动百姓好喜欢。

　　红二十五军得到充足的粮食，大部分战士穿上了新鞋袜，深深体会到了根据地人民的关怀。战士们喜气洋洋，一路上欢歌笑语，行军速度大大加快，9月15日到达延川县的永坪镇。16日，刘志丹率领红二十六、二十七军到达永坪镇，三个军胜利会师。至此，红二十五军经过两个月的艰苦转战，行程4000余里，进行大大小小战斗10多次，打退了敌人的追堵，终于实现了自己的战略意图，胜利完成了长征。

　　9月18日，红二十五军和陕北红军在永坪镇召开盛大的联欢会。会场上悬挂着"欢迎红二十五军"的条幅，参会人员都欢欣鼓舞。刘志丹和徐海东做了发言，号召两军亲密团结，携手粉碎敌人"围剿"，巩固扩大陕北革命根据地和配合主力红军行动。联欢会后，陕北红军和红二十五军领导人会议召开，宣布由中共西北工委和鄂豫陕省委联合组成陕甘晋省委，红二十五军和红二十六、二十七军合编为红十五军团，任命徐海东为军团长，程子华为政治委员，刘志丹为副军团长兼参谋长，全军团下辖七十五师、七十八师、八十一师，共

7000余人。

也就在红二十五军和陕北红军召开会师大会的同一天，中共中央和毛泽东从哈达铺的邮所内找到一摞旧报纸，从中得知陕北红军和陕甘革命根据地仍然存在，而且了解到那里还有徐海东的红二十五军。经过中央负责人会议的讨论，中央红军最终决定到陕北去，"那里有刘志丹的红军。那里就是我们的目的地"。

长征终于找到了落脚点！

红二十五军的到来，为根据地粉碎敌人第三次"围剿"增添了生力军。此前，根据地的发展令蒋介石惴惴不安，从1935年7月中旬，就已开始部署对陕北红军的第三次"围剿"。然而，在第三次反"围剿"斗争中，"左"倾错误的阴霾也笼罩在陕甘边区的上空，"积极争取苏区的领土不使一寸为敌人所蹂躏"的作战命令，完全违背了苏区的实际斗争规律。

在1935年8月27日的文安驿会议上，主持"肃反"的一些领导主张首先攻取瓦窑堡。刘志丹凭借丰富的战争经验指出，瓦窑堡是国民党军重点防御的地区，易守难攻，进攻瓦窑堡实际是军事冒险。双方争论不休，最后会议仍通过了攻取瓦窑堡的决议，刘志丹只能服从命令。经过侦察，他发现国民党军在瓦窑堡布置了大量的防御工事，根本无法强攻，于是决定避实就虚，突袭敌人守卫力量相对薄弱的横山县城。9月11日，刘志丹率领红军打响了突袭横山县城的战斗。然而，由于事先侦察不够、偷袭的云梯过短等原因，虽经屡次强攻仍未能成功破城。

因部队伤亡过大，刘志丹决定放弃攻城，部队退到石窑沟村驻扎。在这里，刘志丹的战马受伤死亡。刘志丹既没有勤务员，也没有警卫员，只配备有这匹马和一个兼炊事员的马夫。战马跟随他南征北战，平时刘志丹自己不骑，多数时间是给伤病员骑。如今，战场上的"好伙伴"也牺牲了，刘志丹只好将它掩埋在后沟的烂泥湾中。

攻打横山县城是刘志丹在第三次反"围剿"中亲自指挥的唯一一场没有取得胜利的战斗。虽然战斗本身失利了，但如攻打瓦窑堡则部队损失会更大。然而，横山战役的失败还是给"肃反"领导人提供了口实，刘志丹被指摘指挥不力。

和红二十五军会师后，刘志丹顶着压力，和徐海东一起带领红十五军团，组织了劳山战役，取得重大胜利，为迎接中央红军北上陕甘创造了有利条件。然而，战场的胜利却无法扫清根据地的阴霾，在中央红军到达之前，刘志丹等领导人就已被诬"右派"，身陷囹圄。1935年5月，中央红军到达陕北吴起镇后，毛泽东、周恩来迅速了解了情况，释放了刘志丹及其他受到迫害的同志。

1936年4月14日，在东征战斗中，刘志丹在山西省中阳县（今柳林县）三交镇前沿阵地观察敌情时不幸左胸中弹，牺牲时年仅33岁。刘志丹去世后，陕北人民为他失声痛哭。毛泽东无限悲痛，深情地写道："我到陕北只和刘志丹同志见过一面，就知道他是一个很好的共产党员。他的英勇牺牲，出于意外，但他的忠心耿耿为党为国的精神永远留在党与人民中间，不会磨灭的。"

中华人民共和国成立后，刘志丹使用过的马鞍和马镫在石窑沟村被找到。因长期使用，马鞍的鞍脊和鞍桥有多处划痕，肚带磨损严重，马镫也锈迹斑斑。1959年，它们被拨交给中央革命博物馆筹备处永久保存。

没有陕甘革命根据地，就没有中央红军长征的落脚点。在纪念红军长征胜利80周年大会上的讲话中，习近平总书记指出："西北地区红军创建陕甘革命根据地，同先期到达陕北的红二十五军一起打破了敌人的重兵'围剿'，为党中央把中国革命的大本营安置在西北创造了条件。"刘志丹、谢子长、习仲勋等指战员创造的红色根据地为红军长征和中国革命的胜利作出了巨大贡献。他们的革命事迹与崇高精神至今仍在西北地区人民群众中广为流传。

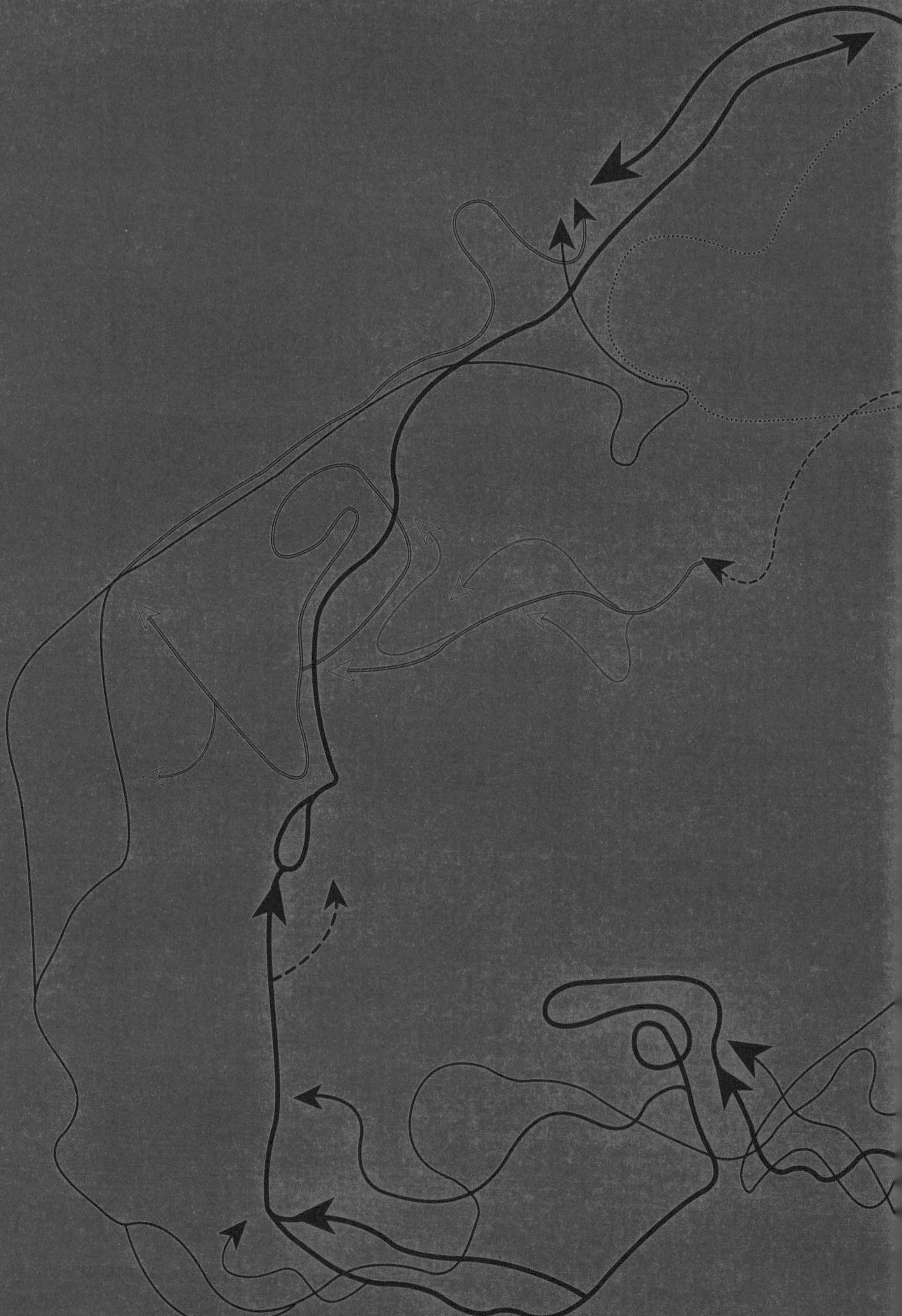

夺取天险腊子口

中央红军在战斗中缴获的理发推子

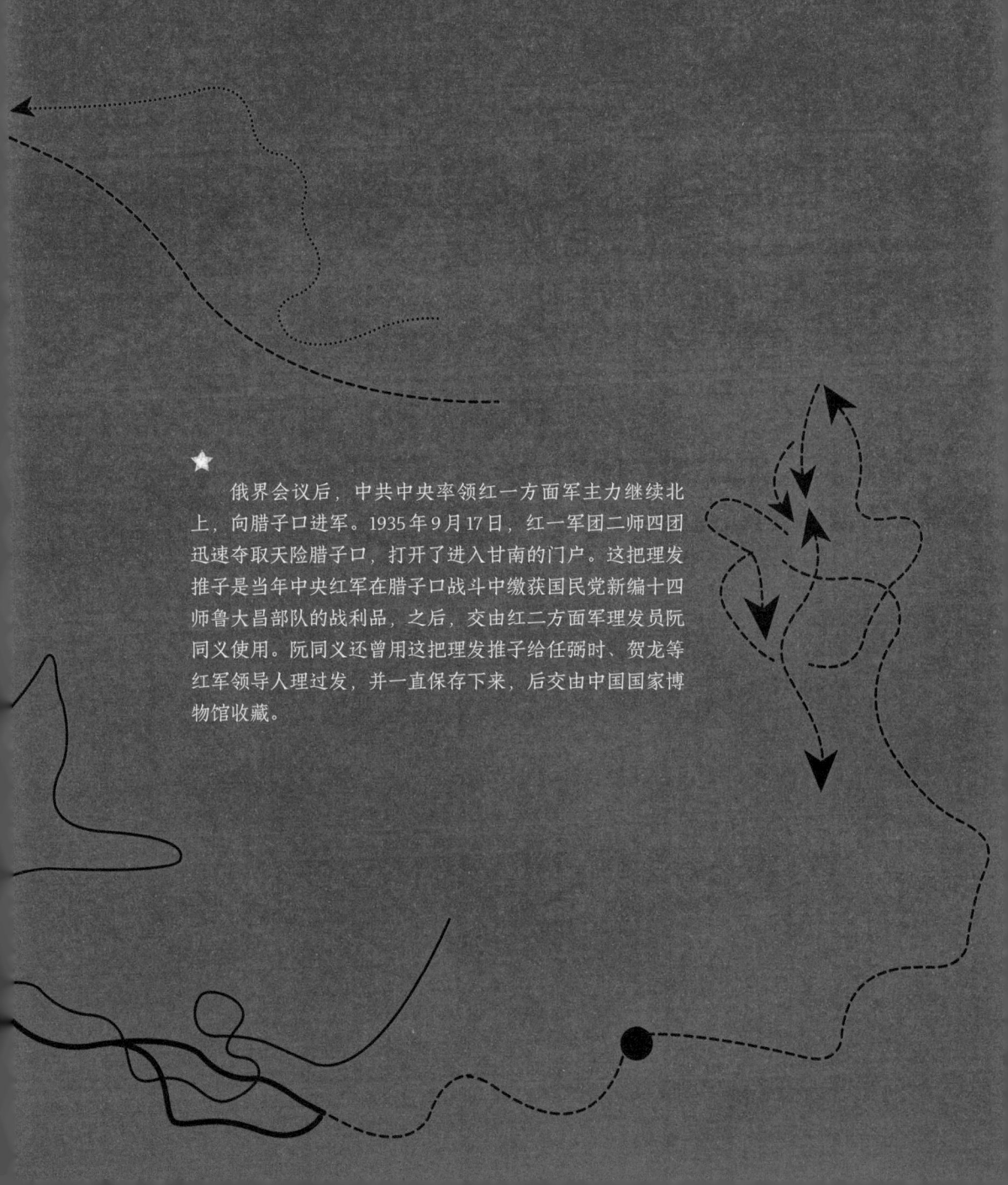

俄界会议后,中共中央率领红一方面军主力继续北上,向腊子口进军。1935年9月17日,红一军团二师四团迅速夺取天险腊子口,打开了进入甘南的门户。这把理发推子是当年中央红军在腊子口战斗中缴获国民党新编十四师鲁大昌部队的战利品,之后,交由红二方面军理发员阮同义使用。阮同义还曾用这把理发推子给任弼时、贺龙等红军领导人理过发,并一直保存下来,后交由中国国家博物馆收藏。

1935年9月13日，红一方面军主力按照俄界会议决定，继续北上。红军要突破敌人的封锁，进入甘南，夺取天险腊子口将是极为关键的一仗。

腊子口位于甘肃省甘南藏族自治州迭部县境东北部的岷山山口，在藏语中意为"险绝的山道峡口"。这里地形极其险峻，两边绝壁峭立，仿佛被一把巨斧劈开，既高又陡，从下往上斜仰视隘口只有30多米宽。腊子河从沟底流出，水深流急，浪花激荡，形成飞速转动的漩涡，深度虽不没顶，但想要徒步涉过，也是万难。口子后面的腊子山，横空出世，山顶积着一层白雪，山脉纵横。这里是四川通往甘肃的天然屏障，如果红军拿不下腊子口，部队就要被迫掉头南下，重走雪山草地；或改道西进，绕道青海，路途茫茫；或东进四川，取道汉中，进入国民党军重兵布好的"口袋"。因此，在这种情况下，只有立即夺下腊子口、打通红军北上通道，才是唯一的出路。

这一重任再次落到了擅打硬仗的红一军团二师四团肩上。红四团团长为黄开湘，政委为杨成武。9月14日，红四团到达甘肃境内白龙江边的莫牙寺作短暂休整。次日黄昏，部队接到作战指示，命令二师为前卫，第四团为先头团，向甘南的岷州前进，以两天行程，夺取腊子口，并扫除前进道路上拦阻的敌人。接到命令后，红四团很快开始了向腊子口进发的准备工作：找熟悉路线的当地向导、烧锅做好出发前的饭、进行战前动员。起床的号音响了，深夜宁静的山寨顿时热闹了起来。在嘈杂的声音中，军团首长宣布了行动任务："同志们！我们马上就出发了，我们是担任先头团，要以两天的行军，去夺取腊子口，扫除前进道路的障碍，迅速到达抗日的最前线，完成抗日救国的光荣任务。同志们！能完成这个任务吗？"战士们轰雷般地回答："能够！"在"坚决夺取腊子口""迅速打到西北去""不怕一切困难，坚决完成先头团的光荣任务"的口号中，部队精神饱满，一路高歌，浩浩荡荡踏着漆黑的夜幕出发了。

9月的川甘高原地区天气多变，刚才还秋高气爽，艳阳高照，不一会儿就乌云密布，狂风大作，冰雹和暴雨纷至沓来。在向腊子口进发的过程中，红四团在山顶上就遭遇了这种诡异的天气。据杨成武回忆，正当到达山顶时，忽然西面飞来了一片黑云，把太阳掩没了，变成了黑暗的世界，不到三分钟就散落下了无数"珍珠"和"白糖粉"（冰雹和雪）。大家都极高兴地叫着："好呀！""真好看呀！""大家来吃白糖吧！"接着就来了一阵狂风暴雨，他们也就开始下山了。在这狂风暴雨中继续前进……

除了变幻莫测的天气，川甘交界地区人烟稀少、人迹罕至，地形也十分复杂，崇山峻岭犬牙交错，原始森林茫茫无涯。在这里，即使有经验丰富的向导带路，也容易迷失方向。人生地不熟的红四团就曾在这片崇山密林中迷路了。据杨成武回忆，早上八点钟的时候，忽然先头营来报告："前面没有路了，这条路走完了，周围都是密林。带来的一个六十余岁的向导，她在十年前到过这里一次，现在此地路途都忘记了。"这可怎么办呢？另找一个向导吗？这里根本是没有人烟之地，周围都是老林。仍然跟着这条路走下去吗？路又没有了。停止吗？延误了时间，任务不能完成。真是急死人，进退两难。如何是好呢？"事到万难须放胆"，大家只好把指北针拿出来，朝着那北面的大隘口走去。

从俄界到腊子口，要经过藏族聚居区。饥肠辘辘、疲惫不堪的红军战士在深山老林里行军本就困难，还时常遇到藏族土司统领的藏兵和不明真相的当地居民的袭击和侵扰，每天都要损失几十人。红军走到甘南白龙江栈道时，被迫停了下来。原来，国民党反动派为了阻拦红军前进，在红军到达之前，已经进行了分段破坏，栈道木板几乎全部被拆掉，木桩也所剩无几，再加上敌人在山上滚石头，放冷枪，根本无法通过。这些栈道是悬空的，像飘带一样缠绕在白龙江岸边的陡崖峭壁上，没有真正的路基，只是在悬崖上凿一个半尺见方、二尺来深的石孔，再把一丈长短的木桩打进去，然后铺上木板，供人员攀扶通过。栈道上面是高一二百米的悬崖绝壁，有些地方的岸壁像要倒扣下来似的。栈道下面是奔腾咆哮的白龙江，有的地方离水面五六丈高，有的地方又紧贴水面穿过。白龙江两侧全是海拔三四千米的高山，这条栈道是通向腊子口的必经之路。为此，总部首长命令工兵连尽快修复栈道以保证通行。

就这样，红四团逢山翻山，遇林穿林，顶着烈日和骤雨，踏着崎岖的山路，跨过一个又一个的独木桥，一路向腊子口兼程疾进。9月16日上午，红四团连续击溃了国民党新编第十四师鲁大昌部第六团的堵击，终于在午后全部到达腊子口。

下午4时，红四团一营率先向腊子口守敌发起攻击，揭开了天险之战的序幕。由于是白天，四周石山难以隐蔽，红军几次进攻都被敌人机枪凶猛的火力和冰雹般的手榴弹挡了回来。太阳西沉了，枪声仍在不断地密密地响着。当时，红军左侧有土司卓尼杨的上万骑兵，右侧有国民党胡宗南部主力，后侧有从四川跟来的刘文辉的川边军，红军必须尽快冲过腊子口，一旦国民党军形成合围之势，后果将不堪设想。

红军决定调整部署，准备天黑之后夜袭。团长黄开湘和政委杨成武率领全团的营、连干部，察看地形并选择进攻地点。他们用望远镜看去，在腊子口前沿的两山之间横架有一座东西走向的木桥，这是通过腊子口的唯一通道。桥东头顶端的悬崖上添设有好几个碉堡群，并安排了一个机枪排防守。石堡下面还筑有防御工事，与石堡互为依托。隘口后面三角形谷地的山坡上也筑有工事。这两处方圆不过几百米的复杂地形上，敌人布置了两个营的兵力。从腊子口至后面的腊子山之间的峡谷，国民党鲁大昌部纵深配置三个团的兵力，组成交叉火力网。国民党军队在山谷地设有军需仓库，囤积了大批粮食和弹药，妄图据险固守，严密封锁红军北上的去路。正在一筹莫展之时，红军根据攻击时敌人暴露的火力，发现了敌军的两个弱点：一是敌人的炮楼没有顶盖；二是口子上敌人的兵力集中在正面，凭借沟口天险进行防御，两侧因为都是耸入云霄的高山，设防薄弱，敌人石堡旁边的一面石壁，既直又陡，几乎呈八九十度仰角，从山脚到顶端约七八十米高，山顶端倒是圆的，暂时未发现敌人。

反复缜密的侦察之后，红四团召开了干部会议和士兵大会，讨论作战方案。战士们争先恐后发表意见，指战员们认真总结经验，最终决定：由二营负责正面强攻，六连为主攻连，采取小群轮番攻击，疲惫与消耗敌人，杨成武负责指挥；黄开湘则率领由侦察队和信号组、一连、二连组成的迂回部队，从腊子口左侧攀登悬崖，插到守敌侧背，向敌发动突然攻击。此刻，红一军团团长林彪、政治委员聂荣臻、参谋长左权及红二师师长陈光也亲临前线，并肯定了他们的方案：正面冲锋道路狭窄，敌人已经组成严密的火力网，我们的兵力展不开，英雄无用武之地，必须坚决从侧面爬上去，迂回敌人侧背，来它个突然袭击，这样定会奏效，这是攻占腊子口的决定一着，要打得狠，奏效快。指战员看到各级首长都来观察地形，十分重视此次战斗，更坚定了必胜的信心，纷纷表示："保证拿下天险腊子口！"

当晚，红军得到情报：次日清晨，鲁大昌部两个团及千余名藏族骑兵将增援腊子口。红军面临的形势将更为严峻。毛泽东等给担负后卫任务的红三军团军团长彭德怀发出《腊子口守敌一营未退》的电报，命令红三军团和军委纵队一部截击敌人的援军，严防敌人从侧翼袭击进攻腊子口的红四团，保证先头部队胜利夺取腊子口，同时，向红四团下达指示，强调天亮之前必须拿下腊子口。

在战斗打响前，红四团、营首长组织召开了火线动员会。动员大会上，党、团员都纷纷表示："我们是共产党的党员和共产主义青年团团员，今晚的战斗，我们不但自己要坚决勇敢，我们还要领导全体战士，和我们都一样的坚决勇敢。""我们下定决心，今晚无论如何要夺取腊子口，以战斗的胜利，来拥护党中央的决议。"

天刚擦黑，担任迂回的第一连在团长黄开湘的率领下过了腊子河，并找到了可以攀上腊子口东侧崖顶的石缝。一名十六七岁的苗族小战士自告奋勇担当"开路先锋"，他小时在家采药、打柴，经常爬大山、攀陡壁。战士们给他起了个绰号叫"云贵川"。他用一根长竹竿，竿头绑上铁钩，用它钩住悬崖上的树根、崖缝、石嘴，然后两手使劲地握住竿子往上爬，到了竿头用脚趾抠住石缝、石板稍微歇一下，继续一段一段地向上攀行。到达山顶后，他放下用战士们的绑腿接成的长绳，接应其他战士，后面的战士顺着这根绳索一个一个爬了上去。

为掩护迂回部队的行动，第六连选择20名党员战士组成突击队，从正面展开猛烈的进攻。突击队员身携冲锋枪，腰挂手榴弹，背插大刀，乘着朦胧的夜色，开始向桥头敌人阵地移动。守敌有恃无恐，躲在工事里一枪不发，正当突击队将要接近桥头时，突然集中火力向红军反击。红四团的掩护部队立即以猛烈的火力压制敌人，隆隆的炮声与密放着的枪声交织在一起，战斗越打越激烈，一团团的火光在隘口翻腾飞舞，红军突击队员接连几次冲锋还是接近不了桥头。于是，大家临时决定抽出少部分同志以小分队的形式接二连三地向敌人轮番进攻，疲惫和消耗敌人，再伺机夺桥。随后，六连又组织了15名突击队员，兵分两路，一路顺河岸崖壁前进，摸到桥肚底下，攀着桥桩运动到对岸；另一路先运动到桥头，待前一路打响，就一起开火，两面夹击敌人。突击队抓住时机，迅速攻进桥头工事。

此时夜已经很深了，本来预计在凌晨3时，迂回部队到达预定地点，放出信号，但是山对岸迟迟没有动静。天眼看就要亮了，如果再推迟占领，之前的部署将前功尽弃，红军部队可能会暴露，敌人的增援也将赶到。正当万分焦急之际，右岸高峰上面突然升起一颗红色信号弹，紧接着又升起一颗绿色信号弹。"黄团长的信号！"战士们顿时欢腾起来了。原来爬上山顶的红军战士在黑夜中迷失了方向，山顶到处都是悬崖陡壁，又不能照明，迂回部队只好摸黑行进，花了大半夜时间才找到了一条出击的道路。杨成武在山下看到信号弹后，命令立即向敌人发起总攻。嗵！嗵！嗵！接连三颗红色信号弹射向天空。战士们欢呼，山上山下响起了嘹亮的冲锋号，总攻开始了！

晨曦中，总攻部队开始过河，全团的轻、重机枪也一齐向隘口炮楼逃出来的敌人扫射。六连的战士更是威风，一个个身背马枪、抡起大刀，与敌人展开了肉搏战。右面悬崖上的部队看准下面没有顶盖的炮楼和敌人的阵地，扔下一个接一个的手榴弹。没有多久，红军就抢占了独木桥，控制了隘口上的两个炮楼。初战获胜，总攻部队便兵分两路，沿着河的两岸向峡谷纵深扩大战果。经过两小时的冲杀，红军突破了敌人设在口子后的三角地带的防御体系，夺下了一群炮楼，占领了敌人的几个预设阵地和军需仓库。部队一边作战一边就地补充弹药，随后向敌人发起了更加猛烈的进攻。这时天已大亮，敌人见势不妙，退至峡谷后段的第二道险要阵地后，又集结兵力，扎下阵脚，顽固抵抗，企图等待援兵到来之后一齐向红军反扑。被红军迂回部队截断的一营敌人，这时也疯狂地向红军射击。又经过近一个小时的连续冲锋，红军战士把他们压到悬崖绝壁上缴了枪。与此同时，红军还集中其余所有的兵力向敌人的第二道阵地冲击。在红军炮火、机枪的猛烈射击下，鲁大昌部两个多营全部溃败。负隅顽抗之敌在红军前后夹击下大部被歼，红四团胜利夺取了天险腊子口。9月17日上午7时，毛泽东、林彪、聂荣臻联名向彭德怀发出"腊子口已得手，照原计划前进"的告捷电。

这把理发推子正是红军突破腊子口天险后，清理战场时发现的。根据指示，红军沿途追剿溃退的敌军残部，缴获了大批粮食、衣服和武器，这对于刚刚走出草地的部队来说，无疑是雪中送炭。"更喜岷山千里雪，三军过后尽开颜。"腊子口战斗告捷后，滚滚铁流翻过白雪皑皑的岷山，18日，进抵甘南哈

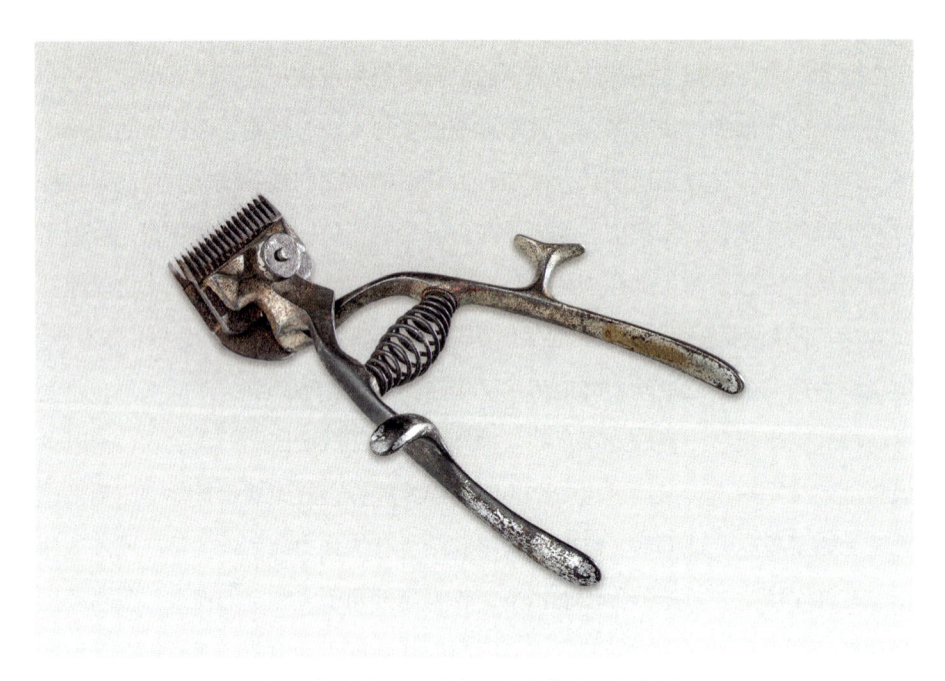

红军在突破天险腊子口时缴获的理发推子

达铺。当胜利的红旗布满营地，当衣衫褴褛、饥肠辘辘的红军在哈达铺换上新衣，吃到他们通过藏族聚居区后的第一顿饱饭时，当他们用起这把推子理发时，一定还会谈起这场以弱胜强、出奇制胜的战斗，心中回荡的喜悦将支撑着无坚不摧的红军战士们继续前行，克服一道又一道艰难险阻，取得一个又一个胜利。

今天，这把理发推子因年代久远，已经不能正常使用了，但上面的斑斑锈迹似乎还在向我们诉说着那场惊心动魄的战斗故事。这一战打出了红军的威风，打出了红军的精气神。聂荣臻后来评价此战说："腊子口一战，北上的通道打开了。如果腊子口打不开，我军往南不好回，往北又出不去，无论军事上政治上，都会处于进退失据的境地。现在好了，腊子口一打开，全盘棋都走活了。"腊子口战斗后，中央红军越过了征途上的最后一道天险，摆脱了梦魇般的雪山草地，粉碎了蒋介石妄图围歼红军于川西南地区的计划，为中央红军进入甘南、开赴抗日前线打开了通路。

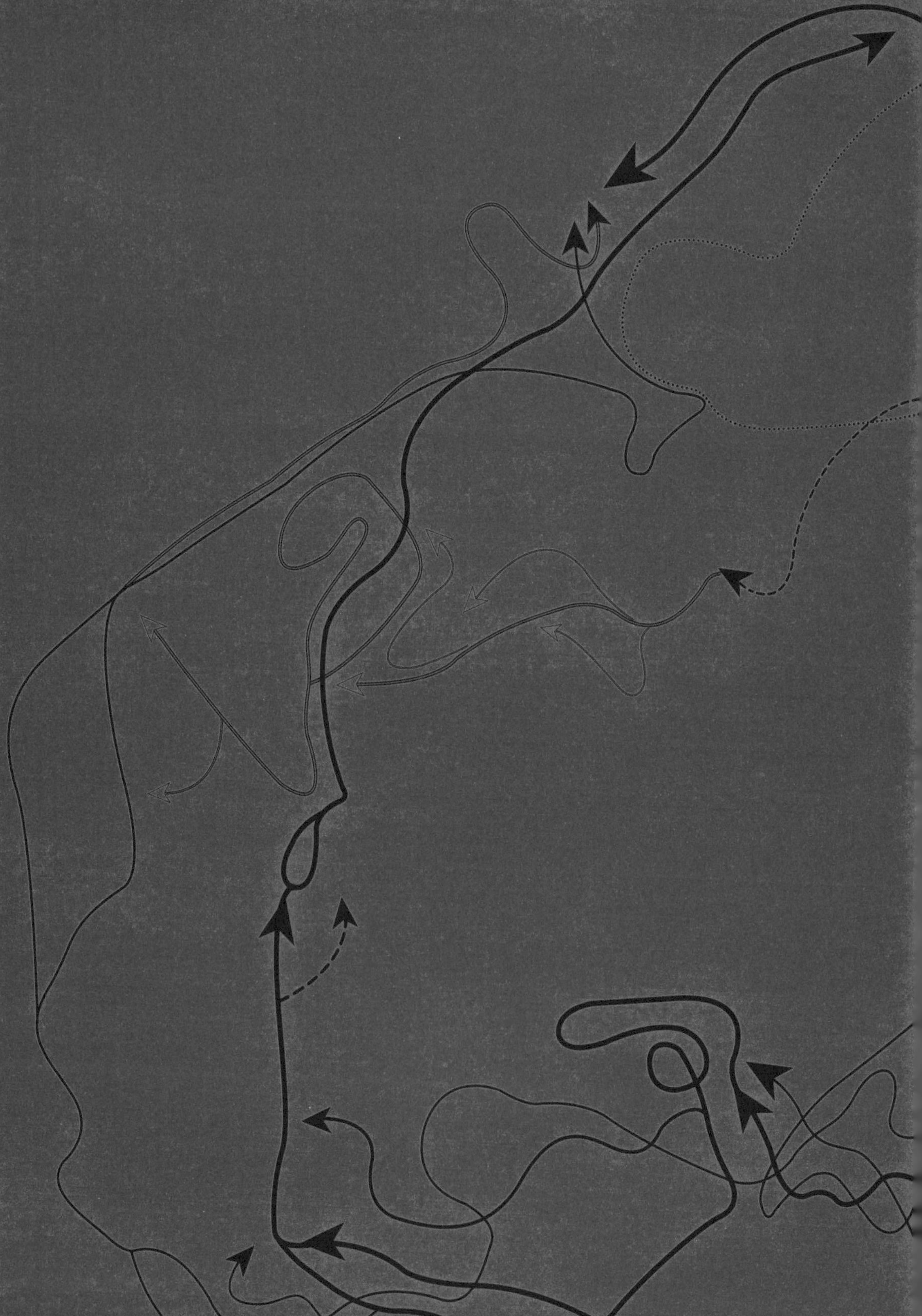

中国革命大本营的奠基礼

红一方面军在直罗镇战役中缴获的手枪

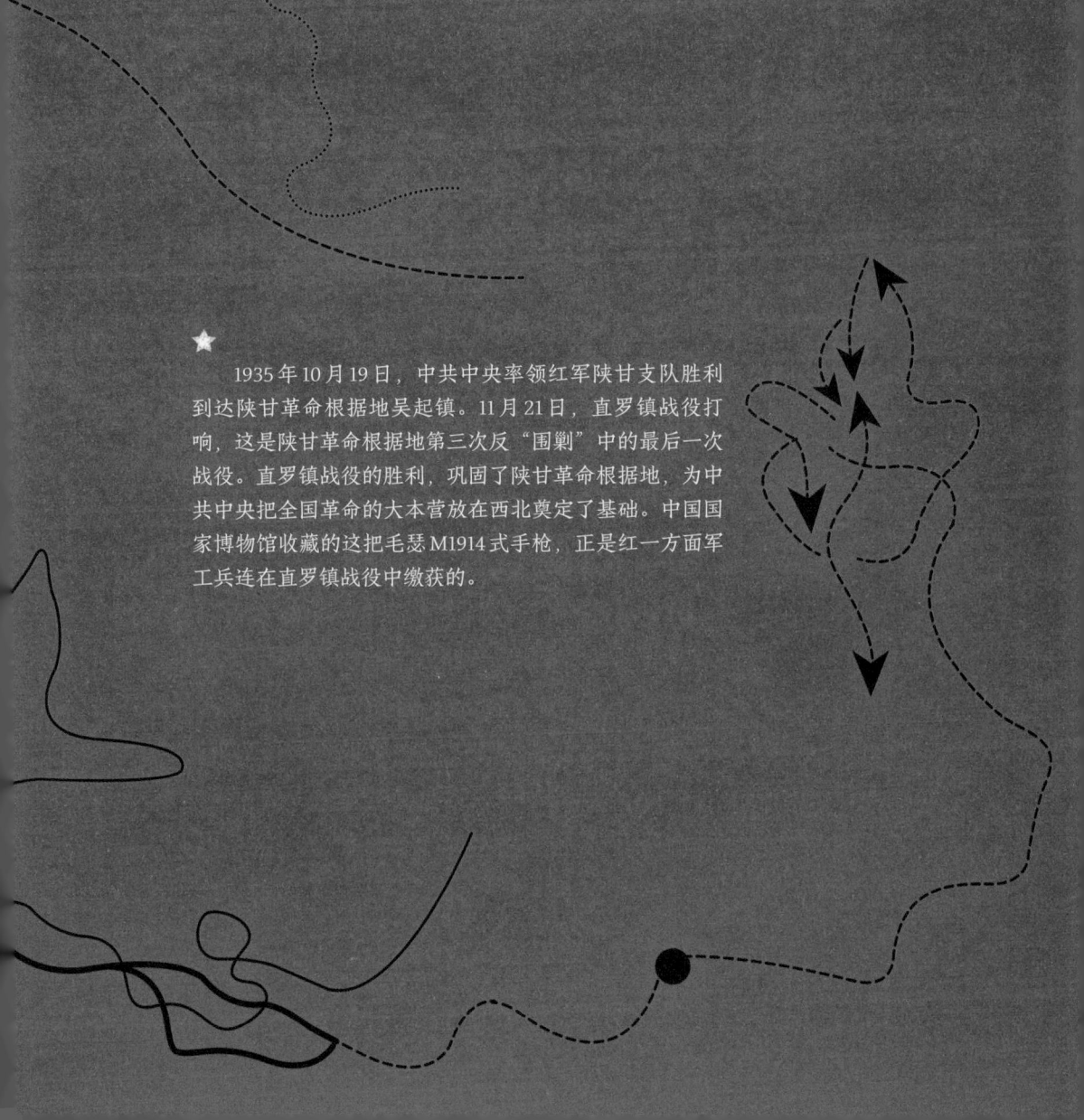

1935年10月19日,中共中央率领红军陕甘支队胜利到达陕甘革命根据地吴起镇。11月21日,直罗镇战役打响,这是陕甘革命根据地第三次反"围剿"中的最后一次战役。直罗镇战役的胜利,巩固了陕甘革命根据地,为中共中央把全国革命的大本营放在西北奠定了基础。中国国家博物馆收藏的这把毛瑟M1914式手枪,正是红一方面军工兵连在直罗镇战役中缴获的。

1935年10月，各路红军主力陆续汇聚陕甘革命根据地。随着红军的北上，国民党当局将更多的注意力转移到西北。10月底，国民党迅速调集东北军5个师的兵力，向红军发动新的进攻。11月20日，东北军先头部队进入陕西省鄜县（今富县）直罗镇，红军按预定部署展开猛攻，24日全歼敌军，直罗镇战役胜利结束。毛泽东评价说："直罗镇一仗，中央红军同西北红军兄弟般的团结，粉碎了卖国贼蒋介石向着陕甘边区的'围剿'，给党中央把全国革命大本营放在西北的任务，举行了一个奠基礼。"这把在直罗镇战役中缴获的毛瑟M1914式手枪就是红军在西北举行革命奠基礼的重要见证。

毛瑟M1914式手枪，枪长17厘米，是德国毛瑟兵工厂在M1910式袖珍半自动手枪的基础上生产和推出的改进型，以设计雅致、做工精良著称。它从1914年诞生至1933年停产，总产量54万余支。进入中国后，由于德国武器和毛瑟品牌在中国有着不错的口碑，因此很有市场。20世纪30年代，它进入国民党军队武器装备序列，用以配备中央军的中高级军官和参谋军官。在中国共产党领导的工农红军与国民党军作战中，这些武器作为缴获的战利品，被逐步"移交"给了红军指战员使用。而这把在直罗镇战役中缴获的手枪，将我们又拉回了当年的那场惊心动魄的战役之中……

1935年9月26日，国民党政府在西安成立西北"剿匪"总司令部（简称"西北剿总"），蒋介石亲任总司令，张学良任副总司令并代行总司令职权。"西北剿总"在陕甘革命根据地周围部署了重兵，包括张学良部的东北军、杨虎城部的十七路军，陕北的井岳秀、高桂滋等部，还有国民党中央军系统的胡宗南、关麟征、毛炳文等，其中直接用于第三次"围剿"的兵力就有十余万人。是月中旬，国民党军队对陕甘革命根据地第三次"围剿"正式开始，它比

红军在直罗镇战役中缴获的德制毛瑟半自动手枪

以往历次"围剿"都更加来势汹汹。

此前，为了缩小目标便于行动，俄界会议决定将军委纵队和红一方面军主力共七八千人改编为中国工农红军陕甘支队。10月19日，中共中央率红军陕甘支队到达陕西省保安县吴起镇，宣告红一方面军长征胜利结束。在吴起镇进行短期休整后，于10月底经保安东进，11月初，毛泽东等率领陕甘支队到达甘泉县附近地区同红十五军团会合。根据形势发展需要，中共中央和中华苏维埃共和国中央政府决定成立中国工农红军西北革命军事委员会，毛泽东任主席，周恩来、彭德怀任副主席。与此同时，为了统一红军在陕北地区的指挥，西北军委宣布恢复中国工农红军第一方面军的番号，由彭德怀任司令员，毛泽东任政治委员，陕甘支队第一、第二纵队合编为红一军团，红十五军团列入红一方面军建制，红一方面军此时共约1.1万余人，大大增加了战斗力。

陕北红军相继取得了劳山、榆林桥战役的胜利，蒋介石极为震惊，"西北剿总"重新调整部署，急调东北军五个师的兵力组织新的进攻，企图沿葫芦河构成东西封锁线，并打通洛川、鄜县、甘泉、延安之间的联系，沿洛河构成南北封锁线，限制红军向南发展；然后采取东西对进、南进北堵的作战方针，逐步向北压缩，围歼红军于洛河以西、葫芦河以北地区，以此达到摧毁陕甘革命根据地的目的。10月28日，国民党军第57军代军长董英斌率第106、第108、第109、第111师，由甘肃省庆阳、合水经太白镇沿葫芦河向鄜县东进，于11月1日进占太白镇；6日，第67军第117师由洛川进至鄜县，配合第57军东进。

为粉碎国民党军新的进攻，中革军委决定将敌引入直罗镇，乘对方立足未稳，集中红军兵力，采取侧击、包围、突然袭击等战法，歼灭突入之敌；继之视情况转移兵力，各个歼敌。为保证敌军进入直罗镇，红军加紧围攻甘泉，以调动敌人东进，并派一部牵制鄜县、中部之敌西援。为保证战役胜利，毛泽东、彭德怀组织中央红军团以上干部，在张村驿以西会合后，前往直罗镇勘察地形，现场确定作战部署。

直罗镇，位于陕西鄜县西南45公里，是一个不过百户人家的小集镇。这里三面环山，一条从西而东的大道，像一条白色的带子铺向镇子的中央，穿镇而过。在镇子东头山坡筑有一座土寨，里面的房屋虽然坍塌，但石头砌的墙却大部分完好。镇的北面，是一条流速缓慢而平静的葫芦河，中间是一狭长谷川，宽处不超过200米，狭窄处只有二三十米，不便于大部队展开行动，且路面坎坷不平，车辆难于通过，部队行进时，只能排成一路长队，蜿蜒而行。这里正是一个展开伏击的理想阵地，如果敌人进入直罗镇，真如同钻进了口袋。根据直罗镇周围的道路、山岭、村庄、河流，结合地形地势，军委最终确定了具体作战方案。

战役发起的前两天，毛泽东在下寺湾召开了团以上干部会议，进行战役部署。他详尽地分析了敌情，并向各部队下达了工作任务，还讲了《水浒传》中武松在柴家庄打王教头的故事，并风趣地说："武松打王教头，不是先冲过去，而是先后退两步，这就是为了避其锋芒，握紧拳头，发现弱点，一下击中对方的要害，直罗镇战役的部署正是这个道理。我们利用有利地形，把敌人引进来，然后集中优势兵力，攻其不备，消灭敌人的主力。"生动的比喻、严密的部署，使大家充满了胜利的信心。周恩来强调说，按照毛主席的部署去做，我们一定能取得胜利。彭德怀则对各级指挥员提出了严格要求：抓战机要准，打击敌人要狠，要打出我们工农红军的威风，坚决歼灭敌人。

计划进展得十分顺利，国民党"西北剿总"断定红军主力正位于甘泉城下，急令第57军3个师迅速东进解甘泉之危。11月19日，敌先头部队西路第109师进到直罗镇西北的黑水寺、安家川地区，第106师及第111师一部进至黑水寺西北的张家湾地区。根据敌军的进展情况，红一方面军兵分两路，在直罗镇附近隐蔽设伏，红一军团进至镇东北的石咀、凤凰头地域集结待机，然后进入北边山岭，准备由北向南打，担任正面战场战斗任务；红十五军团在直罗镇东南的张村驿、桃花砭地区集结，进入南边山岭，由南向北打。另派出一个营连夜平毁镇子东南端的寨子，以防进攻之敌利用，并以一个连的兵力前出镇西北小山上，与对方第109师先头部队保持接触，且战且退，监视、引诱该师主力进入伏击圈。双方各自调兵遣将，一场大战的序幕悄悄拉开了。

20日晨，东北军第五十七军第109师在六架飞机掩护下，向直罗镇攻击前进。在红十五军团派出的警戒分队引诱下，第109师于下午4时进占直罗镇，军部率第106师、第111师进占黑水寺地区。敌师长牛元峰事前察看过这一地区的地形，戏称之为"蛇钻细管"，但由于其自身的狂妄自大，并未对此引起足够重视。由于先头部队一路未遇到较大规模的抵抗，敌军误认为红军抵挡不住、败阵而退，便逐渐放松警惕。到达直罗镇当晚，牛元峰兴高采烈，放纵部下大肆劫掠当地群众的米、面、鸡、鸭、猪、羊等物资，大开筵席，庆祝"胜利"，他本人更是迫不及待地拟电向"西北剿总"和军部报捷邀功。大小官兵全部饮酒作乐，完全被假象冲昏了头脑，对红军即将发动的战斗毫无防备。

是夜，当敌人还沉醉在酒香和睡梦中时，毛泽东、周恩来抓住109师孤军深入的有利战机，下达作战命令，红一军团和红十五军团分别从驻地连夜急行军，以迅雷不及掩耳之势包围了直罗镇。

次日拂晓，红军全线发起突然攻击。毛泽东、周恩来、彭德怀等都亲临前线指挥，指挥所就设在直罗镇附近的一个小山坡上。战斗前和战斗进行中，他们再三指示："一定要打歼灭战！""要的是歼灭战！"按预定作战方案，红一军团自北向南，红十五军团自南向北，同时攻击。两路红军像两只铁拳，从直罗镇南北高山上砸了下去。霎时间，到处是喊杀声，硝烟弥漫，枪炮声震彻山谷。敌军部队虽有防备，却没有料到红军会来得如此迅速，等到发觉被包围后，直罗镇两边的山岭已被占领。在突然猛烈的打击下，国民党军仓促应战，南面一响枪，敌人立刻向北撤，北边一响枪，他们又反过来向南扑。囿于地形所限，敌109师被夹击在两山之中一条川里，失去战斗力，像一群无头苍蝇一样四处乱撞。不到两个小时，该师两个团和师直属队大部被歼，红军占领了直罗镇。

该师师长牛元峰带着师部一些人员和少数士兵转向直罗镇南面山上，数次向北突围，均被击退。中午时分，他率残部500余人，退入镇东南的土寨残址内，重新垒起石头作为工事，负隅顽抗，困守待援。红军将土寨包围，并展开政治攻势，喊话要求国民党军投降。牛元峰却在寨内接线求救，拒不投降。红十五军团连攻数次，但因缺乏火炮，火力不足，未能奏效。此时，东西两路国民党援军迫近直罗镇。红一方面军遂以少数兵力围困第109师残部和阻击由鄜县西援之第117师，主力向西迎击由黑水寺向直罗镇增援之第106、第111师。该两师被阻击后，因惧怕被歼，于23日下午沿葫芦河西撤。红一军团主力及红十五军团2个营，冒雪跟踪追击，在张家湾至羊角台途中，歼第106师1个团，余部退回太白镇。西援之敌第117师，遭红十五军团第81师部队阻击后，退回鄜县县城。

入夜，牛元峰见待援无望，趁天黑率领残部向西突围，红军随即跟踪追击。战士们边跑边喊："一定要把这条'牛'追回来！"24日上午，第109师残部被全歼，师长牛元峰被击毙。至此，直罗镇战役胜利结束。此役全歼国民党东北军109师和106师一个团，毙伤官兵1000余人，俘敌5300余人，缴获长短枪3500余支、轻机枪176挺、迫击炮8门、子弹22万余发、无线电台2部、战马300匹以及许多其他军用物资。直罗镇战役胜利后，红军携带着胜利品，押解着俘虏，撤离了战场。

时任红十五军团军团长徐海东回忆：当天晚上，当部队路过毛主席住的村庄时，只见主席住的窑洞里还点着灯。徐海东怀着一种崇敬的心情，走到窑洞门口，问警卫员："主席还没睡吗？""主席晚上是不睡觉的。"警卫员说着把他引进门去。只见主席披着件蓝布旧大衣，点着盏油灯，正神采奕奕地工作着。主席放下手里的铅笔，亲切地伸出大而有力的手，微笑着说："辛苦了！"他说："天这么晚了，主席还没休息？"主席说："这样习惯了。怎么样，部队都撤下来了？"主席简要地讲了讲这次胜利的意义、当前的敌人动向，然后关切地询问部队的伤亡情况和伤员的安置情况，最后嘱咐要好好地组织部队休息，让战士们都洗洗脚。主席对战士那种无微不至的关怀、具体细致的作风，给徐海东留下了难忘的印象。

11月30日，红一方面军在东村举行干部大会。毛泽东在会上作了《直罗战役同目前的形势与任务》的报告，总结了直罗镇战役敌人进攻的严重性，红军胜利的原因及意义，分析了目前的形势，部署了新的任务。他指出，红军之所以能够取得胜利，主要在于：一、两个军团的会合与团结（这是基本的）；二、战略与战役枢纽的抓住（葫芦河与直罗镇）；三、战斗准备的充足；四、群众与我们一致。他讲到直罗镇战役的意义时说：这次战役使刚刚会合的三支红军（红一军团、陕北红军和红十五军团）得到进一步的团结，巩固了苏区，并有了时间去猛烈扩大红军，扩大苏区。要在中共中央的领导下，在西北建立广大的根据地，这次胜利算是举行了奠基礼。

长征一完结，新局面就开始。直罗镇战役彻底粉碎了敌人对陕甘革命根据地的第三次"围剿"，陕北苏区出现了一个新的局面。这一胜利为红军在西北站稳脚跟、巩固和扩大革命根据地创造了新的力量，赢得了宝贵时间。这一胜利再次证明了以毛泽东同志为核心的党中央和红军领导集体的正确领导，是中国革命走向胜利的根本保证。这一胜利让参加"围剿"红军的东北军彻底认清了蒋介石的险恶用心，加速了国民党营垒的分化，被俘官兵有些经过教育被释放回去，对于日后西安事变的发生及红军同东北军建立抗日民族统一战线、推动全国抗战都产生了重要影响。1954年，富县人民政府将在直罗镇战役中牺牲的先烈遗骨集中安葬在直罗镇北山寺山下，修建了直罗镇战役烈士陵园，以此缅怀和纪念在直罗镇战役中牺牲的革命先烈。

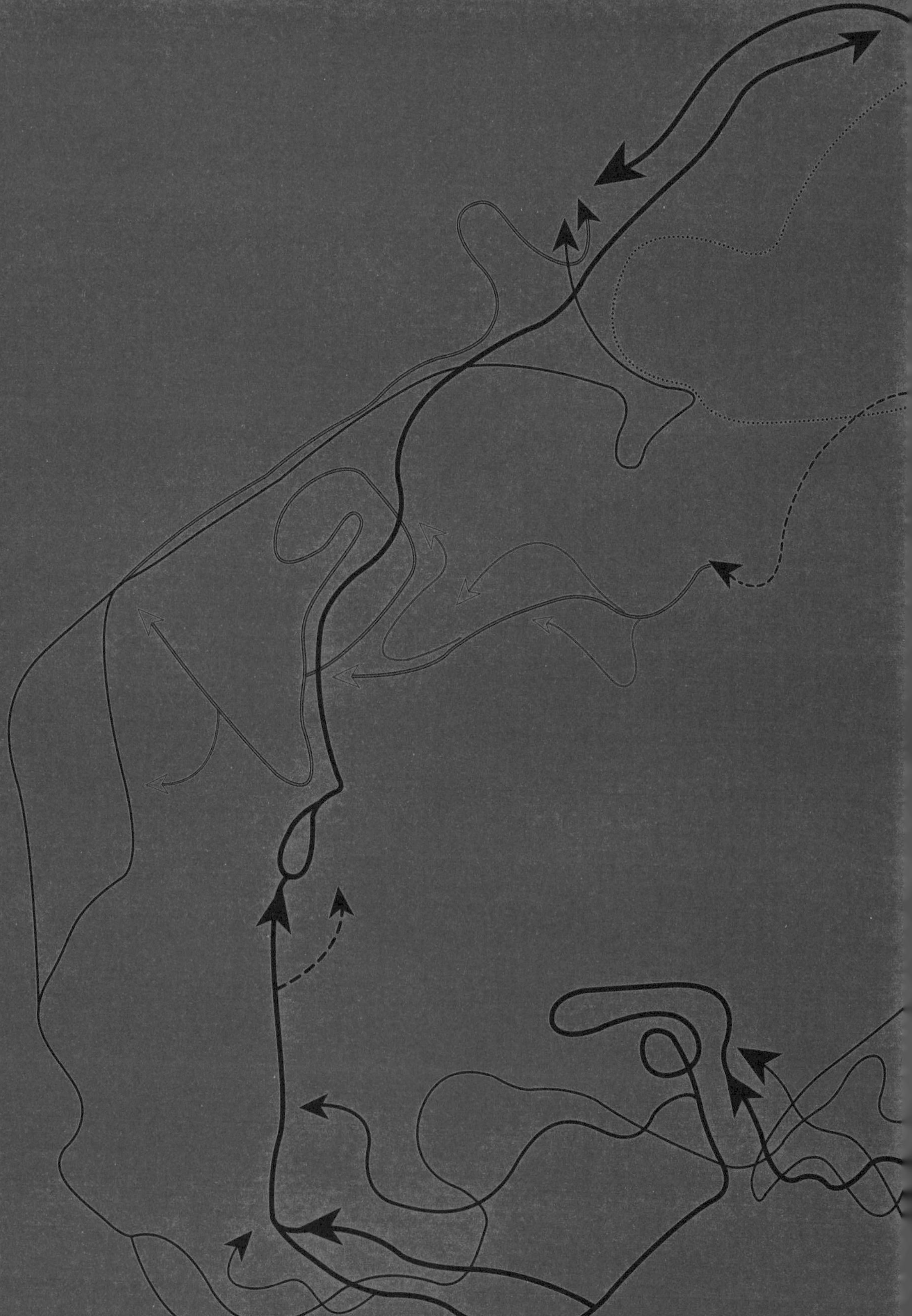

吹响全民族抗战的号角

瓦窑堡会议通过的《目前政治形势与党的任务决议》

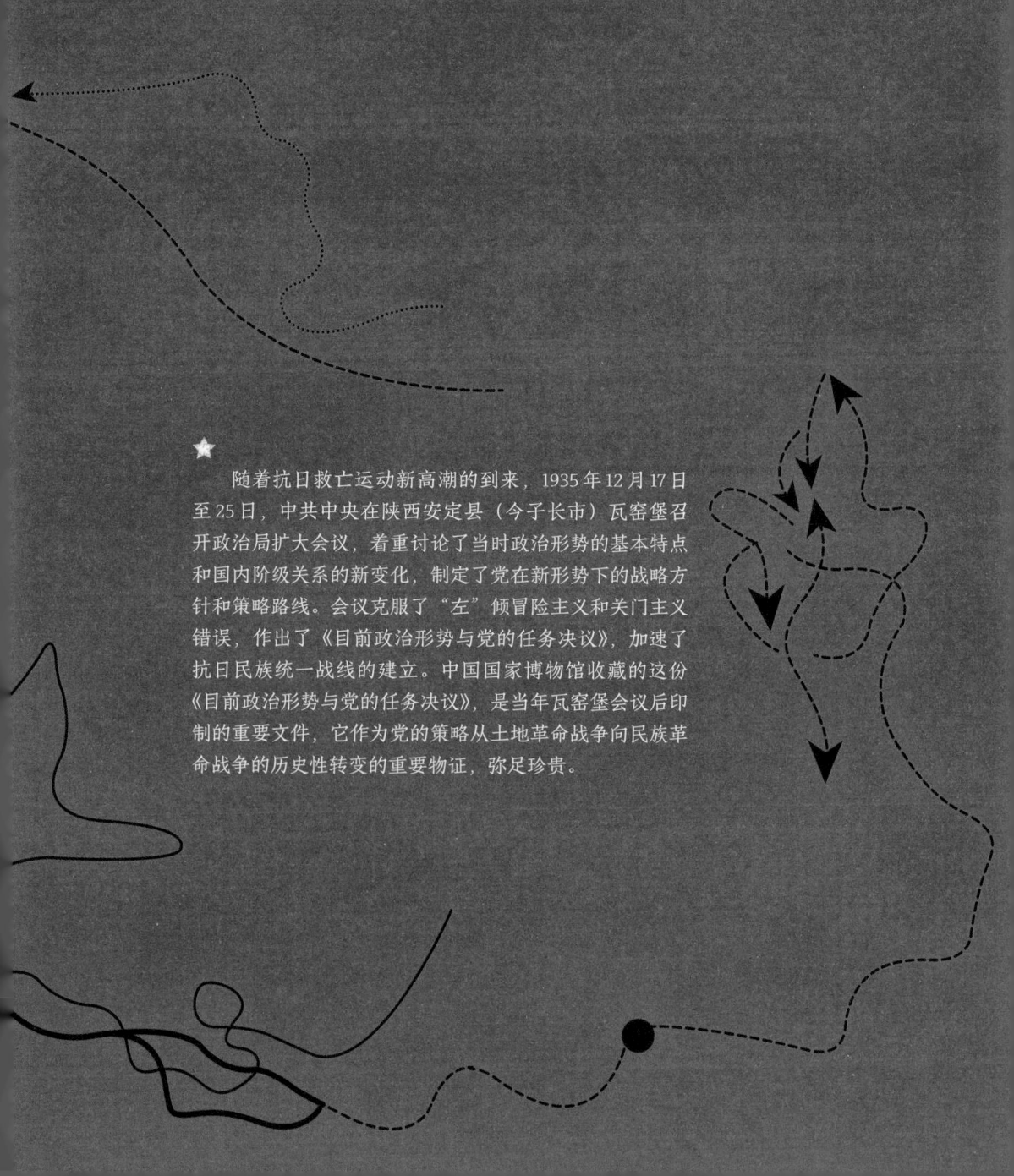

随着抗日救亡运动新高潮的到来，1935年12月17日至25日，中共中央在陕西安定县（今子长市）瓦窑堡召开政治局扩大会议，着重讨论了当时政治形势的基本特点和国内阶级关系的新变化，制定了党在新形势下的战略方针和策略路线。会议克服了"左"倾冒险主义和关门主义错误，作出了《目前政治形势与党的任务决议》，加速了抗日民族统一战线的建立。中国国家博物馆收藏的这份《目前政治形势与党的任务决议》，是当年瓦窑堡会议后印制的重要文件，它作为党的策略从土地革命战争向民族革命战争的历史性转变的重要物证，弥足珍贵。

这份《目前政治形势与党的任务决议》，印本表面已残破，为纸质油印，文件纵16.5厘米，横11.2厘米，由山东省公安厅拨交，是一件一级文物，极为珍贵。它不仅是瓦窑堡会议上的重要决议，也是中国共产党在历史关键时期完成转折的重要文字物证，此次会议确立了建立抗日民族统一战线的新策略，并相应地调整了各项具体政策。

走进如今的瓦窑堡会议旧址，迎面是一排坐西面东的五孔砖窑，最中间的那一孔窑洞为会议室。推开留有岁月印迹的木门，进入会场，里面的空间并不大，两张八仙桌拼成会议桌，6条长木凳和炕头就是与会人员的座椅。当年，正是在这孔显得空间局促的窑洞，召开了那场改变时局的会议。

1935年，红军长征抵达陕甘革命根据地后，党中央就把建立抗日民族统一战线提到重要议事日程。11月7日，张闻天、秦邦宪（博古）、王稼祥、刘少奇等同志率中共中央直属机关从甘泉下寺湾出发，经安塞及安定的茅坪等地到达瓦窑堡。初冬的塞北，朔风劲吹、寒叶飘零，初到瓦窑堡的中央政治局和中央机关的工作人员等尚未进城，暂住在城外的下河滩村中。

中央红军长征到达了陕北，有了稳定的根据地作依托，但革命形势并不乐观。一方面华北事变后中国局势日益险恶，全国上下抗日民主浪潮日益汹涌，然而国民党政府却一意奉行"攘外必先安内"政策，屈从于日本帝国主义的压力，血腥镇压抗日救亡运动，并调集重兵进行反共内战，使民族危机更加严重。另一方面，张国焘对中央的政治路线深为不满，另立"中央"分裂党和红军。对于国民党内部力量组合和派系斗争的新趋向，国内阶级关系和主要矛盾的新动向，党内不少同志缺乏认识。一些人错误地认为中国民族资产阶级是不可能与工人、农民联合抗日的，统一战线的政策是"机会主义"等，这种倾向

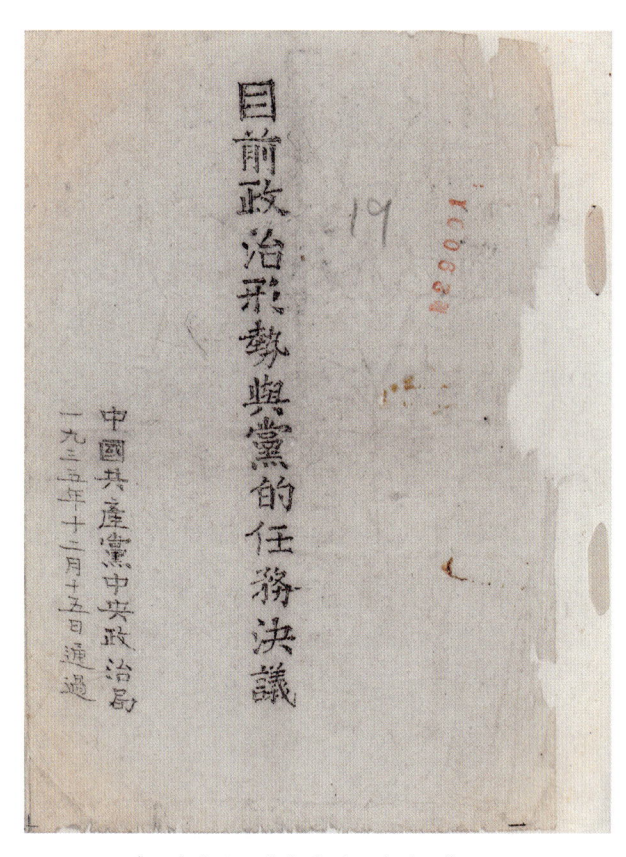

《目前政治形势与党的任务决议》

严重影响了党的政策的调整和转变,解决上层统一战线问题和"左"倾关门主义错误,制定中国共产党在新形势下的政治纲领迫在眉睫。

就在中央政治局艰难探索如何转变政治路线的当口,中共中央收到了一份电报,大致内容是说,定边赤卫队抓到了一个形迹可疑的人,自称张浩,说是共产国际派来的,有重要事情要向中央传达,定边党组织请求中央指示。大家看完电报,简单地交换了意见,决定回电定边党组织,由赤卫队派人把张浩送来瓦窑堡详谈。

"张浩"是林育英从苏联回国时使用的化名。他和林育南、林育榕(林彪),曾并称为中共历史上的"林氏三杰"。1922年2月,林育英经林育南、恽代英介绍,加入了中国共产党,早期从事职工运动,在两湖、上海和东北地区进行革命活动,多次入狱,坚强不屈。1933年初,他作为中国职工代表赴莫斯科参加国际职工代表大会,会议之后,就留在了莫斯科,担任中华全国总工会驻赤色职工国际代表,并成为中共驻共产国际代表团成员。后来,中共驻共产国际代表团以中华苏维埃共和国中央政府和中华苏维埃西北革命军事委员会的名义,发表《为抗日救国告全体同胞书》(《八一宣言》),呼吁全中国各党派各军队和各界同胞停止内战,建立抗日民族统一战线,提出了抗日救国十大纲领;并建议组成统一的国防政府和在国防政府领导下的抗日联军。林育英参与了该宣言的起草工作。

1935年七八月间,共产国际第七次代表大会召开,会议号召建立国际反法西斯主义统一战线。林育英作为中国代表参加了会议。但是大会尚未结束,为了把共产国际七大的精神和给中国共产党的指示以及《八一宣言》的内容迅速地传达回国内,共产国际和中共代表团决定派林育英归国。他先乘飞机到达外蒙边境,然后取道内蒙,归奔内地。为了应付敌人的盘查,从中蒙边境开始,他就伪装成货郎,身穿光板羊皮袄,肩挑货筐,筐中装满了小孩穿的衣服鞋帽。在茫茫戈壁滩、四野飞黄沙的塞北荒漠，林育英一路上忍饥挨饿、风餐露宿，历尽千辛，终于在11月初到达了陕北定边，找到了同共产国际长期失去电信联系的中共中央。

林育英的归国，可谓"及时雨"，给当时初至陕北正面临路线转折关键节点的中共中央带来了极大的影响。当时，中央红军和中共中央政治局为了更好地贯彻到陕北后既定的巩固和扩大陕北苏区，迎接革命新局面的到来的政治策略，于11月3日的下寺湾会议上做了明确的军政分工，毛泽东、周恩来、彭德怀等率红一军团主力南下与红十五军团会合，以粉碎国民党军对陕甘苏区的第三次"围剿"，为全国革命的新局面奠基；张闻天、博古、李维汉、邓发等人则率领中共政治局和中央机关的工作人员开赴瓦窑堡，负责政治、行政及后方的诸项工作。林育英向张闻天传达了共产国际七大会议精神、季米特洛夫关于在无产阶级统一战线的基础上建立广泛的反法西斯人民阵线的报告以及《八一宣言》的重要内容，同时还转述了共产国际对于中国支部的高度评价。张闻天迅速将其传达的内容致电给在前线指挥直罗镇战役的毛泽东、周恩来，并连续召开中央政治局会议，在党中央内部予以传达。这些信息为中共中央带来了一股鼓舞人心的力量，成为统一全党意志和行动的纽带及原则，标志着新领导集体获得了国际承认的合法性，巩固了毛泽东在党内的地位，为中共中央制定新形势下的符合实际情况的抗日民族统一战线策略提供了指导性原则和基本理论框架。

此后，为全面转变和调整党的政治路线，中共中央政治局决定召开扩大会议，地点选在了瓦窑堡镇下河滩村张闻天居住的田家大院内。会议由张闻天主持，会期自12月17日至25日，主要议题是讨论全国形势与党的策略方针和军事战略问题。出席会议的有毛泽东、张闻天、周恩来、博古、邓发、刘少奇、王稼祥、李维汉、凯丰（何克全）、张浩（林育英）、吴亮平、郭洪涛、杨尚昆等。会上,张闻天根据林育英传达的内容作了政治形势与策略问题的报告。在讨论时,毛泽东论述了华北事变后国内形势的危机与特点,说明建立抗日民族统一战线的必要性,他特别讲了联合民族资产阶级进行抗日战争的问题。关于这次会议的讨论情况,毛泽东在12月19日给彭德怀的电报中反映了他那种高兴的心情:"政治局会议开了三天,关于总的政治问题(形势及任务),讨论完了。真是一个很好的讨论,可惜你没有来参加。明后天讨论军事问题。"会议于23日和25日先后通过了张闻天起草的《目前政治形势与党的任务决议》和毛泽东起草的《中央关于军事战略问题的决议》。

《目前政治形势与党的任务决议》首先分析了华北事变后国内时局的基本特点,指出"一部分民族资产阶级,许多的乡村富农与小地主,以至一部分军阀,对于目前开始的新的民族运动,是有采取同情、中立以至参加的可能的。民族革命战线是扩大了"。据此,该决议确定了抗日民族统一战线的策略路线,提出"我们的任务,是不但要团结一切可能的'反日的基本力量'而且要团结一切可能的反日同盟者,使全国人民有力出力,有钱出钱,有枪出枪,有知识出知识,不使一个爱国的中国人不参加到反日的战线上去。这就是党的最广泛的民族统一战线策略的总路线"。该决议提出了建立国防政府与抗日联军的民族统一战线组织形式及与之相适应的十项行动纲领;提出"变苏维埃工农共和国为人民共和国";对过去党的一些政策,如如何对待小资产阶级、知识分子、白军、富农、民族工商业资本家、华侨等,做了具体的调整和修改。该决议还指出"关门主义是党内的主要危险""必须为扩大与巩固共产党而斗争"。

《中央关于军事战略问题的决议》提出了中国工农红军在新形势下的战略方针是"把国内战争和民族战争结合起来",应"准备直接对日作战的力量","猛烈扩大红军",据此,第一方面军行动部署的基础应放在"打通苏联"和"巩固扩大现有苏区"上,并将"打通苏联"作为中心任务。该决议具体明确了红军今后的行动主要分三个步骤：第一步，在陕西的南北两线给进犯之敌以打击，巩固和发展陕北苏区，从政治上、军事上和组织上做好渡黄河去山西的准备；第二步，到山西去，准备击破阎锡山的晋绥军主力，开辟山西西部五县以至十几县的局面，扩大红军二万人，并保证必要时返回陕西所需要的物质条件；第三步，根据日军对绥远进攻的情形，适时地由山西转向绥远，用小的游击战争与日军周旋。这也成为日后红军东征、西征战役的指导方针。

会后，毛泽东根据瓦窑堡会议决议的精神，于12月27日在党的活动分子会议上作了《论反对日本帝国主义的策略》的报告。报告系统地分析了国内外形势和国内各阶级之间的相互关系，进一步从理论上和实践上系统地阐明了中国共产党抗日民族统一战线的策略方针。报告明确提出："党的任务就是把红军的活动和全国的工人、农民、学生、小资产阶级、民族资产阶级的一切活动汇合起来，成为一个统一的民族革命战线。"要求党和红军在抗日民族统一战线中充当发起人和坚强的台柱子，并且强调党要在抗日民族统一战线中发挥领导作用。

瓦窑堡会议通过的一系列决议和毛泽东的报告紧紧围绕抗日救亡这一主题，正确处理阶级斗争同民族斗争的关系，根据急剧变化的时局形势适时调整方针和政策，重新划分了敌、我、友的界限，完整地阐述了中国共产党自九一八事变以来关于建立抗日民族统一战线的策略思想，回答了抗日民族统一战线的战略目标、对象、领导权以及与之相关的具体方针等一系列重大理论问题，彻底解决了遵义会议尚没能来得及解决的党的政治路线问题，成功完成了党的策略从土地革命战争向民族革命战争的历史性转变，为第二次国共合作奠定了理论基础。

会议以后，中国共产党迅速将工作重心转向建立抗日民族统一战线工作的轨道上来，特别是成功地做好了争取张学良、杨虎城的工作，形成了红军、东北军、西北军"三位一体"的抗日统一战线新局面，通过西安事变的和平解决，把"反蒋抗日""逼蒋抗日"变为"联蒋抗日"。此外，中国共产党还积极争取地方实力派及各政治势力代表人物，通过与民主人士、爱国领袖和国民党左派建立合作等方式促成抗日民族统一战线的建立，发动、团结与组织一切革命力量参与抗战，真正实现了"组织千千万万的民众，调动浩浩荡荡的革命军"。

光阴荏苒，当我们透过泛黄的纸页，阅读当年的会议决议，一段让人难忘的红色记忆跃然浮现。瓦窑堡会议是一次极为重要的会议，会议通过对当前中国形势的正确判断，制定出抗日民族统一战线的新策略，使中国共产党在新的历史时期将要到来时掌握了政治上的主动权；表明党在继遵义会议着重解决军事路线问题和组织问题之后，开始努力解决政治路线问题。会议对于团结国内外一切力量夺取抗日战争的胜利，起到了重要作用。从此，中国革命开始由国内革命战争转向抗日民族战争，而这也又一次证明，中国工农红军长征北上抗日所具有的历史性与先见性。

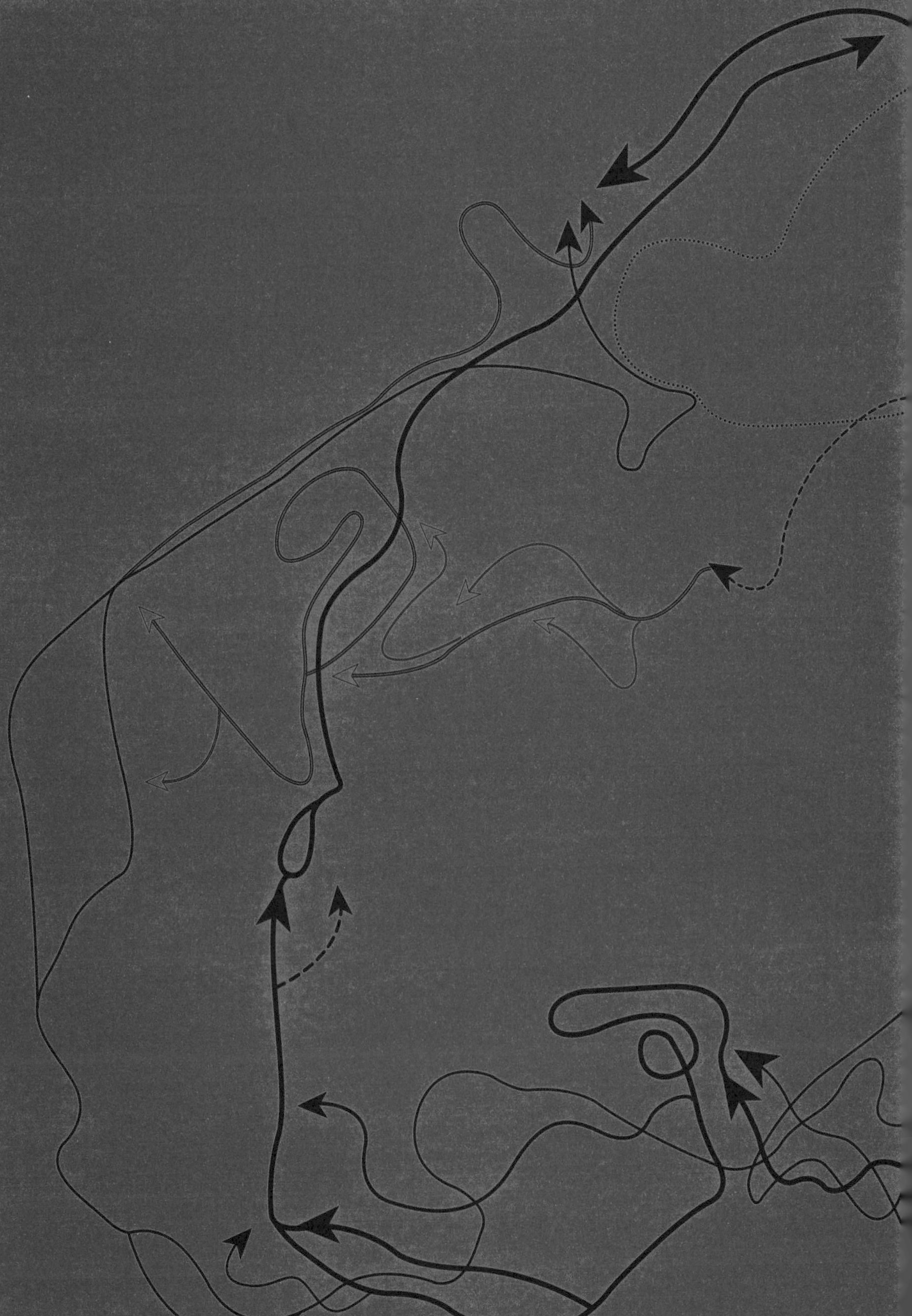

红四方面军的雪山路

高秀英过雪山穿的防滑钉鞋

★ 雪山行军,是红军长征中最艰苦的行军之一。1936年2月,由于张国焘的反党分裂行为,红四方面军在川康边地区往返停留,这段路途中横亘着不少动辄海拔4000米以上的雪山。山上终年积雪,空气稀薄,气候变化无常,风暴、雪崩不断,让人望而生畏。这双防滑钉鞋是红四方面军女战士高秀英爬雪山时所穿,它不仅增加了红军战士穿越茫茫风雪奋勇向前的信心和勇气,也见证了80多年前那段用生命和热血铸就的漫漫雪山路。以高秀英为代表的红四方面军战士,用顽强意志征服了人类生存极限,谱写了战胜严酷自然环境的悲壮凯歌,为同红二、六军团胜利会师奠定了基础。

红四方面军的长征，是中国工农红军长征历史的重要组成部分。这支1931年11月7日诞生于鄂豫皖苏区的部队，从1935年3月强渡嘉陵江西进开始，到1936年10月会宁会师结束，历时一年零七个月，跨越滔滔激流，征服皑皑雪山，穿越茫茫草地，转战川、康、青、甘四省，行程一万余里。最终，在党中央的正确领导下，完成了北上的战略转移任务，创造了可歌可泣的战斗奇迹。

1936年2月，由于张国焘的反党分裂行为，红四方面军在川康边地区往返停留，尤其艰险曲折。长征期间，红四方面军既是最早踏入雪线区域的部队，也是在雪线以上区域停留时间最长的部队，累计翻越海拔4000米以上的雪山20余次。据统计，红四方面军曾累计7次翻越红桥山、梦笔山、夹金山等五座海拔4400米以上的雪山。

中国国家博物馆收藏的这双防滑钉鞋，底长21.5厘米，是红四方面军女战士高秀英跟随红四方面军长征时爬雪山所穿。高秀英，1912年生于四川巴中县金光乡高家坡村，1932年带着年幼的弟弟高步清一起参加红军。身为红四方面军妇女独立团的一员，她性格开朗，乐意接受新思想、新事物，识字不多但会唱歌，打起仗来也十分勇敢，在川陕革命根据地的部队中已经小有名气。1935年6月12日至18日，红四方面军与中央红军在懋功会师后，高秀英调到红四方面军第三十军任班长。8月下旬，两军混编组成左、右两路军共同北上。她所在的第三十军归属右路军，由徐向前、陈昌浩、叶剑英率领，通过纵横数百里、人烟稀少的水草地，于8月底到达班佑。随后，为开辟前进道路，在党中央直接领导下，第三十军和第四军越过草地，攻占包座。

包座战斗的胜利为红军北上甘南打开了大门，然而，张国焘自恃枪多势

红四方面军的雪山路——高秀英过雪山穿的防滑钉鞋

红四方面军女战士高秀英爬雪山时穿的防滑钉鞋

众，公然向党争权，提出种种借口，不愿北上，并顽固坚持南下转入川西地区发展。9月9日，他电令右路军政治委员陈昌浩率部南下，"彻底开展党内斗争"。中共中央在得知这一情况后，不得不率领原中央红军主力红一军、红三军和军委纵队先行北上，而红军左路军先头部队第五军和第九、第三十一军各一部，右路军之第四、第三十军等在张国焘强行命令下，被迫从阿坝、包座转兵南下。

10月5日，张国焘在卓木碉公然另立"中央"，自任"主席"。党中央多次致电张国焘，责令他立即撤销另立的"中央"，停止一切反党活动。张国焘的反党分裂行为，在红四方面军中也不得人心。再加上红四方面军重新南下以后，始终未能在川康边地区打开局面。在战斗不断受挫的事实面前，党内对张国焘的错误方针提高了认识，逐渐形成一股反对分裂、主张北上的强大力量。1936年2月11日至23日，南下红军陆续撤离天全、芦山、宝兴地区，分三个纵队经达维、懋功向西北转移。途中，红四方面军以坚定的革命意志翻越夹金山、党岭山等大雪山。

1936年2月，南下红军西进康北途中翻越了夹金山。夹金山坐落于宝兴和懋功之间，这次翻越夹金山，对红四方面军来说是第二次，而对原属红一方面军的将士们，则已是第三次。前两次翻越是在夏季和秋季，而这次是在隆冬季节。夹金山上气温零下二三十摄氏度，气候变化急骤，当地百姓有一首歌谣："正二三，雪封山，鸟儿飞不过，神仙也不攀"，即是在形容其凶险异常。

出发前，红四方面军进行了调查研究，向当地居民求取经验。据老乡介绍，翻越雪山，要"三子俱全"，即脚马子，套在脚上防滑；背夹子，用来背东西；拐耙子，走路时作拐杖用，休息时支撑背夹子。爬雪山，要自己带水，以往战士们用竹桶装水，到了山上，水结成冰，竹桶胀裂，无法存水，后来得知要用猪尿脬，放一半水，不能装满，抱在怀里，保温防冻。根据经验，上山必须在上午9时以后，下午3时以前，而且要带上烈酒、辣椒以抵御寒气。

　　短暂的准备之后，部队出发了。夹金山山脚是一片原始森林，十余里后开始见雪。负责开路的战士们走在最前边，遇到结厚冰的地方，就用铁铲挖出脚窝，有人掉进雪坑，战友立即递去木棍、绑腿，把他拉出来。越往上爬雪越深，山势越陡峭，气温越低，呼吸越困难，人走在山上，胸口就好像压上了千斤重石，头昏脑涨，双腿像灌了铅似的沉重。由于缺少氧气，水烧不开，战士们只能吃半熟的食物果腹。不少同志连冻带饿，体力消耗殆尽，就倒了下去，时为红三十一军九十三师政治部主任的洪学智曾谈道：我们政治部有一个收容队，走在队伍后边，专门收容那些掉队的和冻得不能走的战士。即便如此，红军战士们还是凭着坚忍不拔的意志，再次征服了这座雪山。

　　翻越夹金山后，红四方面军主力经达维、懋功进入丹巴，随后向道孚前进。丹巴与道孚之间，横亘着终年积雪的折多山，其主峰党岭雪山海拔5470米，这是红军长征中翻越的最高的一座雪山，顶天矗立，有"万年雪山"之称，当地藏族群众将它奉为"神山"。在附近百姓中流传着一种说法："党岭山，党岭山，上下总有二百三，终年积雪无人烟，十人上山九不还。"红四方面军翻越折多山时，极度的寒冷、稀薄的空气夺去了无数红军战士的生命。据统计，妇女独立团2000多名女战士，在过党岭山时就有1000多人牺牲。时任红四方面军军长许世友这样描述翻越党岭山的艰难："冻得失去了知觉的双脚已不听使唤，走一步跌一跤，爬起来再走，走出二三十步才慢慢恢复了知觉。不少同志的脚冻裂了，鲜血渗透了裹在脚上的破布和草鞋，在雪地上留下了斑斑血印。"红四方面军第九军文书、译电员李布德曾赋诗赞颂红军翻越党岭雪山的壮观景象：

>　　红军长征举世鲜，铁流夜过党岭山；
>　　巍巍群峰银龙舞，英雄大战鬼门关；
>　　弥漫瘴雾何所惧，北上抗日志更坚；
>　　登上山巅红旗扬，喜看东方破晓天。

　　雪山的天气一日几变。有时狂风大作，气温骤降，暴雪夹着冰雹，扑打在身上，让人冷得打战。有人一脚没有踩稳，就滚下山去，跌进深渊。战士们为了防止被旋风卷走，迅速以五六个人为一组结成蘑菇形的人环，低头蹲在地上，无数个蘑菇形的人环像一朵朵开放的雪莲，绽放在高山之上。等暴风雪逐渐减弱后，每个人都已精疲力竭，大家互相帮助着艰难地爬着，但谁也不敢坐下来休息，因为一坐下来，就再也站不起来了。晴空万里的时候，晒得人直冒汗，高原紫外线很强，晒得眼睛刺痛。雪一反光，难受得睁不开眼，有的人眼睛红肿，眼泪直流，很多指战员都得了雪盲症。有经验的红军指导大家边走边用雪擦眼睛，以防止雪盲症。尽管如此，不少人的眼睛几乎失明，看不见路，需要其他战士搀扶着爬山。后来得雪盲症的人越来越多，战士们便用绳子互相牵着，如果连绳子都没有了，就把腰带解下来接成绳子。

　　乡民们介绍的脚马子在过雪山、爬冰坡过程中，发挥了重要作用。这是一种近似于椭圆形的装置，底部一般有4颗凸起铁齿，齿子多为倒三角形状，个别的是小方形。使用时将凸起铁齿向下，用绳子穿过两侧的挂环将其固定在脚上。由于准备时间紧张，部队携带物资不够充分，加之沿途汉藏杂居、住户不多，受条件所限，红军只得从时常上山的猎户手中换得仅有的几副脚马子。这些脚马子十分珍贵，往往是由先遣队的战士穿着走在前面，他们先用镐或者刺刀凿出落脚的地方，后面的人再沿着开辟的小路用木棍借力往上爬，这种办法有效地减少了伤亡，提高了行军速度。由于多次使用，有的铁齿已近乎被磨平。

女战士则多会穿一种由单薄的布鞋钉上铆钉改装的防滑钉鞋。这种鞋子虽然爬山时起到了防滑的作用，但时间一久，鞋钉就会松动硌脚，即使在鞋底垫上厚厚的一层布、草或棉花，双脚也会很快被磨出血泡，每走一步都痛得钻心。在长征中，女红军没有任何特殊待遇，除了要和男同志一样与敌人进行殊死战斗，承担后勤、宣传和医务等工作，还要经受许多女性生理极限的考验。行军中，脸盆成了女红军最为珍视的宝贝之一，到了宿营地如果能用热水泡泡脚，就是格外奢侈的享受了。即使这样，也不是每一个女战士都能拥有自己的防滑钉鞋。当年，高秀英就是穿着这种钉鞋跟随红四方面军一次次直面生与死的考验，跨越了一座座难以逾越的高山险阻。

红四方面军兵站部部长吴先恩在回忆录《党岭山上》记述了这样一个故事。1936年2月，吴先恩率部翻越党岭山。走到前一天前卫营宿营的山崖下，被积雪覆盖着的战士遗体依稀可辨，原来是部队上山时遇到了暴风雪。有一只胳膊伸出雪堆，拳头紧握，他们掰开这只手一看，里面是一张党证和一块银圆。党证上写着：刘志海，中共正式党员，1933年3月入党。吴先恩取过党证和银圆，默默地低下了头："志海同志，你的党证和最后一次党费，一定替你转交给党。安息吧，同志！"诸如此类的故事在翻越大雪山途中还有很多，有个同志穿着单薄的旧衣服被冻死，指挥员让把军需处长叫来，想问问他为什么不给这个被冻死的同志发棉衣，队伍里的战士含泪告诉他，被冻死的这个人就是军需处长。

雪山路上，战士们笑对自然环境的艰难险阻，充满了革命乐观主义精神。高山道路本就崎岖险峻，加上雾气降在雪上冻了一层冰，下山路常变得更加光滑难行。许多战士常稍一疏忽，就哧溜一声，滑下去十几丈远。队伍的前前后后，不时地传来滑倒的声音。为了加快速度，大家干脆垫上斗笠、毯子，或者就垫一双草鞋，坐着、蹲着滑下山去。有些人互相撞上了，翻滚在雪地里，大笑着把对方扶起来，又继续往下滑。在白茫茫的雪山上，数不清的黑点，就这样流星似的向下滑去。部队到山脚时，许多同志滚得从头到脚都是雪，有的衣服扯破了，有的脸颊跌肿了，大家互相一看，不禁大笑起来。周士第在回忆文章中也讲述了红军指战员在海拔5000米的打鼓山顶上又饥又渴，用冰雪加糖精自制冰激凌的故事。

长征是一次理想信念的伟大远征，在这段迢遥万里的跋涉中，雪山行军又是其中最为艰苦、最考验意志的一段。埃德加·斯诺曾形容红军长征在世界行军史上创造的奇迹，使"汉尼拔经过阿尔卑斯山的行军看上去像一场假日远足"。长途跋涉后被雪水浸湿的鞋子又冻上了冰，汗湿的衣服变成冰铠甲武装在身上，我们很难想象，这些血肉之躯是如何身穿单衣、踩着草鞋或者用破布裹着光脚，相互搀扶着跨过这一道道鬼门关的。他们甘愿吃苦、宁愿牺牲也不掉队。正是靠着这份对党对革命的坚毅与赤诚，红四方面军能够从最初的300余人不断发展壮大，成为拥有数万战士的革命劲旅，红军将士能够在艰苦复杂的斗争中始终保持清醒的头脑，战胜各种艰难险阻；始终保持强大的凝聚力，成为无坚不摧的战斗整体；始终保持高昂的斗志，对革命前途充满信心。

1936年2月28日，红军从丹巴进入道孚境内，随后攻占道孚、炉霍、甘孜、瞻化等地，至4月上旬，控制了东起懋功、西至甘孜、南达瞻化和泰宁、北连草地的广大地区，避开了敌人的进攻锋芒。红四方面军到达康北地区后，一面进行部队整编、训练、筹集物资；一面发动各族民众进行革命斗争，建立红色政权；同时派出部队南进雅江、理塘，迎接红二、红六军团北上前来会师。

今天，雪山顶上的丰碑早已同祖国山川大地融为一体，当我们重走当年红四方面军的雪山路，回望其艰辛磨难、感受其信仰与梦想，从这双破旧的钉鞋和当年的对话里面，似乎可以约略窥知使他们成为不可征服的那种精神、那种力量、那种欲望、那种热情。1959年，为庆祝新中国成立10周年，中国人民解放军成都军区文化部征集到高秀英当年爬雪山时穿过的这双防滑钉鞋。1964年，它被拨交给了中国革命博物馆。

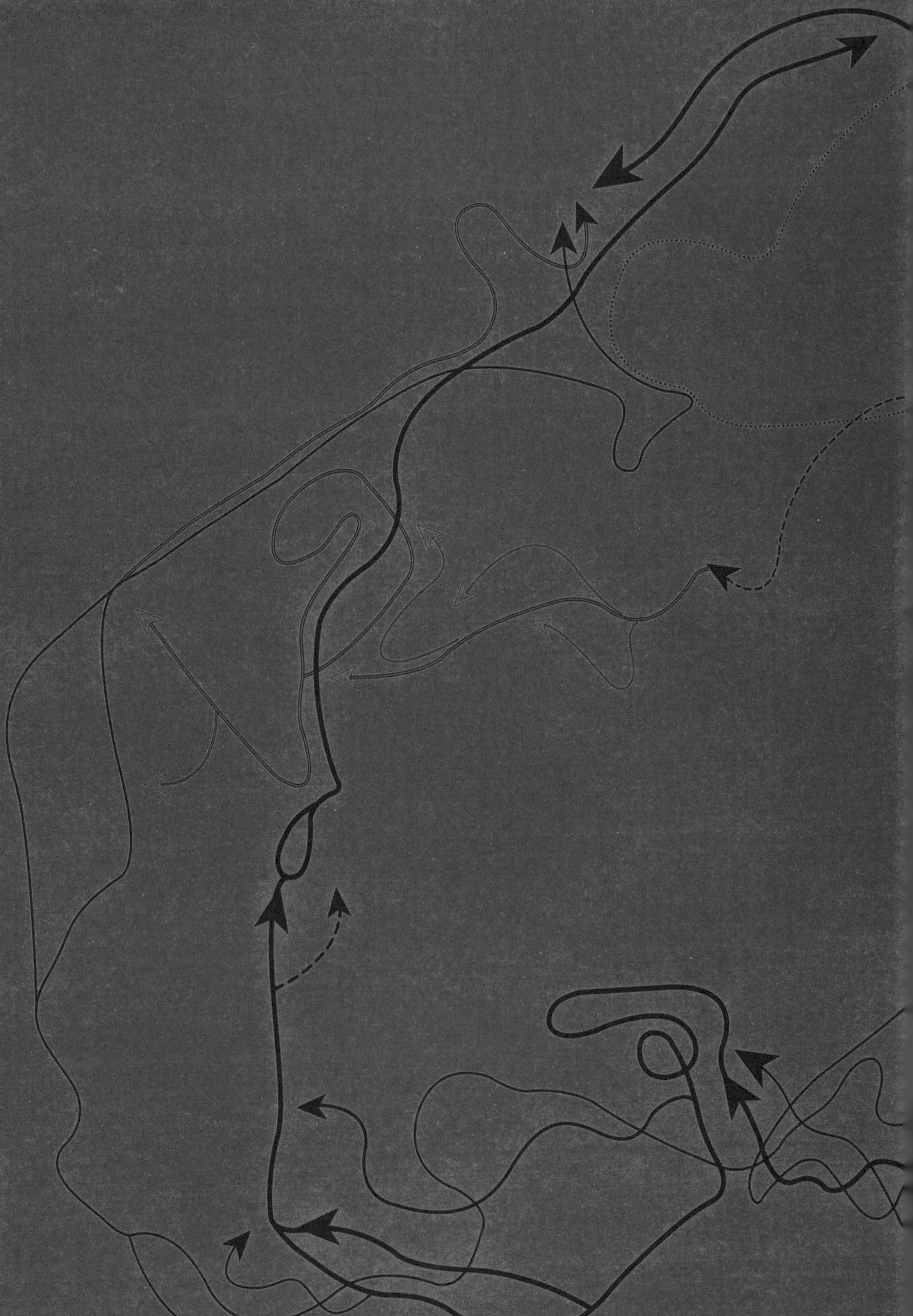

游击战争"好儿郎"

陈毅亲自誊写并修改的《游击战争纪实》手稿

1934年10月中央红军离开中央苏区后,遵照中央决定,项英、陈毅等人领导红二十四师、独立团及地方武装共1.6万余人留守苏区坚持斗争。面对国民党军对苏区的全面"清剿",红军损失惨重,只有少数部队突围到粤赣边、湘南、闽赣边、闽西等地区,会同当地党组织和地方武装,继续坚持游击战争。1935年3月底,项英、陈毅率部到达粤赣边的油山地区,同中共粤赣边特委和军分区会合,制定游击斗争方针,在当地人民群众的大力支持下,开展了英勇卓绝的南方三年游击战争。1936年夏,根据游击队员在粤赣边地区游击战争的真实经历,陈毅以诗词的形式创作了《游击战争纪实》,展现了红军游击队员的艰苦斗争生活和百折不挠的乐观主义精神。

1936年夏，陈毅在粤赣边地区领导红军坚持游击战争时，根据当时的实际情况，创作了《游击战争纪实》，后又被称为《赣南游击词》。这件《游击战争纪实》修改稿，是20世纪60年代，陈毅重新整理诗作时亲自誊写并修改的手稿。手稿纵30厘米，横43.8厘米，保存较为完好。左上角清楚地写明这首诗词的名称、作者姓名、初创时间、创作地点以及游击战争的时间等基本情况。手稿上面的多处修改痕迹说明陈毅重新整理时，每一句又经过了再三斟酌，足见他对这篇诗词的重视。1975年11月，陈毅之子陈昊苏将这件珍贵的手稿捐赠给中国革命历史博物馆珍藏。

1934年10月，中央红军开始长征。在主力战略转移之前，为加强苏区的政治、军事领导，中共中央决定由项英、瞿秋白、陈毅、陈潭秋、贺昌等人组成中共苏区中央分局、中央军区和中华苏维埃共和国中央政府办事处，项英任中央分局书记、中央军区司令员兼政治委员，陈毅因伤留任办事处主任，统一领导红二十四师、独立团及地方武装共1.6万余人坚持斗争。中共中央发给中央分局的训令，明确指出："基本任务是发展广泛的游击战争，来反对敌人与保卫苏区，而游击战争应该并且必须成为目前战斗的主要方式。"

11月，国民党军占领中央苏区后，一面加紧围追堵截长征途中的红军，一面以重兵开始对瑞金、瑞西、雩都（今于都）、登贤各县进行"清剿"。此后，当地的豪绅地主和流氓恶棍还成立了"还乡团""铲共团""义勇队""清乡委员会"等反动组织，叫嚣着要掘地三尺，斩草除根。他们在瑞金、平江、宁都、闽西实行了"树砍光、屋烧光、人杀光"的血腥政策，不仅许多红军战士牺牲，而且近80万革命群众惨遭屠杀，昔日繁荣的村镇变成血迹斑斑的残垣断壁，很多地方成为荒凉的无人区。

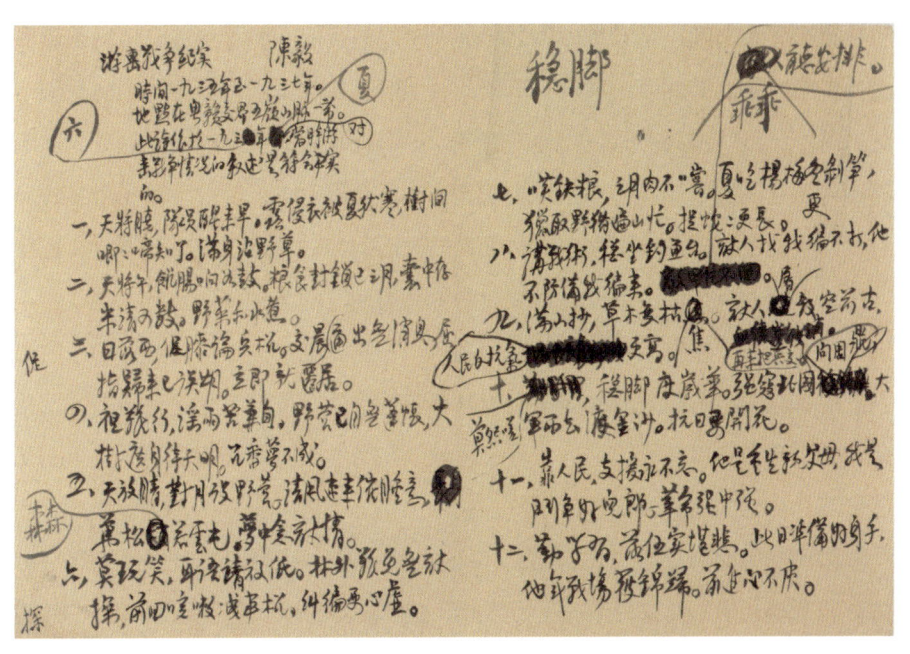

陈毅亲自誊写并修改的《游击战争纪实》手稿

至1935年初，留守苏区的红军被围困在雩都南部的狭小地区，深陷极为被动的处境，形势变得十分严峻。2月，遵照中共中央的指示，苏区中央分局召开紧急会议，由项英、陈毅、贺昌等五人组成中央苏区军分会，并决定分九路向外突围。由于敌众我寡，红军遭受巨大损失，只有少数队伍转移到粤赣边、湘南、闽赣边、闽西等地区，会同当地党组织和地方武装继续坚持游击战争。在此过程中，红军高级干部何叔衡、阮啸仙、贺昌、毛泽覃、万永诚、李赐凡、李天柱、李才莲、古柏等人在战斗中牺牲，瞿秋白、刘伯坚被俘入狱，不久英勇就义。

3月底，项英、陈毅率部几经辗转，到达粤赣边的油山地区，同中共粤赣边特委和军分区会合。油山，横跨广东、江西两省，矗立在广东省南雄和江西省信丰、大余之间，是五岭山脉之一的大庾岭绵亘的余脉。粤赣边地区绵延曲折的群山常年云雾弥漫，树木杂草繁茂，地形复杂，山中盛产多种中药材和山林土特产，且中国共产党在当地有着深厚的群众基础，使得这一地区成为红军游击队生存发展、坚持斗争的战略要地。4月上旬，红军游击队在大余县长岭村召开干部会议，会议根据项英、陈毅的讲话精神，制定了"依靠群众，坚持斗争，积蓄力量，创造条件，迎接新的革命高潮"的游击斗争方针，实现由正规战向游击战的根本战略转变。会议之后，按照"统一指挥，分散行动"的原则，所有红军游击队被分编为四个大队和若干小队，按部署分赴各游击区。从此，红军游击队以粤赣边地区为核心区域，在当地人民群众的大力支持下，开展了英勇卓绝的南方三年游击战争。

国民党军对粤赣边游击区进行了全面"清剿"，扬言"三个月消灭红军游击队，活捉项英、陈毅"。敌人对游击队经常活动的地区实行切割包围，并进行大规模的搜山、烧山、封山。他们在山头修筑碉堡，不断昼夜巡逻、控制交通，并收买叛徒从内部破坏红军游击队。为隔绝人民群众与游击队的一切联系，国民党军还采取移民并村、驱赶群众出山"封坑"、经济封锁和保甲连坐等一系列卑劣手段，绞尽脑汁地制造白色恐怖，企图"打死、饿死、困死"红军游击队员。

南方三年游击战争极为艰苦。在与中共中央失去联系以及国民党军持续"清剿"的不利局面下，项英、陈毅等红军高级将领与普通战士同甘苦、共患难，积累了大量长期游击战争的经验。战士们凭借顽强的斗志，采用灵活机动的游击战术和巧妙的斗争策略，紧紧依靠群众，战胜了一个又一个难以想象的艰难险阻，使敌人消灭红军游击队的企图一次次落空。

陈毅少年时代学习勤奋刻苦，酷爱诗书，青年时代赴法国勤工俭学，曾阅读大量西欧文学作品，极大提升了自己的文学修养。回国后，他在长期革命战争中逐渐积累了深厚的文学功底，并撰写了大量脍炙人口的诗词，成为红军中著名的诗人和儒将。

1936年夏，根据游击队员在粤赣边地区游击战争的真实经历，陈毅以诗词的形式创作的《游击战争纪实》，成为他最负盛名的代表作之一。具体内容为：

> 一、天将晓，队员醒来早。
> 露侵衣被夏犹寒，树间唧唧啼知了。
> 满身沾野草。
> 二、天将午，饥肠响如鼓。
> 粮食封锁已三月，囊中存米清可数。
> 野菜和水煮。
> 三、日落西，促膝论兵机。
> 交通晨出无消息，屈指归来已误期。
> 立即就迁居。
> 四、夜难行，淫雨苦兼旬。
> 野营已自无篷帐，大树遮身待天明。
> 几番梦不成。
> 五、天放晴，对月设野营。
> 清风速来催睡意，万松森森若云屯。
> 梦中念敌情。
> 六、莫玩笑，耳语请放低。
> 林外难免无敌探，前回咳嗽泄军机。
> 纠偏要心虚。

七、叹缺粮，三月肉不尝。

夏吃杨梅冬剥笋，猎取野猪遍山忙。

捉蛇二更长。

八、讲战术，稳坐钓鱼台。

敌人找我偏不打，他不防备我偏来。

乖乖听安排。

九、满山抄，草木变枯焦。

敌人屠杀空前古，人民反抗气更高。

再来把兵交。

十、莫怨嗟，稳脚度岁华。

强寇北国问周鼎，大军西去渡金沙。

抗日要开花。

十一、靠人民，支援永不忘。

他是重生亲父母，我是斗争好儿郎。

革命强中强。

十二、勤学习，落伍实堪悲。

此日准备好身手，他年战场获锦归。

前进心不灰。

《游击战争纪实》采用《忆江南》词牌的格式，由十二节相对独立而又互相联系的短诗组成，内容大致分为两部分。

前七节为第一部分，以具体的事例，从吃穿住行几个方面描写了红军游击队在艰难的生活环境中坚持斗争的场景，展现了红军游击队员积极乐观的革命精神和坚忍不拔的革命信念。

在国民党军的严密封锁下，游击队员长期缺吃少穿、缺医少药，每天像野兽一样地生活在森林里。南方夏季的深山里环境非常恶劣，不仅潮湿多雨、瘴气笼罩，还有很多蚊蝇毒虫。天刚破晓，游击队员就早早醒来了，单薄而破旧的衣服被露水打湿，身上还沾满野草，即使是在夏天，仍然感觉到一丝寒意。因为得不到及时的补给，已经断粮好几个月，更别说吃上肉了。到了中午，肚子饿得咕咕直叫，只好靠煮野菜、嚼草根、啃树皮充饥。但这些却吓不倒游击队员，他们就地取材，采集一些野果、竹笋来果腹，运气好的时候，还能猎取到蛇和野猪等野味。夜晚，无论什么样的天气，游击队员都很少搭帐篷，经常在野外露宿或在石洞中过夜，有时一晚上还要换好几处地方。努力想睡却又睡不着，只能坐等天明。即使是天已放晴，在明月高挂、清风徐徐的美好夜晚，哪怕是有繁茂树林遮蔽，却还惦念着敌情无法安睡。正如陈毅回忆所说："整年整月的时间，我和我的同伴没有房子住，在野外露宿。大风大雨大雪的日子，我们都在森林和石洞里度过。风餐露宿，昼伏夜行，是我们生活的常规。"

国民党军"清剿"行动越来越疯狂，经常搜山、烧山，还派出大批密探进入林中寻找游击队下落。为此，游击队员们白天隐藏在密林深处，夜间开始行军作战，用伏击夜袭的方法来挫败敌人。指挥员要求游击队员严格遵守纪律，做到白天煮饭不冒烟，夜里不透光，不大声说话、嬉笑和咳嗽，曾经就是因为咳嗽暴露了行动，要引以为戒。傍晚，是游击队集中讨论作战方案的时候。有时早上派出去的交通联络员未按时归队，敌情瞬息万变，指挥员当机立断，全体立即就要转移。在夜晚行军的过程中，因为担心暴露行踪，游击队不点火把、不打手电筒，在泥泞陡滑的山路上摸黑前进，还要及时把脚印清理干净。红军游击队必须时刻保持高度警惕，不能有丝毫松懈。

后五节为第二部分，简明扼要地分析了当前的政治局势，着重强调了现阶段游击战争的战略战术，有力揭露了国民党的恶行，高度评价了人民群众的作用，并表达了对战士们的殷切期望，体现出红军游击队不屈不挠的英雄气概和血战到底的革命决心。

九一八事变后，面对日本帝国主义的侵略，蒋介石却奉行"攘外必先安内"的政策，迫使中央红军进行战略转移，对红军游击队展开全面"清剿"，还对苏区手无寸铁的人民群众进行血腥屠杀。在这种白色恐怖下，陈毅告诫战士们，作为无产阶级革命志士，我们不应该嗟叹和埋怨，而是要沉住气，稳住脚步，坚持与国民党反动派进行斗争。为此，红军游击队根据毛泽东总结的"敌进我退，敌驻我扰，敌疲我打，敌退我追"的十六字游击战争原则，把握游击战争的本质和规律，创造了"秘密隐蔽，飘忽无常；化整为零，化零为整；机智灵活，出其不意；军民结合，长期斗争"等巧妙的游击战术。陈毅在诗词中以浅显易懂的语言向广大游击队员诠释了毛泽东"敌进我退""敌疲我打"的战略战术思想。正是因为有了这一克敌制胜的法宝，项英、陈毅才能胸有成竹，稳坐钓鱼台，他们领导红军游击队声东击西、神出鬼没，使敌人防不胜防，从而保存了革命力量，巩固和发展了游击区。

同时，红军游击队长期艰苦的斗争，离不开人民群众的支援。苏区人民曾经过长期土地革命斗争的锻炼和考验，国民党越是对人民实行残酷的镇压，就越能激起人民高昂的反抗意志。当地群众利用有限的进山机会，把粮食和盐偷偷运上山，提供给红军游击队。国民党强迫老百姓进行搜山活动，他们就故意弄出声响，提醒红军游击队赶紧转移。有一次，陈毅因旧伤化脓晕倒在树林里，老百姓冒着生命危险把他抬回家中，藏在阁楼上养伤。正是依靠人民群众的支持和掩护，红军游击队才一次次化险为夷，顽强坚持了三年的游击战争。在这篇诗词中，陈毅有感而发，把人民群众比作重生父母，恩情永不忘。诗句中饱含对人民的深情，将军民血浓于水的真挚情谊表现得淋漓尽致。

在最后一节，陈毅还不忘勉励年轻的游击战士们，尽管身处艰难困苦的战争年代，仍然不要灰心，要刻苦学习、不断进步，时刻做好准备，在今后的战场上再立新功。为提高游击队员的素质，项英、陈毅亲自参与编写政治、军事和文化教材，把读书识字和加强思想政治教育结合起来，既丰富了战士们的游击生活，又使大家的革命意志更加坚定。

《游击战争纪实》真实再现了那段难以忘怀的艰苦岁月，它以清新明快的艺术手法，展示了陈毅独特的文学创作才智，抒写了革命者的伟大襟怀。这首诗词把严峻的内容和豪放的乐观主义精神完美统一起来，表达了对革命事业忠贞不渝的坚定立场，歌颂了在中国共产党领导下的红军游击队顽强的斗争精神和崇高的革命气节，在游击战争中起到了凝聚军心、鼓舞士气的作用。

1937年，抗日战争全面爆发后，粤赣边地区的红军游击队编入新四军，奔赴抗日前线。

红军游击队在江西、福建、广东、湖南、湖北、浙江、安徽、河南八省坚持了三年的游击战争，不仅打击了国民党的嚣张气焰，保存了革命火种，还牵制和消耗了国民党军的兵力，有力配合了中央红军的战略转移，为长征胜利作出了巨大贡献。毛泽东对南方各游击区的斗争作过高度评价："这是我们和国民党十年血战的结果的一部分，是抗日民族革命战争在南方各省的战略支点。"

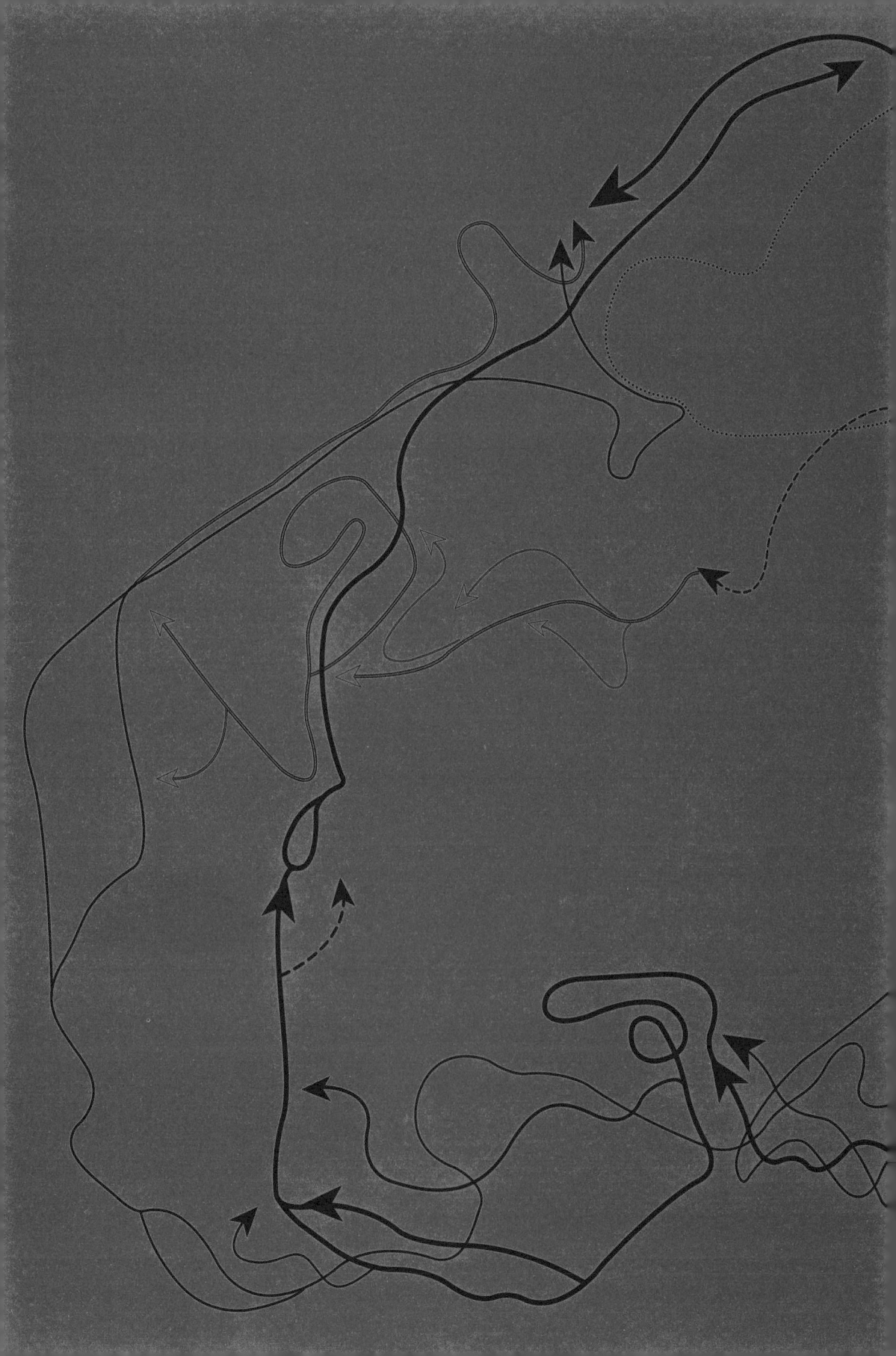

红二、六军团北上

盘县群众用桥栏杆做成的担架

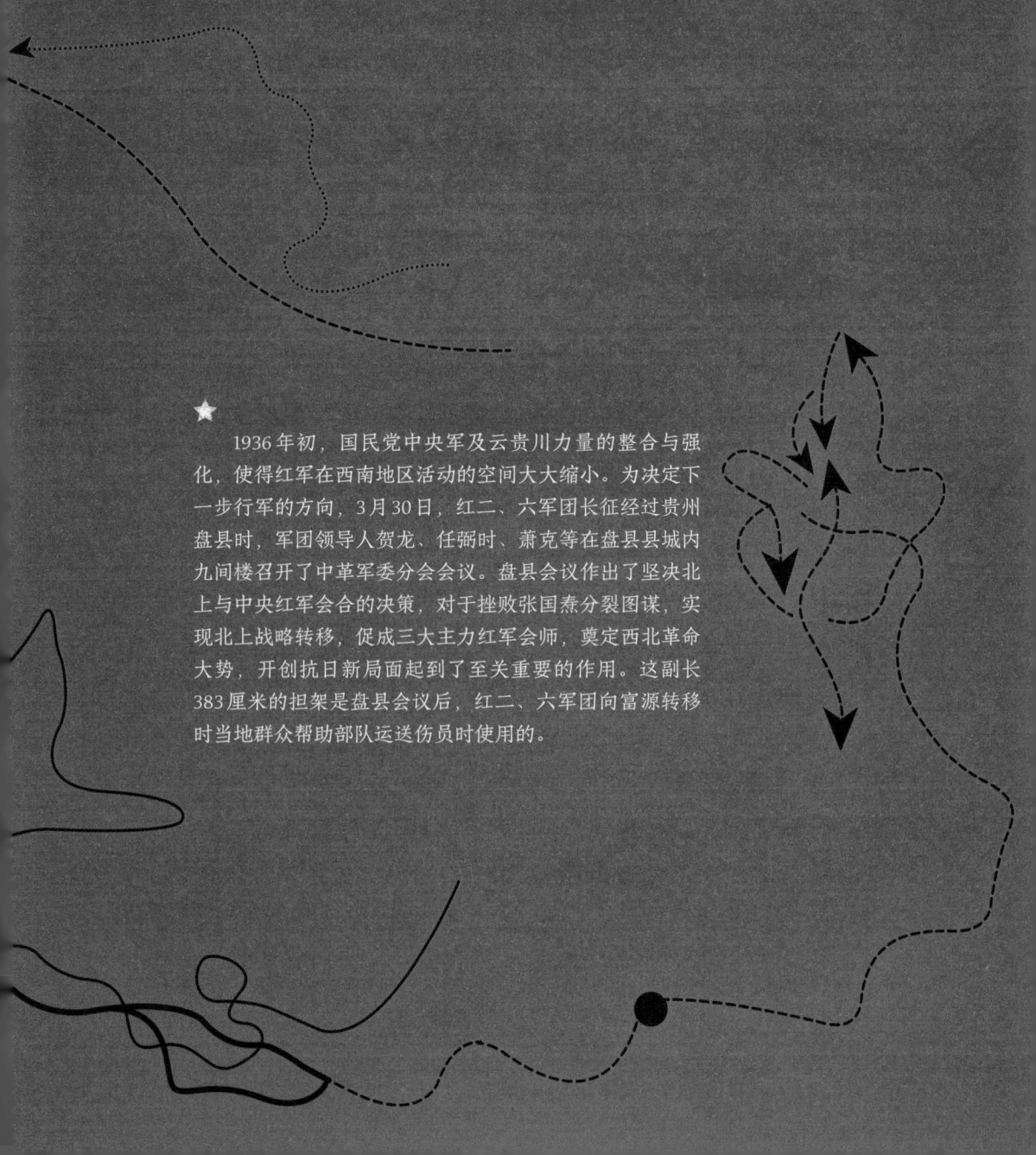

1936年初，国民党中央军及云贵川力量的整合与强化，使得红军在西南地区活动的空间大大缩小。为决定下一步行军的方向，3月30日，红二、六军团长征经过贵州盘县时，军团领导人贺龙、任弼时、萧克等在盘县县城内九间楼召开了中革军委分会会议。盘县会议作出了坚决北上与中央红军会合的决策，对于挫败张国焘分裂图谋，实现北上战略转移，促成三大主力红军会师，奠定西北革命大势，开创抗日新局面起到了至关重要的作用。这副长383厘米的担架是盘县会议后，红二、六军团向富源转移时当地群众帮助部队运送伤员时使用的。

这是一副用桥栏杆做成的担架。1936年3月，红二、六军团长征由云南折入贵州的盘县（今盘州市）亦资孔，在盘县会议上决定北上与红四方面军会合，在部队离开盘县再入云南省富源县时，有的红军因病不能走路，有不少当地群众加入到了护送伤员的队伍，这副担架就是他们运送伤员时使用的。担架长383厘米，显然原非运送伤员之用。之所以这么长，是因为红军从盘县出发时伤员数量多，而部队中的担架不足，当地群众于是就地取材，拆了桥上的栏杆做成了担架。他们一直抬着这副担架把病员送到了富源县后，才将它带回盘县，装回了桥上。

红军经盘县挥师北上，在中国共产党革命历史上写下了光辉的一页。如今修缮保存下来的盘县会议会址九间楼，红二、六军团盘县会议会址纪念馆，见证纪念着红军在盘县艰苦卓绝的革命历程。

1935年11月，红二、六军团开始从湘鄂川黔革命根据地转移，从湘西北的桑植县出发长征。次年1月，部队转移到石阡、镇远、黄平一带，因敌紧追不放，2月又转移至黔西、大定、毕节。蒋介石惧怕红二、六军团发展壮大，亲自飞抵贵阳坐镇指挥，纠集6个纵队的兵力妄图"围剿"红二、六军团，任弼时、贺龙、关向应、王震、萧克等于2月底率领红二、六军团向地广人稀的乌蒙山区回旋转移。

乌蒙山区位于黔西北和滇东北的边境地区，是贵州的乌江，南北盘江和云南的牛栏江之间的分水岭，由三列东北至西南走向的山脉组成，逶迤千里，平均海拔2400多米，其范围包括云南省的昭通、镇雄、彝良、宣威、会泽和贵州省的赫章、威宁等十多个县。这里经济落后，土地贫瘠，人烟稀少，红军很难得到给养。在23天艰苦卓绝的乌蒙山回旋战中，红军指战员克服天寒地冻、

盘县群众用桥栏杆做成的担架

缺衣少粮、重兵压境等困难，采用声东击西的战术，在运动战中调动和疲惫敌人，一方面寻找突围战机，一方面主动寻机歼敌。3月下旬，红军部队转移到滇黔边境，投入全部兵力向宣威县城发动进攻，23日在宣威城郊虎头山一带与敌军展开激战。这是红军在云南境内进行的最大一次战斗，双方投入兵力都在万人以上。由于宣威守敌依托地理优势负隅顽抗，且敌援兵又迅速增至，为了保存实力，军团领导决定趁夜主动撤出战斗，向安全地带转移。

红军撤出虎头山战斗后，为了调动敌人，准备分两路南下，红二军团向东南进占盘县县城，红六军团则向南经平彝进入盘县亦资孔地区。3月28日，红二军团第四师先头部队首先攻占盘县县城。国民党地方武装见红军强大，仓皇向沙沟方向逃窜。当晚，红二军团驻扎在盘县，红六军团进驻富源。29日，红六军团从富源经胜境关进入盘县，并占领亦资孔。

红二、六军团进入黔滇地区之初，因当地有利的敌情、群众基础、给养和地形等条件，曾认定在黔西南的盘县、兴义即南北盘江地区有建立根据地的可能。军团领导研究认为，这一带虽然位置偏僻，交通不便，但地区广大，有回旋余地；物产丰富，部队给养可以得到良好补充；国民党军力量稍弱，且被红军的长期运动战拖得疲惫沮丧，暂时转入守势；加之群众深受国民党反动派的剥削和压迫，灾难深重，有迫切的革命要求。实际上，在向黔滇川交界处的乌蒙山区回旋转移之前，军团就先后在黔东石阡、镇远、黄平和黔西大定、毕节一带，作出建设根据地的努力，均没有成功。

然而，3月23日，在部队尚未进入盘县时，红军总部以总司令朱德、总政委张国焘的名义向红二、红六军团发来电报，建议红二、六军团应在"渡河技术有把握条件下及旧历三月水涨前，设法渡金沙江"，"早经会理，经盐边、盐源到雅江与我们会合，大举北进"，并提出了过金沙江的5处渡河点，同时又表示两军团如"有把握进行运动战时，则在滇黔边行动亦好"，这显然与红二、六军团拟在南北盘江地区建立根据地的战略设想发生了冲突。

红二、红六军团到达盘县后，为了进一步弄清朱德、张国焘来电的意图，两军团领导经过研究，于3月29日致电红军总部，将意在南北盘江地区建立新的根据地的打算电告中央进行磋商："在目前敌我力量下（包括敌之樊、万、郝、郭、李、孙等纵队），于滇黔川广大地区内，求得运动战中战胜敌人创立根据地的可能，我们认为还是有的。"如果需要北上，"如在第三渡河点或最后路线通过，在春水未涨之前或不致感觉大的困难"。但是，由于"最近国际国内事变新发展情况，我们不甚明了。及在整个战略上，我军是否应即北进，及一、四方面军将来大举北进后，我军在长江南岸活动是否孤立和困难，均难明确估计。因此，我军究应以此时北进与主力会合，或应留在滇黔川边活动之问题，请军委决定。以上望在一、二天内电告"。

3月30日，红二、六军团收到朱德和张国焘回电，电报一共四点，简洁而明确：一是回答了上封电报中对贺龙、任弼时等对当时国际国内形势的关切，认为"依据国际国内情况，民族革命高潮在生长，苏维埃运动有些发展，但不能过分估计。蒋敌虽削弱，亦不能计算他在何时崩溃"。二是指明了红二、六军团的战略发展方向，"最好你军在第三渡河点或最后处北进，与我们汇合，一同北进。亦可先以到达滇西为目的，我们应当尽力策应"。三是提出了在特殊情况下的次要选择，"在困难条件下，可在滇黔川广大地区活动，但须准备较长期的运动战"。四是授予了红二、六军团因时、因地、因敌的灵活处置权，"究应如何，请按实况决定，不可受拘束"。虽然电报中对红二、红六军团北渡金沙江还是留在滇黔川地区活动仍然没有明确的指示，但其中要求北进的意思更为明显。

北上还是南留，事关红二、红六军团今后的战略行动和中国革命的大局。为了慎重起见，驻扎盘县县城的红二军团打电报给当时驻扎在盘县亦资孔的红六军团，随即红六军团首长"萧克、王震、张子意从亦资孔动身，走了一天的路，到盘县开会，研究如何执行这个指示"。当晚，以任弼时为核心的红二、六军团领导决定立即在盘县县城武营头军团总指挥部九间楼召开中革军委湘鄂川黔分会会议，商定行动方向。出席会议的有军委分会成员、军团负责人贺龙、任弼时、关向应、萧克、王震、张子意、李达等。会议传达了中共中央《关于目前形势和党的策略路线决议大纲》，分析了全国的形势，着重讨论了红军总部两次关于会合北上的电报指示，在总结以往建立根据地实践经验的基础上，审时度势，从更长远的角度分析了红二、红六军团今后的战略方针。

当时，张国焘为达到分裂党、分裂红军的目的，窃取了中共中央与红二、六军团联络的通讯密码，致使红二、六军团与中央的电信联系中断。因此，对红一方面军与红四方面军会合后的决定和张国焘的分裂行径，红二、六军团一概不知。所以红二、红六军团接电后，根据电文中提出的最好是渡江北上的意图，认为这是出于全国革命战争总的战略要求。据此，任弼时在会上表示，红一方面军和红二十五军都已经到了陕北，现在总部又来电报要求红二、六军团同在四川的红四方面军汇合一起北上，全国革命大势已转到西北。如果继续留下来，部队将面临孤军在江南，没有友军策应的局面，将有利于敌人集中优势兵力对红军进行"围剿"，还是北渡为妥。会议还进一步分析了红军当前面临的形势，认为目前这一带群众、地势和粮食条件虽有利于红军活动，具备在这一带建立新的根据地的可能，但是这种可能只是局限于云南、贵州两省个别地区，并且是针对敌我力量的暂时对比和相对于以往的斗争形势而言的，最终能否保证根据地的建立、巩固和发展，还存在很多变数。因此，尽管目前有条件在南北盘江之间建立根据地，但为了顾全大局，应放弃在盘县一带建立滇黔边革命根据地的计划，立即执行红军总部的指示，渡过金沙江，同红四方面军会合，共同北上抗日。

盘县会议决策的当晚，贺龙、任弼时、关向应立即将军团的决定向红军总部进行了汇报："我们决经华坪之路线北进，四月一日前后开（始）向滇西方向移动，望在适当时派队接应。"

北上方针确定以后，红二、六军团"开始了北渡长江的政治作业"。部队立即进行了政治动员、组织整顿和物质准备工作，两军团在盘县扩充了700多名新战士，制定了北渡金沙江的计划，选定了渡江路线，部署了行军序列，决定经普渡河、元谋，从龙街渡江，即采取总部指出的第三渡河点为渡江路线。根据盘县会议的决策，31日，红六军团为左翼，开始撤离亦资孔到盘县乐民宿营，红二军团仍在盘县县城休整准备。4月1日，红六军团经水洞坪进入云南富源清水塘、划船边。红二军团为右翼，开始撤离盘县县城，经两河到红果纸厂宿营，2日进入云南富源梨树坪。

红军能迅速顺利走出盘县挥师北上，与其政治主张以及穷苦百姓的帮助是分不开的。在盘县期间，红军广泛开展各种活动，宣传共产党政策和政治主张，在人民群众中产生了广泛而深刻的影响。战士们张贴革命标语，组织宣传演讲，编演抗战活报剧；军团组织了"抗日救国义勇军"和"抗日大同盟"；释放了监狱里的无辜群众，还每人发放3元钱作为回家的路费；对欺压百姓的恶霸地主、土匪等进行围剿，召开了施贫大会，发动贫苦百姓打土豪分浮财。虽然红军在盘县停留的时间不长，但当地百姓与红军的情谊却很深。他们除了拆下桥栏杆做担架护送伤员，还经常冒着"通匪"的罪名和杀头的危险给红军做向导，帮红军做活，为红军掩护和医治伤员，还送自己的子弟参加红军。

4月28日黄昏，红二、六军团全部从丽江石鼓一带顺利渡过了金沙江。随后，红二、六军团兵分两路翻越终年积雪的大雪山，于7月2日，在甘孜同红四方面军主力胜利会师。会师后，任弼时和朱德、刘伯承、贺龙等与张国焘分裂党和红军的活动进行了坚决而巧妙的斗争，最终推动红四方面军实现了北上，促成了红军一、二、四三大方面军胜利会师这一伟大壮举。

1936年11月，毛泽东在陕西保安会见红二、四方面军部分领导人时，高兴地赞扬红二方面军在长征中为中国革命保存了有生力量，他说："二、六军团在乌蒙山打转转，不要说敌人，连我们也被你们转昏了头，硬是转出来了嘛！出贵州，过乌江，我们付出了大代价，二、六军团讨了巧，就没有吃亏。你们一万人，走过来还是一万人，没有蚀本，是个了不起的奇迹，是一个大经验，要总结，要大家学。"

盘县会议是红二、六军团在长征途中召开的一次具有转折意义的战略决策会议。1984年，萧克谈及长征中的这段经历时指出：现在看盘县会议，接受总部指示是正确的，对二、六军团同四方面军会合，进到陕甘宁，这是带关键性的决策。在当时敌人强大、党内斗争复杂、与中央联系困难的斗争环境下，军团领导人着眼全局，审时度势，反复权衡，作出了渡江北上的战略决策，不仅使红军从根本上摆脱了在长江南岸孤军苦战的困境，使蒋介石聚歼红二、红六军团于南北盘江地区的阴谋破产，更顺应了抗日救亡的民族革命斗争新形势，对于维护党中央的正确领导和权威，维护党和红军的团结统一，保存红军实力，实现北上抗日战略转移产生了重要作用。

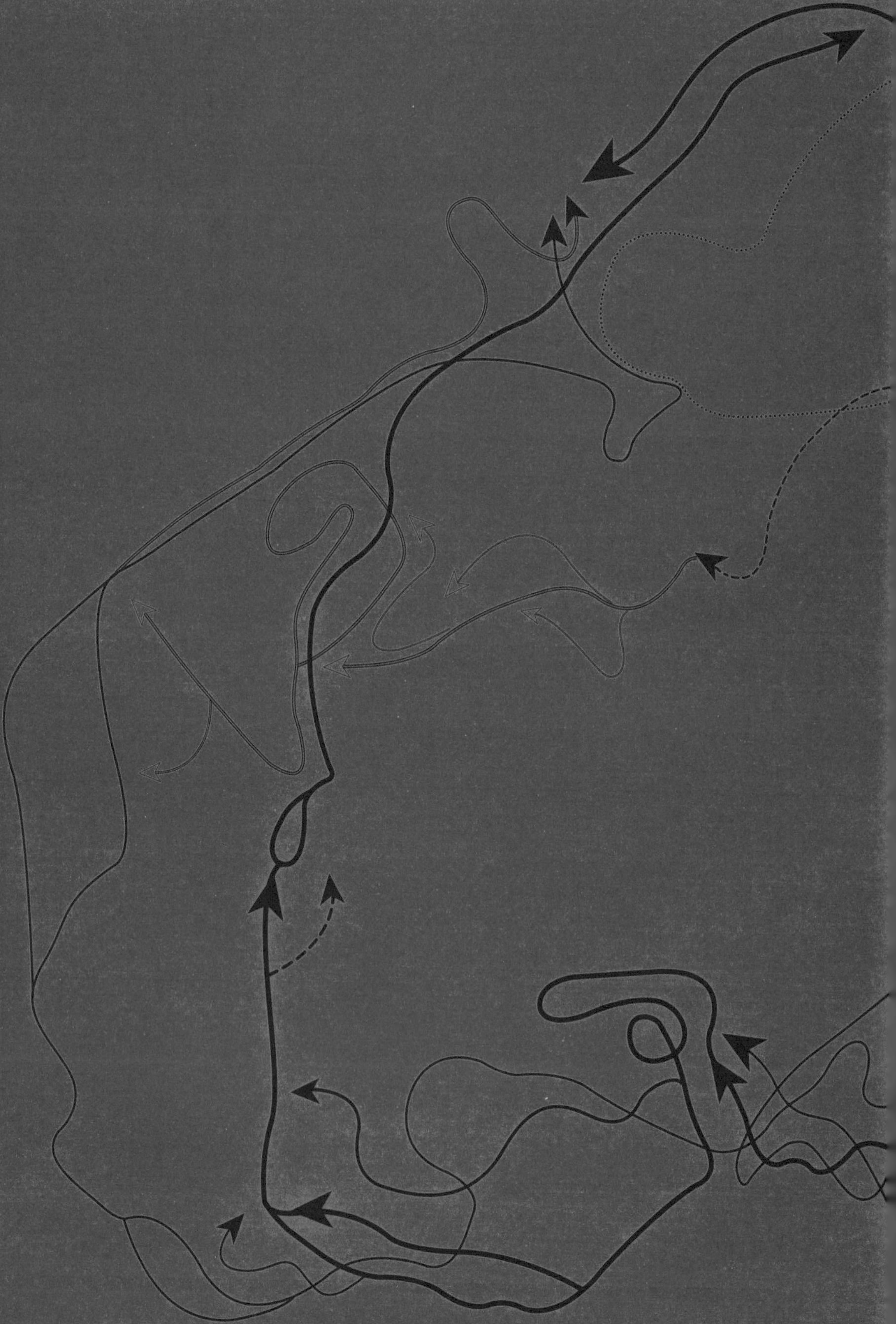

艰难草地行

红二方面军张子意写的长征日记

1936年7月2日,红二、红六军团齐集西康甘孜,同红四方面军主力胜利会师并共同北上,随即与红三十二军合编为中国工农红军第二方面军。此后,红二方面军穿越渺无人烟、气候恶劣的松潘草地,经日庆、绒玉、阿坝、包座等地,于9月1日到达甘肃岷县的哈达铺地区。作为三个方面军中最后通过草地的部队,红二方面军在极端环境下以顽强的毅力,走出了被称为"死亡陷阱"的茫茫水草地,最终进军甘南,为红军三大主力会师创造了条件。这本红二方面军第六军团政治部主任张子意在长征途中写的日记,正记录了红二方面军过草地的艰苦历程。

张子意长征日记纵13.1厘米，横8.3厘米，一级文物，纸张残破，页面上的钢笔字迹有些已经模糊不清，纸张上水渍明显，一看就知道经历了无数的风餐露宿、艰辛跋涉。日记开始记录的时间是1936年7月10日。第二天，红二方面军就分为两个梯队，随红四方面军左纵队继续北上，穿越草地。这段艰苦卓绝的草地征途，就这样驻留在张子意的文字里。

红二方面军走过的这片草地，名为松潘草地，是地处川西北的一片纵横300公里的广袤湿地，地势高，空气稀薄，天气瞬息万变，沼泽遍布，人迹罕至。这是当时地图上没有标明过的地方，也是过去历史上任何一支军队都没有涉足过的地方。

张子意，1904年生，湖南醴陵人。1925年加入中国共产党并参加革命。1931年冬，他进入湘赣革命根据地，先后担任湘赣省委常委、组织部部长、宣传部部长、湘赣军区政治部主任。长征中，他先后担任红六军团、红二军团和红二方面军的政治部主任。1935年11月19日，张子意跟随红二、六军团主力1.7万余人，由湖南省桑植县刘家坪等地出发，开始长征。甘孜会师后，1936年7月5日，红二、六军团奉命与红三十二军一起合编为红二方面军。

在出发前，红军进行了深入动员，加强各种过草地的保障工作。各部队着手准备了骡马、帐篷、干柴、草鞋和御寒的衣物等。被装部门把红四方面军特意赶制的几十件毛衣、上百件羊皮背心发给体弱的战士、妇女和儿童；卫生部门负责筹集药品，买了一些胡椒、辣椒、盐巴，在甘孜附近采集中草药，还制作了简易担架以便在行军途中收容、诊治伤病员；供给部门买来一些铜锅，替换下沉笨易碎的铸铁锅。同时，已经两次出入草地的红四方面军也尽力向战友们提供帮助、传授经验，如在朱德的动员下，红四方面军直属队将所有驮帐

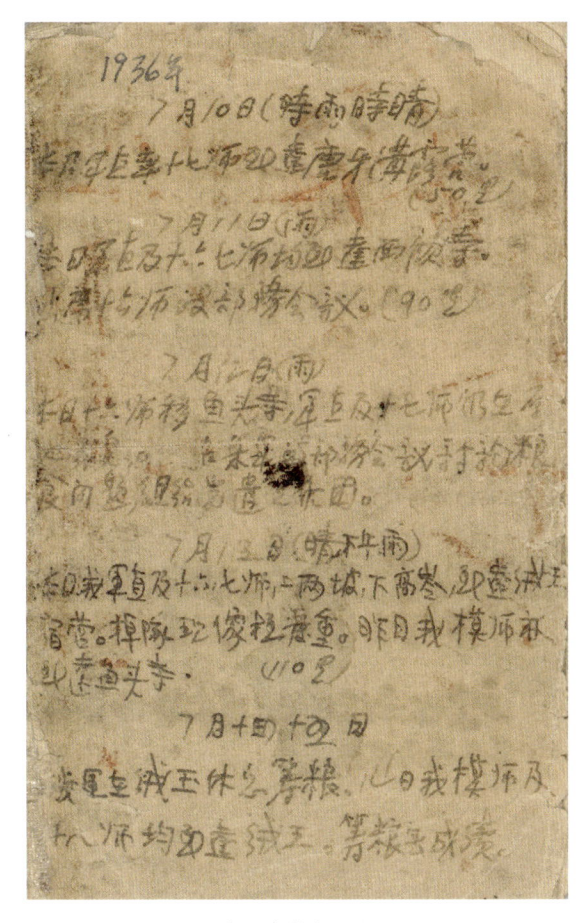

张子意长征日记

篷、驮行李的牦牛交给兵站，供应后续部队。他们还向兄弟部队介绍草地的自然风貌、行军的注意事项、野菜的辨别与食用方法等，红二方面军将这些宝贵的经验逐一记录下来，并结合现有条件研究相应的措施。

在各种准备工作中，筹集粮食最为困难。过草地所需的粮食主要靠出发前准备，无法在途中得到必要的补充。甘孜一带人烟稀少，即便有些村落，居住的藏族群众也多以游牧为主，耕地少、产量低，粮食来源有限；加上国民党的反动宣传，拥有粮食的大土司已经提前将粮食转移；而且红一、四方面军之前过草地，已将一些陈粮采购殆尽。最让人痛心的是张国焘出于分裂目的，对红二方面军筹粮设下了种种障碍。鉴于以上原因，筹粮任务难上加难，战士们往往只能费尽九牛二虎之力，在大土司的家里、粮仓里、碾子旁或是打谷场上，一粒粒地抠着散落在砖缝、土梗里的青稞、玉米、豌豆，甚至从牛粪中挑拣出尚未消化掉的粮食。尽管红四方面军大队在前面走，对后卫部队有所照顾，但也是杯水车薪。因此，从甘孜出发前，平均每人也只能筹措到七八天的粮食，远不能满足部队的需要。

红二方面军迎着未知的征途出发了。初入草地时，放眼望去，尽是绿油油的一片，美丽的小花四处绽放，天空碧蓝如洗。然而，美景之下，危机四伏，再往前走，便进入了另一个世界。雨雪、荒凉、寒冷、沼泽、饥饿如影随形，仿佛成了难以战胜的梦魇。

松潘草地位于亚寒带和亚热带衔接的边缘，平均气温在0摄氏度以下，冷暖空气的对流形成了这一地域变幻莫测、骤寒骤暑的独特气候，每日温差有30多摄氏度。时任红六军团政治部秘书长王恩茂回忆："草地的气候恶劣，一日数变，一会儿天晴，一会儿乌云满天，一会儿刮大风，一会儿下大雨，一会儿下大冰雹，有的冰雹像大碗那样大，有的人被冰雹砸伤了，有的骡马被打死了。"一次，红二军团六师十六团顿星云率领的部队就在山谷中遇到了这样的天气：时值傍晚，部队爬到山顶，山下烁烁的火光就是宿营地。同志们欣喜若狂，把沿途捡来的干柴都扔了，准备轻装下山。忽然，西北方上空漫起了一片乌云，转眼间，暴雨倾盆而注，继而一阵狂风打着旋呼啸地刮来，碗口粗的小树被拦腰折断了，许多病弱的同志被刮倒在地上，越刮越猛的狂风，像暴发的山洪，裹着他们在地上翻卷着，直向山脚滚去。其他同志伸手拽他们，也被一同卷了下去。继而，雨滴变成了冰雹，茶盅大的冰雹噼里啪啦地砸了下来，满坡乱滚，俄顷，把山头镶成了一座珍珠峰。大家忙把背包、锅、马鞍子盖在头上，钻到山坳坳里躲起来……一小时过后，天又骤然放晴。

在这样的气候条件下，御寒防雨衣物的缺少使得行军异常困难。红二方面军自离开湘鄂川黔根据地后，就一直处于紧张的行军作战之中，到甘孜后由于张国焘的破坏，衣物没有得到必要的补充，帐篷极端缺乏。为了抵御严寒，战士们只好找各种兽皮披在身上。行军中，有的战士既无军帽，又无雨伞、斗笠，就成了"秃头军"，任凭日晒雨淋。半夜里，气温直降，如鞭的寒风卷着大片的冰雪袭来，俨如隆冬，不少体弱、生病的战士就在饥寒中悄无声息地离开了。

除了可怕的天气，令人怯畏的还有潜藏在草甸下的黑暗的沼泽。松潘草地连接青藏高原和四川盆地，虽然平均海拔3500米以上，却是青藏高原东部一个断陷形成的盆地，周围群山环绕，相对低洼的地势汇聚了诸多河流。由于河道迂回摆荡，水流滞缓，汊河、曲流横生，形成了大片沼泽，浅处齐膝、深处没顶。沼泽之上的水草盘根错节，结络而成片片草甸，上面笼罩着阴森迷蒙的浓雾，由于四周没有人烟，地面没有树木，极难辨别方向。人马必须循着足迹走，一旦没有踏上草甸而陷入淤泥，则会越陷越深，眼睁睁地被泥浆吞噬，无法自救，甚至施救者一旦用力过猛也会被拖入其中。这里的草不少都带刺，坚硬锋利，踩上去会把脚和小腿划出无数道小口子，伤口浸在水里，很快引起感染、化脓。此外，在草地污泥中长期埋藏的枯萎植物遇到高温发酵腐烂生成的甲烷，对疲劳的战士也是一个致命的隐敌。

红军过草地时正值七八月，雨季水泽丰沛，行军夜宿也成了一大难题。找不到土丘、高地等土质较硬、较干燥的地方，就只能在"软塌塌，水渍渍"的草皮上宿营。所谓宿营，也不过是就地而卧或背靠背相互倚靠，甚至有的只能将膝盖顶在土丘上，身子蜷作一团，因为下面的实地不足以让他们伸展躯体。遇上风雨天，就支起树枝或者找处灌木搭上被单、油布凑合，如果偶有一片树林，那已是喜之不尽了。这样的宿营条件既挡不住风雨，又暗藏着风险，有时打盹后一不小心就会跌入泥沼。王恩茂后来回忆起草地宿营的情景仍然痛心不已："我们露营，天上大雨下个不停，地面积水成流，睡下，上面雨淋，地下水浸，全身湿透，难受得不能成眠，只能坐起来，大家围在一起，抵挡风雨。……希望早点天亮，夜特别长，真是度日如年，不可终夜。"

除了自然条件的障碍，粮食缺乏是另一大问题。在水草地里跋涉很耗体力，战士们的饭量变大了，加之先期筹集的粮食不抵行军之用，红二方面军遇到了极其严重的粮荒。进入草地之初，每人每天还能补充二三两青稞粉，但不久就断了粮。出发前各部队都是分头携带粮食，行军中为了维持生存，各团部指派专人掌管粮食的调配、食用，防止盲目开销，饥饱不均。有时即便有粮也无法生火，因为地面过于潮湿，找不到干燥的枝条，战士们只能把没有磨过的青稞谷粒生着咀嚼下肚，粗粝的青稞种子撕扯着肠道，有许多人患了痢疾。后卫部队饥饿难忍，只能从前面战士留下的粪便中寻找可食之物，他们像麻雀一样把没有消化的谷子和麦粒挑拣出来，洗净煮开，吞下肚去。草地里没有清水，只能喝带草味的苦水，有人因此腹泻不止。食盐缺乏导致的身体无力，更使红军的处境雪上加霜。

草地里荒无人烟，野菜成为了最主要的代食品。红二方面军副政治委员关向应曾在日记中记录："7月14日，六军在绒玉休息。无粮食，采野菜吃。7月16日，六军上午出发，沿河而上，下午到玉楼。各部队还是没有找到粮食，全吃野菜。"虽然遍地野草，但能食用的并不多，为了保证安全，宣传队采集了许多样品向大家介绍。一到宿营地,战士们头一件事就是挖野菜,有时走很远才能采回一小把,有时因为前面的人把叶子、茎尖掐光了,后来人只好拔草根。草根难以煮烂,填到嘴里又扎又涩,夹着一股浓烈的土腥味,大家只好硬着头皮往下咽。一连多日靠野菜充饥,战士们的脸和腿出现了不同程度的浮肿,有的误食毒草、毒菜,轻则呕吐腹泻,重则中毒身亡。后来,连野菜、野草根也挖不到了,皮带、枪带、皮鞋、马鞍都成为了食用的对象。

煮牛皮,这是红四方面军介绍的一条经验。出发前,有的战士心眼多,把竹篾斗笠换成牛皮斗笠,把系在腰间的绳子换成皮带,连打草鞋用的麻线都改用细细的皮条。在缺粮时,这些牛皮制品成了真正的佳肴。起初,战士们把牛皮切成了很小的片,放在锅里煮,但不管煮多久,依旧嚼不烂。后来,湖北、湖南籍的红军仿效家乡吃猪皮的做法,把它先放在火上烤,烤焦了再煮,一下变得暄软易食。牛皮的食用方法多种多样,有的将烤黄的牛皮刮成粉,拌上野菜熬牛皮冻吃;有的先用水煮,煮熟了烘干掰成块嚼着吃。战士们还据此创作了一首《牛皮腰带歌》:"牛皮腰带三尺长,草地荒原好干粮。开水煮来别有味,野火烧熟分外香。一段用来煮野菜,一段用来熬鲜汤。有汤有菜花样多,留下一段战友尝。"这首充满革命乐观主义情怀的歌词反映出红军当时处境的艰辛。

张子意在多篇日记里记录了红六军团在过草地期间遇到的食难、宿难、行难等问题。他写道:

> 1936年7月14日、15日,我军在绒玉休息筹粮。十四日我模范师及十八师均到达绒玉。筹粮无成绩。7月21日,连日天雨,粮缺,帐棚(篷)少,掉队死亡现象极严重。7月23日,十七师、模范师因西倾寺出发后,即大部无粮,沿途亦无补充,尽食野菜、皮革,致部队极疲困,减

员两师达二百人。7月24日，草地雨季天气真坏，晴雨无定，冷热时变，犹戏子之一日百变无常态也。7月30日，今日全军由下阿坝出发，向葛曲河前进，途遇大风雨雪雹。8月1日，草地天气寒冷，虽入三伏，亦不能离皮大衣。

在北上途中，红二方面军还遭遇了反动土司骑兵的突袭。8月18日，张子意在日记中写道："本日前进，因俄界公坝去约十里处之隘路有'番骑'放枪为害，白昼不能安全通过，故即在俄界宿营休息。"红二方面军军马少，也不懂骑术，在听取红四方面军的经验后，组织了少量的骑兵侦察员、通信员。在甘孜时，朱德、刘伯承等也向干部们强调了骑兵的重要性，并就如何对抗骑兵进行了战术教育，因此在遭到的几次袭扰中，军队损失并不大。

官兵同甘共苦，生活上不搞特殊，这是红军的传统。行军中贺龙等经常叮嘱身旁的工作人员，以防他们偷偷给自己开小灶。在部队最困难的日子里，贺龙冒着中毒的危险亲尝各种野草，充当"神农氏"。每到休息时，他就到小溪中钓鱼、捉青蛙充饥，常常把自己钓的鱼让警卫员熬成浓汤，送给伤员喝。实在没有办法了，他还下令将一匹跟随他征战多年的枣红马杀掉，把马肉分给战士们充饥。

红军指战员们发扬团结互助精神，在困难和危急的时刻，宁肯自己挨饿也要把干粮让给同志，宁肯自己牺牲也要抢救战友生命。一次，红四方面军三个掉队的女红军在草地上遇见因病落在后面的红二方面军战士周大才，立即用仅有的一点药和盐巴挽救了生命垂危的周大才，他苏醒后就把营长给的一点炒面分给早已断粮的三位女红军。当女红军要给周大才一块银圆时，他连忙说："这些粮食是我的，也是你们的，我们都是红军，都是革命队伍的人，我们是一根藤上的瓜，苦在一起，甜在一起。"

草地行军，苦归苦，但处处洋溢着革命乐观主义精神。战士们常常一边走一边嚼着炒麦子，形容炒麦子的味道似乎还胜过巧克力糖。兴致来了，大家就哼上两段家乡戏。晚上睡觉时，有的战士没铺的也没盖的，就开玩笑："过雪山我们是顶天立地；过草地，我们又是盖天铺地，我们不愧是天地的主人。"一路上，指战员们用各种生动活泼的形式振奋精神、鼓舞斗志。

历尽艰难险阻，红二方面军终于在9月1日走出了草地，击溃了国民党军的堵截，胜利地到达了哈达铺地区，并于1936年10月同红一方面军会师。在11月19日的日记里，即红二、六军团开始长征的周年纪念日，张子意总结了红二方面军的长征历程，他列出八个标题，以提纲的形式概括了红二、六军团的胜利，即：（一）突击湘中，全国震动；（二）横扫黔省，所向无敌；（三）威震云南，龙云丧胆；（四）追剿之敌，叫苦连天；（五）克服天险金江；（六）战胜雪山草地；（七）远出陕甘，全国红军会合；（八）长征胜利，英雄万古流芳。

红二方面军的艰难草地行，在漫漫长征路中写下了光辉的一页。它对于战胜张国焘的分裂主义错误，维护党和红军的团结，促进红军三大主力会师，发挥了重大作用。1975年12月，张子意亲手将这本珍贵的日记捐赠给中国革命历史博物馆。这本长征亲历者的记录具有极高的史料和文物价值，反映了一位老红军战士对党的忠诚和对革命事业的坚定信念。他在附的一份说明中说："这是一个红军政工干部的长征日记片断（段）。因为经历了长期的战争岁月，这本日记只剩下断简残篇。日记写得异常简单，有时每日仅记一两句话，显得只有骨头没有肉。但是在四十年后的今天看来，这一化石般的片断，也不是完全没有意义的。在一九五六年回忆长征时我曾写道：我们是踏着同志们的血迹前进的，我们是跨过同志们的尸体前进的；我们也时刻准备着：让同志们踏着自己的血迹前进，让同志们踏着自己的尸体前进。"

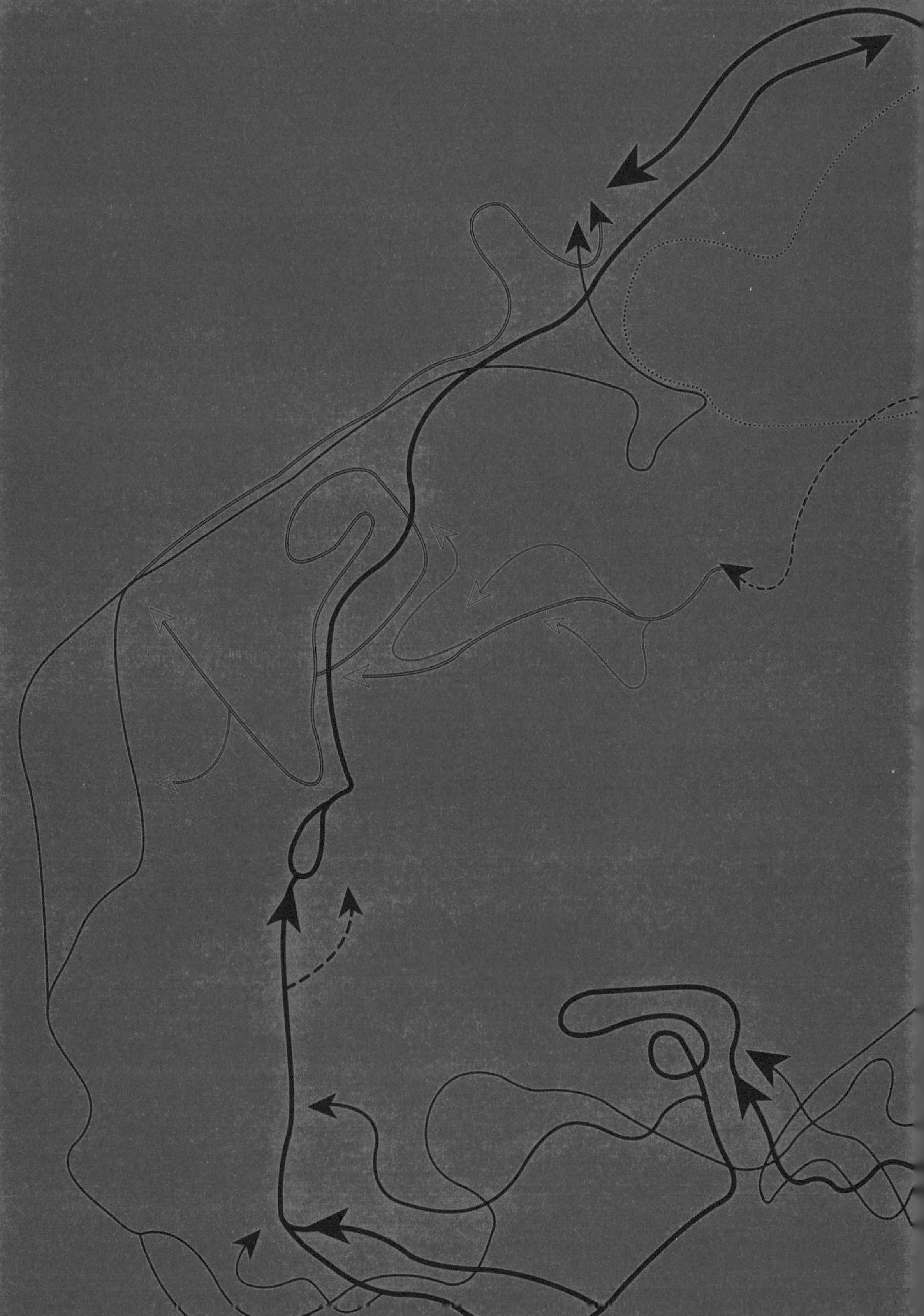

三军大会师

中共中央为红一、二、四方面军会合发出的贺电

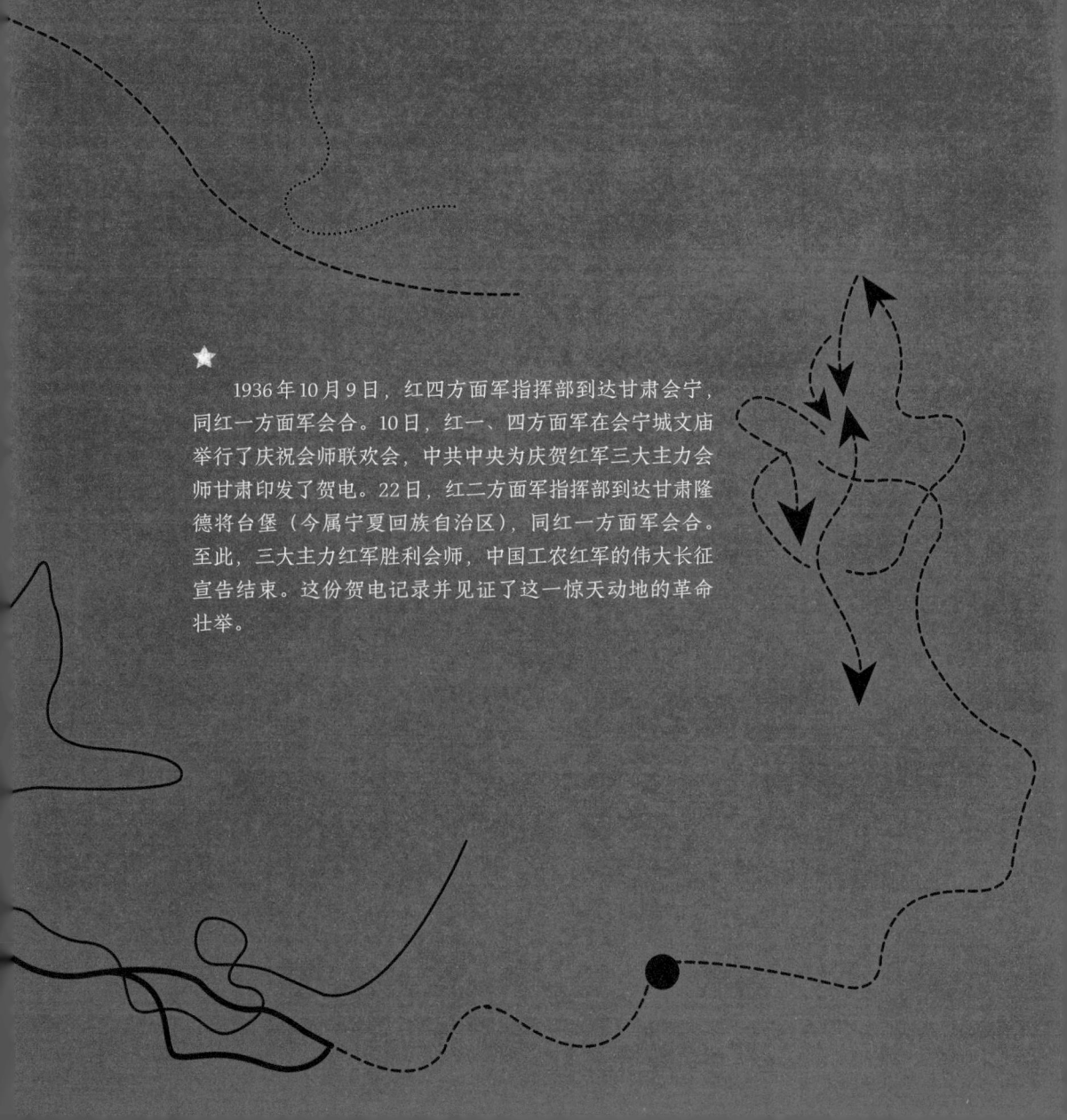

1936年10月9日，红四方面军指挥部到达甘肃会宁，同红一方面军会合。10日，红一、四方面军在会宁城文庙举行了庆祝会师联欢会，中共中央为庆贺红军三大主力会师甘肃印发了贺电。22日，红二方面军指挥部到达甘肃隆德将台堡（今属宁夏回族自治区），同红一方面军会合。至此，三大主力红军胜利会师，中国工农红军的伟大长征宣告结束。这份贺电记录并见证了这一惊天动地的革命壮举。

"红军不怕远征难,万水千山只等闲""更喜岷山千里雪,三军过后尽开颜"。1936年10月10日,中共中央为庆贺红军三大主力会师甘肃印发了贺电,在这份不长的贺电里,宣告了中国工农红军长征的胜利结束。长征的胜利,是中国革命转危为安的关键,它彻底粉碎了国民党反动派消灭中国共产党和红军的图谋,实现了北上抗日的战略转移,开启了为实现民族独立、人民解放而斗争的新局面。

1936年5月,中共中央决定由红一方面军组成西征部队,以迎接红二、四方面军北上入甘,实现红军三大主力胜利会师。9月10日,中革军委电示西征红军:二、四方面军已向陕北开来,准备在静、会地区会师,要做好迎接的一切准备工作。会师消息传来,战士们无不欢欣鼓舞。部队积极筹集粮款,组织妇女赶制冬装、军鞋。地方游击队一面生产,一面配合红军作战。为保证顺利会师,红军先后帮助地方建立了各级苏维埃政府,特别注意做好同东北军、西北军团结抗日的统战工作,并在行动中坚决依靠群众,组织群众,与回、蒙等兄弟民族取得了初步的团结。群众很快被发动起来了,青年们纷纷要求参加红军,"扩红"工作顺利开展。

中共中央指示下达不久,西征部队分两路经陇东和宁夏西南部向会宁、静宁一带进军。10月2日早晨,红一方面军第二师一举攻占会宁城,为红军三大主力胜利会师创造了有利条件。在红一方面军的有力策应下,红四方面军正在日夜兼程,向会宁挺进。时任红四方面军总部直属纵队司令员杜义德回忆:深秋的陇东黄土高原,到处是裸露的荒山野岭和干旱的原野。山像是倒长着的,远远看去一马平川,但走着走着,就遇上了上下10多里的深沟。站在沟边,可以与沟对面的人互相谈天,但要跨过沟去却得半天工夫。部队得不到粮食补充,几天的急行军,大家又饥又累,行进的速度也就渐渐地缓慢下来。他翻身下马，停在路边查看了一下地图，提高嗓门说："同志们！还有百十里路就到会宁了，我们就要和党中央、和一方面军会合了。同志们，加油呐！"队伍里马上沸腾起来。同志们听到日日夜夜盼望的会师就要实现了，谁不高兴呢！便把一切疲劳和困苦全部丢到九霄云外，个个像离弦的箭，甩开大步，飞奔向前。

10月7日，红四方面军第四军两个团顺利抵达会宁城，与早已等候在这里的红一方面军第一军团一师、二师和第十五军团七十三师胜利会合，揭开了三军会师的序幕。红一军团代理军团长左权、政委聂荣臻与红四军政委王宏坤会面后，率部离开会宁，由红一师师长陈赓率红一团留驻会宁，迎接红四方面军大部队的到来。

8日傍晚，红四方面军第四军第十师在会宁青江驿、静宁界石铺与红一方面军第一军团第一师一部会师。杜义德回忆，那天夜里，天空闪烁着数不清的星星，大地沉睡着，夜寒阵阵袭来，衣衫单薄的红军战士全然不觉寒冷，队伍里唱起了中央苏区的民歌，每个人的心都随着飞快的脚步兴奋地跳动着。暗夜渐渐消逝，东方渐渐放白，两支部队相遇了。同志们再也按捺不住自己快要跳出胸膛的心，说啊、笑啊、跳啊，有的竟手拉手地转起圈来。后边的同志也都赶了上来，整个山包一片欢腾。杜义德伸手把他们中间一个小战士抱起来转了几个圈，然后把他扛到自己的马背上，让他骑骑马。小战士不好意思地从马背上滑了下来，很有礼貌地说："首长，还是您骑马。我年轻，走得快！"随后，部队就像决了口的洪水，浩浩荡荡地奔向会宁城。此后，红四方面军第九、第三十军和第五军也陆续到达了会宁境内。

9日上午，晴空万里，阳光明媚，会宁城内万象更新，城门楼前扎起了彩门，到处是旗帜、标语和横幅。在红一方面军部队和当地百姓的热烈欢迎声中，红军总司令朱德、总政委张国焘率红四方面军总司令部进入会宁县城。陈赓见到一身破烂棉袄、满脸胡须、又黑又瘦的朱德，心里又兴奋又难受，在给朱德敬礼后，喉咙哽咽，一句话也说不出来。朱德也禁不住热泪盈眶。当时，见证这一历史时刻的还有一位国际友人马海德，他在一封信里写道："朱德最令人惊异的是，看上去根本不像一个军事指挥员，倒很像红军的父亲。他两眼锐利，说话缓慢、从容，总是露出和蔼的笑容。"同日，到达会宁城的还有红四方面军直属纵队、方面军指挥部、红军大学和步兵学校3000多名学生以及红四军、红三十一军等。

这座小山城空前地热闹起来了！同志们悲喜交集地拥抱起来，互相倾吐盼望之情，互相谈论一路来的艰辛，互相询问其他同志的下落……都为能够再次重逢而庆幸。先期到达的红一方面军为迎接红四方面军的到来，节约用水，将每天三顿饭改为两顿，力求把更多的粮食、水留给兄弟部队。战士们将备好的大批的粮食、肉、菜以及柴草等纷纷送来，还有他们亲手制作的慰问品——毛衣、毛袜、手套、鞋子等。有些毛衣、手套上还绣上了"欢迎阶级兄弟""会师留念""会师纪念"等字样。

为躲避敌机轰炸，庆祝会师联欢大会在当天傍晚举行，地点选在会宁县城文庙内。会场布置得朴素庄重，主席台上方挂着"庆祝红军三大主力会师联欢大会"的红布横幅，会场周围贴了许多标语。参加联欢的部队有红一方面军红一军团第一、第二师，红十五军团第七十三师和红四方面军各部队的代表，还有县城内的各界人士及群众。主席台上就坐的有朱德、张国焘、徐向前、陈昌浩、陈赓等，马海德也在主席台就坐。大会由红四方面军政治部主任李卓然主持，朱德、徐向前、陈昌浩、陈赓先后在大会上作了热情洋溢的讲话。会上演出了联欢节目，气氛十分热烈。

朱德在会上宣读了中国共产党中央委员会、中华苏维埃中央政府、中央革命军事委员会发出的《中央致一二四方面军贺电》。该贺电共千余字，分甲乙丙丁四个段落分别阐述了红军三大主力会师的重大历史意义，明确了党和红军在新时期的任务，并要求转全体战士们。主要内容为：

甲：在中华民族处在空前未有的危急存亡时刻，第一、第二、第四方面军在甘肃胜利会师意义重大，在此向全体红军指战员和战士致以敬意。乙：红军是民族抗日统一战线坚强的先锋队和支柱，全国主力红军的会合与进入抗日前线阵地将在中日抗争的国际火线和国内政治关系上起决定作用。丙：主力红军会合与进入抗日前线阵地具有国际意义，中国将联合全世界一切被压迫的国家与民族，反对日本帝国主义与世界侵略者。丁：抗日民族革命战争要进入一个新阶段，这就是创立国防政府、抗日联军与民主共和国，我们要争取国民党军队，联合各党各派各界各军共同抗日。

最后，贺电以"中国人民红军抗日先锋军万岁！中华民主共和国万岁！中华苏维埃万岁！中国民族自由平等独立解放万岁！"等一组口号鼓舞士气。

正当红一、四方面军在会宁庆祝胜利会师的时候，红二方面军还在艰苦北进途中。1936年8月16日，红二方面军进入甘肃境内，由于连日降雨，山洪暴发，渭河河水猛涨，加之敌胡宗南等部的围追堵截，延误了10月10日与红一、四方面军在会宁会师的原定计划。红二方面军的指战员得知红一、四方面军在会宁会师的消息后，心情十分激动，"奔向会宁，与一、四方面军会师"成为当时行军战斗的动员令。10月22日，红二方面军指挥部到达甘肃隆德将台堡，与红一方面军主力胜利会师。至此，中国工农红军长征全部结束。

红军三大主力的会合，在西北组成一个极坚固的堡垒，完成了推动全国抗日救国运动的第一步。当天下午，会师部队在将台堡东侧广场召开盛大的联欢会。参加会师的部队有11500多人。红一师三团政委萧锋代表红一方面军把提前准备好的数万斤粮食、5万块银圆、20头肥牛、200只肥羊、1000套棉衣、数百张羊皮、2万斤羊毛和3架缝衣机送给了红二方面军。贺龙、任弼时、

中央致一二四方面军贺电

朱总司令张继政委幷转各司令员政委、贺龙任弼时徐向前陈昌浩同志一二四方面军各军政首长以及各师团营连排班同志及全体红色战士同志们：

（甲）在日本帝国主义举行对中国新以大规模的进攻，我四万万光荣祖关的中华民族处在空前未有的危急存亡地位的时候，我民族革命战争的光荣的第一第二第四三个方面军在甘肃境内会合了，中国人民及中央委员会中华苏维埃中央政府中央革命军事委员会谨以热烈的敬意与殷勤的祝贺，致之于我民族英雄红军朱毛泽东同志朱德同志张国焘同志周恩来同志彭德怀同志贺龙同志任弼时同志徐向前同志萧克同志陈昌浩同志董振堂同志罗炳辉同志叶剑英同志刘伯承同志之前，致之于各军政首长军民同志之间，致之于各师团政治同志之前政治同志之间，致之于各部参谋机关军政首长之前，致之于我红色军事政治指挥员战斗员全体、光荣的民族英雄之前。

（乙）我们认为一年以来日本帝国主义加紧进攻侵略了华北，受到我们红军及最坚强的抗日先锋队的打击；红四中国民众的抗日统一战线及抗日联军有了坚强的支柱，红军处在水深火热之中的全国同胞只有团结幷救亡的模子了。红军在抗日前线的我国工人我国农民我国青年我国学人我国武装我国商人一切爱国同胞之士就有了不可战胜的力量了，总之全国主力红军的会合对于抗日前线地，在中国抗日救国民族大战上，在全国政治上将要起一个决定的作用了。

（丙）我全国主力红军的会合就进入于抗日前线阵地，也将我们在平津怒涛中的西北民族，证明我们其他反对法西斯战争的好朋友，将似德国此外我国与苏联的各国爱好和平的民族证明我们是他们的最法西斯国爱好的朋友，将向东亚苏联及至北西南亚民族证明我们其他反法西斯大刀联合会好朋友；将似全世界一切被压迫的国家民族；证明我们其他及帝国主义以好朋友；最后我们将向苏联和所有外国的国内民族及北部人民证明我们其他的共同反对日本帝国主义与世界战争的浪滔必好朋友。

（丁）我们即刻就要进入一个新的时到了重新决定抗日武装革命政权的新纪元，建立独立国方所抗日联军及民主共和国的新纪元，我们是这个新时期中创立全国人民的政权国大的武装的势力夺取一切国民党军队加入抗日反战一战线及开启西南路沙大抗日根据地，华国抗日根据地，巩保卫西北而战为保卫全国而战以资大地而战，为联合工农商学兵、联合各界各派各界各军地反日本帝国主义与中国而战。

中国人民解放军抗日先锋军万岁！
中华民主共和国万岁！
中华苏维埃万岁！
中华民族自由平等独立解放万岁！
中国共产党中央委员会 中华苏维埃中央政府
中共军事革命委员会
1936.10.10.
（本部接此通知之后立即抓紧作政治解释——总政治部附注）

《中央致一二四方面军贺电》

关向应代表红二方面军全体将士向红一方面军干部战士表示感谢。

时任红二师政委的萧华在三军会师期间奔波于界石铺和会宁城之间,目睹了这一伟大的历史事件。后来,他在著名的《长征组歌》中热情讴歌了三军大会师:"红旗飘,军号响。战马吼,歌声亮。铁流两万五千里,红军威名天下扬。各路劲旅大会师,日寇胆破蒋魂丧。军也乐来民也乐,万水千山齐歌唱。歌唱领袖毛主席,歌唱伟大的共产党。"

会师后,按照中共中央8月制定的战略计划,红军将配合东北军,打通苏联,巩固内部,出兵绥远,建立西北国防政府。因此,就在会师的第二天,中共中央及军委下达了宁夏战役计划,旨在三军合力攻取宁夏后,可以背靠苏联,建立东进抗日的稳定战略靠背。当时,蒋介石集中了十几个师的兵力,从南向北大举进攻,企图一举把红军歼灭于黄河以东的甘肃、宁夏边境地区。中革军委决定红军采取逐次转移,诱敌深入,然后在预定的有利地区,集中优势兵力,给敌胡宗南部以歼灭性打击的作战方针。

11月16日,红军各部开始向山城堡南北地区集结。20日傍晚,胡宗南部进入红军在山城堡的伏击圈,21日下午2时,红军完成对胡宗南部第七十八师的包围态势。经过一昼夜激战,山城堡战役取得胜利。这一战是红军三大主力互相学习、并肩战斗的结果,打破了蒋介石一举消灭红军的企图,迫使国民党军队停止了对陕甘革命根据地的进攻,为会师后的红军赢得了休整的时间。

山城堡战役胜利20天后,震惊中外的西安事变发生,成为由国内战争走向抗日民族战争的转折点,在中国共产党的参与和主导下,国共两党再次合作、团结抗日,抗日民族统一战线正式形成。

如果说两万五千里长征是一部史诗,那么三军大会师无疑为这部鸿篇巨制画上了一个完满的句点。"风雨侵衣骨更硬,野菜充饥志越坚;官兵一致同甘苦,革命理想高于天。"从1934年10月到1936年10月,英勇的红军将士跨越了15个省份，攀越40余座高山险峰，其中海拔4000米以上的雪山就有20余座，跨越近百条江河，穿越了被称为"死亡陷阱"的茫茫草地，平均每天急行军50公里以上，同敌人进行了600余次战役战斗，几乎平均每天就有一次遭遇战，平均每300米就有一名红军战士牺牲。行军途中的苦难与曲折，检验了中国共产党人的意志，铸就了伟大的长征精神。

穿越历史的沧桑巨变，当我们翻阅起当时的这份贺电，仿佛再次回到了三军会师那一天的会宁城。大街小巷充满了欢乐的气氛，街道两侧插满了红旗，当分别的战友、老乡重逢在新的战地上，他们会怎样回望这段苦难和辉煌？2016年7月18日，习近平总书记亲临宁夏视察指导工作的第一站，就是固原市西吉县将台堡红军会师纪念地。在那里，他深情地说：我们党领导的红军长征，谱写了豪情万丈的英雄史诗。伟大的长征精神是中国共产党人革命风范的生动反映，我们要不断结合新的实际传承好、弘扬好。推进中国特色社会主义事业的新长征要持续接力、长期进行，我们每代人都要走好自己的长征路。

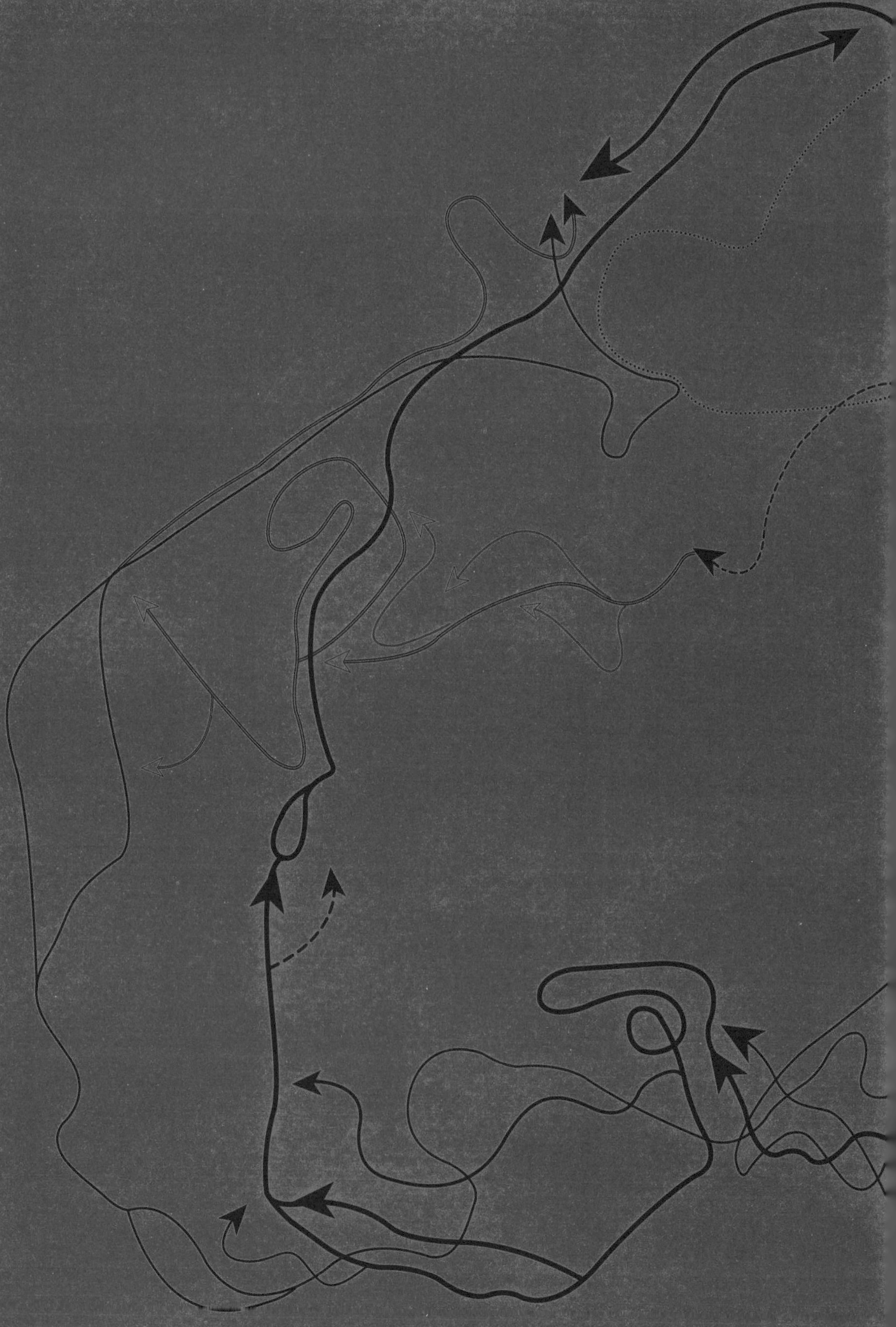

红星照耀中国

毛泽东接受斯诺采访时戴过的八角帽

1935年10月，中共中央率领陕甘支队到达陕甘革命根据地的吴起镇，宣告中央红军历时一年的长征胜利结束，开始领导军民开创中国革命和革命战争的新局面。此时，日本帝国主义正加紧对中国的侵略，蒋介石却置民族危亡于不顾，继续坚持其"攘外必先安内"的政策，并捏造各种谣言，歪曲事实真相。1936年6月，美国新闻记者埃德加·斯诺冒着生命危险，从北平出发，经西安到达陕北。在苏区访问近四个月的时间里，他多次采访毛泽东，与毛泽东结下深厚的革命友谊，并将所掌握的客观翔实的第一手资料汇编成著名的《红星照耀中国》和大量通讯报道，有力揭穿了国民党政府诬蔑红军的谎言，使全世界人民真正了解了中国共产党和中国革命的真相。这顶八角帽是斯诺在一次给毛泽东拍照时，毛泽东戴过的，它成为了毛泽东和斯诺之间友谊的见证。

1936年,美国记者埃德加·斯诺访问陕北革命根据地,红军赠送给他一顶八角帽。在一次采访毛泽东的过程中,为了给毛泽东拍摄一张较为正式的照片,斯诺将此帽戴在毛主席头上,留下了一张珍贵的照片。这顶红军八角帽成为毛泽东和斯诺之间友谊的见证。

红军的八角帽又称"红军帽",帽形参照了"列宁帽"的款式,帽身呈八角形,前方正中有一颗红色五角星,帽檐口径57厘米,帽口处有一圈窄帽边与前端延伸出的半月形帽檐相连,整个帽子特点十分鲜明。经过岁月的洗礼,虽然这顶八角帽的布料渐渐褪去了原有的颜色,表面还有斑斑污迹,帽子内侧也有开线,但是帽身上的五角星依然熠熠生辉。

1935年10月,中共中央率领陕甘支队到达陕甘革命根据地的吴起镇,与陕北红军会师,宣告历时一年、纵横十一个省的长征胜利结束,完成了艰苦卓绝的战略转移任务。中共中央确定了把红军长征落脚点放在陕北的战略决策,明确指出党和红军今后的战略任务是"建立西北苏区,领导全国大革命"。

此时,日本帝国主义正加紧对中国的侵略,中华民族面临着亡国灭种的危险。但是,蒋介石却置民族危亡于不顾,一面屈从于日本帝国主义的压力,一面继续坚持其"攘外必先安内"的政策,调集重兵进行反共内战,疯狂镇压抗日救国运动。12月,中共中央在瓦窑堡召开的政治局扩大会议上,正式确立了中国共产党关于建立抗日民族统一战线策略的总路线。之后,毛泽东和朱德又联名发出《停战议和一致抗日通电》的呼吁。中国共产党的正确主张引起社会各界人士的关注和支持,掀起了全国抗日民主运动的高潮。

中央红军到达陕北后,中共中央开始领导军民开创中国革命和革命战争的新局面。但国民党政府封锁了关于红军和革命根据地的所有消息,并捏造各种

毛泽东接受埃德加·斯诺采访时戴过的八角帽

谣言，歪曲事实真相。中国共产党是不是像国民党政府宣传的那种妖魔化的形象？中国红军、革命根据地和共产主义运动到底是怎么样的？中国共产党倡议在中国建立"民族统一战线"，到底是什么意思？很多疑问萦绕在一位西方新闻记者的心头，他就是埃德加·斯诺。

埃德加·斯诺，美国著名记者和作家。他出生在美国密苏里州，就读于密苏里大学新闻系。1928年来到中国，曾任几家欧美报社的驻华记者、通讯员，兼任燕京大学新闻系讲师。在中国工作期间，他遍访多个主要城市，目睹了日本帝国主义的侵略罪行和中国革命成长的蜕变，他坚持报道事实、披露真相，是一位爱好和平、追求正义的新闻记者。

为解开心中的疑惑，深入了解"红色中国"，斯诺计划亲赴"红区"，对中国共产党和那片"未知之地"进行探访。他向《纽约太阳报》和《每日先驱报》秘密提议，得到两家媒体的赞同，并愿意负担他行程的全部费用。

1936年6月初，斯诺在宋庆龄和中共地下组织的帮助下，带着一封用隐色墨水写给毛泽东的介绍信，怀着既兴奋又忐忑的心情从北平出发了。在西安短暂停留后，斯诺隐藏在一辆由中共地下组织事先安排好的国民党东北军卡车里，闯过层层关卡，经洛川到达延安。第二天，斯诺携带着照相机和胶片等几件简单的行李，假意要去国民党防守阵地采访，冒着生命危险，穿越两军阵地之间的无人地带，几经周折，终于来到安塞附近的白家坪，并见到了红军重要领导人——周恩来。

周恩来微笑着用英文主动跟斯诺打招呼，并与他促膝长谈："我接到报告，说你是一个可靠的新闻记者，对中国人民是友好的，并且说可以信任你会如实报道……任何一个新闻记者要来苏区访问，我们都欢迎。不许新闻记者到苏区来的，不是我们，是国民党。你见到什么，都可以报道，我们要给你一切帮助来考察苏区。"随后，周恩来为斯诺制订了一份为期92天的访问行程。

在周恩来的安排下，斯诺跟随通讯部队护送物资的队伍，经几天的长途跋涉，最终抵达了当时中共中央的临时首都——保安县城（今志丹县），成为第一个到达革命根据地进行采访的西方新闻记者。毛泽东对斯诺的到来十分重视，要求各部门认真做好接待工作。在保安城墙口，斯诺受到红军和当地群众的热烈欢迎，他们用中英文打出"欢迎美国记者来苏区调查"的横幅，还为他精心准备了欢迎晚会。斯诺非常感动，他在日记中写道，"我有生以来第一次受到一个政府的全体阁员的欢迎，也是第一次接受一个城市的全体居民的欢迎。在这样一个群山环抱的内地小城镇，军号声冲破宁静的山谷，我难以想象能够受到如此热烈的欢迎"。

不久，斯诺如愿见到了中国共产党的领袖——毛泽东。他对毛泽东的第一印象是，"他是个面容瘦削、看上去很像林肯的人物，个子高出一般的中国人，背有些驼，一头浓密的黑发留得很长，双眼炯炯有神，鼻梁很高，颧骨凸出……是一个非常精明的知识分子的面孔"。

7月16日，毛泽东邀请斯诺到自己居住的窑洞谈话。在此后的一段时间里，斯诺经常去采访毛泽东，而毛泽东则会放下手头大量的工作，与他彻夜长谈。他们谈话的内容广泛而深入，涉及中国抗日战争的形势、方针问题，苏维埃政府的对内政策，中国共产党与共产国际、苏联的关系，联合战线等问题，毛泽东还第一次谈到他个人的经历和红军长征的经过。为保证报道文字的准确性，每次采访时，斯诺先用英文将毛泽东口述的内容记下来，然后由翻译员译成中文，毛泽东对一些细节进行订正后，再翻译成英文。有时，斯诺听不懂毛泽东带有浓重口音的湖南方言，翻译员就耐心地为他解答。

毛泽东对斯诺非常信任，批准他随意在苏区和红军前线采访、拍照，还派人赠送给他一套崭新的军装、一匹马和一支手枪，使他成为一名特殊的红军战士。一天，斯诺看到毛泽东正站在窑洞前，魁梧的身躯迎着和煦的阳光，显得格外伟岸、挺拔。凭着记者的职业敏感性，斯诺迅速举起照相机，把镜头对准毛泽东。正要拍照，他突然发现毛泽东的头发有些长。为更好地展现红军领导人的形象，斯诺建议毛泽东戴上军帽，但毛泽东平时没有戴帽子的习惯，他笑着说："我的军帽多日不戴，不知放到哪里去了。"斯诺灵机一动，立刻把自己那顶八角帽摘下来，请毛泽东戴上，没想到大小正合适。调整好角度，按动快门，斯诺拍摄下了一张毛泽东身穿黑蓝色军装、头戴灰色八角帽的珍贵照片。拍完后，毛泽东又把八角帽归还给了斯诺。斯诺并不知道，那时的毛泽东不爱戴帽子，他是所有人当中唯一能让毛泽东戴上帽子的人。

在几个月的相处中，毛泽东质朴的作风、诙谐的谈吐、渊博的学识、宽广的胸怀以及对中国和世界未来发展的远见给斯诺留下了深刻的印象，毛泽东则被斯诺对中国人民的热爱和认真求实的态度深深感动。从此，两人结下了长达一生的深厚革命友谊。

1936年10月，斯诺完成了近四个月的访问，带着十几本日记、采访笔记以及拍摄的二十多卷胶片和大量的杂志、报纸、文件，依依不舍地离开保安。斯诺心里很难过，他觉得不是在回家，而是在离家。从洛川乘卡车到达西安后，斯诺发现行李包丢了。原来是卡车司机为躲过国民党军的搜查，将他的行李包塞在东北军待修的机械包中，一起卸到了咸阳。那些资料太重要了，千万不能落到国民党手中。斯诺坚持要求司机当晚折返回咸阳，而他自己在西安的朋友家一夜未眠。第二天早上，当司机把行李包交还给斯诺时，他才如释重负。此时，由于蒋介石抵达西安，全城已经戒严。斯诺的一个正确决定，使这些珍贵资料得以保存下来。

回到北平后，斯诺把与毛泽东的几万字谈话记录等采访内容整理出来，撰写了《毛泽东访问记》，并公开发表在《密勒氏评论报》上，同时第一次大幅刊登出了毛泽东头戴红军八角帽的经典照片。照片中的毛泽东脸庞清瘦、目光如炬、眉头微蹙，显得神情坚毅、容光焕发。毛泽东和中国共产党的光辉形象，立即像一枚重磅炸弹轰动了全世界。半年后，斯诺的第一任夫人海伦·福斯特·斯诺赴延安采访，她亲手将这张照片送给毛泽东。毛泽东第一次看到自己的这张戎装照非常高兴，说："没想到看起来还挺精神咧！"海伦说："你的这张照片拍得真好！我丈夫说，这是他的得意之作。它在报刊上一发表，就吓坏了蒋介石，轰动了全世界。"毛泽东接着说："没想到我的照片会有这么大的威力，斯诺先生让世人看到我们共产党人和红军并不是红毛绿眼睛、杀人放火的'土匪'，我们非常感谢他！"

1937年10月，斯诺将在革命根据地搜集的第一手资料汇编成《红星照耀中国》，并在英国伦敦首次出版。四个月后，经过斯诺的修改和完善，又以《西行漫记》为书名，在上海出版了中文版。这本书以西方人独特的视角，首次对中国共产党和革命根据地进行了客观真实的记录和评价，揭穿了国民党政府关于"赤匪"的种种无稽之谈，坚定了中国人民抗战必胜的信念。同时，让世界人民真正认识了毛泽东和中国共产党，了解了中国革命的真相，对世界反法西斯战线的形成也产生了深远影响。随着这本书的畅销，众多外国记者、作家、医生、学者都不远万里来到中国，涌向延安和革命根据地，掀起一股声援中国抗日、与中国共产党人接触的新浪潮。1939年，斯诺以"工合"国际代表的身份赴延安访问，再次与毛泽东会谈，并将谈话内容进行了报道。

由于斯诺对中国共产党、革命根据地和皖南事变作了大量正面和客观的报道，引起国民党政府的不满，并取消了他的记者特权。1941年，斯诺被迫离开了他工作和生活了13年的中国。1959年，因始终支持中国革命和建设而受到"麦卡锡主义"迫害的斯诺，不得不从美国迁居瑞士，但身在异乡的他仍心系中国和毛泽东。在写字台前的墙壁上，悬挂着他的得意之作——毛泽东头戴八角帽的大幅戎装照。他还特地为八角帽制作了一个帽盒。帽盒呈正方形，边长32厘米，高10厘米，由贵重的红木制成。盒内用一个钢质帽托将八角帽撑起，其下衬有一层紫红色丝绒。把帽子放入盒中后，再覆上一层玻璃制成的内罩，隔着内罩就可以清楚地看到八角帽，最后再盖上外面的红木盖。这个精致的帽盒做工考究，足见斯诺对这顶八角帽的珍视。

新中国成立后，斯诺克服重重阻挠，又对中国进行了三次访问。1960年，斯诺见到了阔别21年的毛泽东，两位老朋友畅谈了近9个小时。之后，斯诺出版了《大河彼岸》一书，使新中国成为世界瞩目的焦点。1964年，斯诺再次访华。毛泽东邀请他吃饭，并让新闻电影制片厂的记者为他们的谈话拍摄了纪录片。1970年，斯诺携夫人最后一次访华。10月1日国庆节当天，毛泽东在天安门城楼上以最高规格的礼遇公开接见了斯诺夫妇，并表示：欢迎美国左、中、右三方面的人士访华，中美间的问题需要同尼克松谈，尼克松无论以个人还是以总统的名义来华，我们都接待。1971年，美国《生活》杂志发表了斯诺的一篇文章，将毛泽东愿与美国接触，争取打开中美关系僵局的信息传递给美国政府和人民，从而帮助促成了尼克松的"破冰之旅"。

1972年2月21日，美国总统尼克松正式访华，中美两国关系进入一个新的历史时期。而就在2月15日，埃德加·斯诺在瑞士日内瓦病逝，这位致力于恢复和改善中美关系的和平使者，最终未能看到中美关系的改善。在生命的最后时刻，斯诺依然惦念着中国，他的遗嘱中这样写道："我爱中国，我希望死后有一部分留在那里，就像生前一贯的那样……"遵照斯诺的遗愿，他的一部分骨灰安葬在他曾执教的北京大学（原燕京大学）的未名湖畔。在汉白玉的墓碑上用中英文镌刻着："中国人民的美国朋友埃德加·斯诺"。

1975年9月，斯诺的第二任夫人洛伊斯·惠勒·斯诺应邀访华。临行前，她把儿女召集起来，从银行保险柜中取出这顶珍藏近40年、饱含斯诺与毛泽东革命友谊的八角帽，最后全家商定把它回赠给中国，以表达对中国人民的感情。10月，斯诺夫人亲手将八角帽交给斯诺的生前好友邓颖超。邓颖超嘱咐陪同的工作人员，将这顶八角帽转交给中国革命历史博物馆永久收藏。

埃德加·斯诺把中国视为第二故乡，他一生关注中国的命运，支持中国人民的反侵略斗争，在中美两国人民之间架起了一座友谊之桥，为促进中国和世界各国之间的相互了解倾尽心血。

2009年，在新中国成立60周年之际，斯诺被评为"100位为新中国成立作出突出贡献的英雄模范人物"和"中国缘·十大国际友人"。毛泽东曾经深情地说：斯诺先生是中国人民的朋友，他一生为增进中美两国人民的友谊进行了不懈的努力，作出了重要贡献，他将永远活在中国人民的心中。

图书在版编目（CIP）数据

红色文物中的长征 / 中国国家博物馆编著；江琳，王海蛟，王希撰 . —— 南宁：广西人民出版社，2023.4
ISBN 978-7-219-11461-2

Ⅰ．①红… Ⅱ．①中… ②江… ③王… ④王… Ⅲ．①中国工农红军长征—革命文物 Ⅳ．① K871.6

中国版本图书馆 CIP 数据核字（2022）第 253090 号

HONGSE WENWU ZHONG DE CHANGZHENG
红色文物中的长征
中国国家博物馆　编著
江琳　王海蛟　王希　撰

出 版 人	韦鸿学
策　　划	白竹林
执行策划	吴小龙　李亚伟
责任编辑	李亚伟
责任校对	梁小琪　周月华
装帧设计	周伟伟
出版发行	广西人民出版社
社　　址	广西南宁市桂春路 6 号
邮　　编	530021
印　　刷	广西民族印刷包装集团有限公司
开　　本	787mm×1092mm　1 / 16
印　　张	18.75
字　　数	255 千字
版　　次	2023 年 4 月　第 1 版
印　　次	2023 年 4 月　第 1 次印刷
书　　号	ISBN 978-7-219-11461-2
定　　价	69.80 元

版权所有　翻印必究